지텔프 문법,
이것만 알면 끝!

딱 한 장에 담은
지텔프 문법
총 정리

출제되는 문법 포인트를
정리했습니다.

것만은 꼭 알고 가세요!

강의

조동사

준동사

연결어

장에 담은

헬프 문법

QR

can / may / will

can	1) 가능성/능력 (~할 수 있다) 2) 허가 (~해도 된다)
may	1) 허가 (~해도 된다) 2) 약한 추측 (~일지도 모른다)
might	불확실한 추측 (~일지도 모른다)
will	1) 미래/예정 (~할 것이다) 2) 의지 (~하겠다)

should / must

should	1) 의무/당위성 (~해야 한다) 2) 충고/조언 (~하는 것이 좋겠다)
must	1) 의무 (~해야 한다) 2) 강한 확신 (~임에 틀림없다)

should 생략

주절에 주장·요구·명령·제안을 나타내는 표현이 나오면 that절의 동사 자리에는 'should + 동사원형'에서 should가 생략되어 동사원형만 남는다.

동사		형용사
recommend 추천하다	insist 주장하다	important 중요한
suggest 제안하다	demand 요구하다	best 제일 좋은
advise 충고하다	urge 촉구하다	essential 필수적인

to 부정사

1. to 부정사의 역할
동사원형 앞에 to가 붙은 to 부정사가 문장에서 명사, 형용사, 부사의 역할을 하는 것을 말한다. 주어, 목적어, 보어, 수식어 자리에 올 수 있다.

2. to 부정사를 목적어나 목적격 보어로 가지는 동사
decide to ~을 결정하다   intend to ~을 의도하다
need to ~을 필요로 하다   want to ~을 원하다
ask + 목 + to -에게 ~하도록 요청하다
allow + 목 + to -에게 ~하도록 허용하다
encourage + 목 + to -에게 ~하도록 격려하다

3. to 부정사 관용 표현

be able to ~할 수 있다	tend to ~하는 경향이 있다

동명사

1. 동명사의 역할
동사원형 뒤에 -ing가 붙은 동명사가 문장에서 명사의 역할을 하는 것을 말한다. 주어, 목적어, 보어 자리에 올 수 있다.

2. 동명사를 목적어로 가지는 동사

enjoy -ing ~을 즐기다	involve -ing ~을 수반하다
recommend -ing ~을 추천하다	keep -ing ~을 계속하다
consider -ing ~을 고려하다	suggest -ing ~을 제안하다
avoid -ing ~을 피하다	mind -ing ~을 언짢아하다

3. 동명사/to 부정사 모두를 목적어로 가지는 동사

begin	동명사/to 부정사	~을 시작하다
remember	동명사	(과거에) ~한 것을 기억하다
	to 부정사	(미래에) ~할 것을 기억하다
forget	동명사	(과거에) ~한 것을 잊다
	to 부정사	(미래에) ~할 것을 잊다

	조건	unless 만약 ~이 아니라면 once 일단 ~하면
	양보	although ~에도 불구하고 even though ~에도 불구하고 while ~인 반면
		because of ~ 때문에

	강조/부연	In fact 사실은, 실제로 Moreover 게다가, 더욱이 In other words 즉, 다시 말해
하고 하고	예시	For example 예를 들어 For instance 예를 들어
내	시간	Meanwhile 그동안에 Afterward 나중에

가정법 과거

> **If + 주어 + 과거 동사, 주어 + would/could(조동사 과거형) + 동사원형**

If Alex had the time, he would play the sport more often.
만약 Alex가 시간이 있다면, 그는 그 운동을 더 자주 할 텐데.

가정법 과거완료

> **If + 주어 + had p.p., 주어 + would/could(조동사 과거형) + have p.p.**

If I had paid the bill on time, I could have avoided the penalty.
만약 내가 요금을 제때 냈다면, 나는 벌금을 피할 수 있었을 텐데.

진행 시제

	의미	함께 자주 출제되는 시간 표현
현재 진행	~하고 있다, ~하는 중이다 She is talking to the manager now. 그녀는 지금 상사와 이야기하고 있다.	right now, now, currently, at the moment, as of this moment
과거 진행	~하고 있었다, ~하는 중이었다 When you called, I was folding laundry in the basement. 네가 전화했을 때, 나는 지하실에서 빨래를 개고 있었어.	when/while + 과거 시제, last + 시간 표현, yesterday
미래 진행	~하고 있을 것이다, ~하는 중일 것이다 They will be traveling to Greece next summer. 그들은 내년 여름에 그리스로 여행하고 있을 것이다.	when/if + 현재 시제, next + 시간 표현, tomorrow, later

완료진행 시제

	의미	함께 자주 출제되는 시간 표현
현재 완료 진행	~해오고 있다, ~해오는 중이다 She has been talking for two hours now. 그녀는 지금 2시간 동안 이야기해오는 중이다.	since + 과거 시제, for + 기간 표현 + now
과거 완료 진행	~해오고 있었다, ~해오던 중이었다 I had been driving for an hour when the engine suddenly died. 엔진이 갑자기 멈췄을 때 나는 한 시간 동안 운전해오던 중이었다.	when/before + 과거 시제 (+ for + 기간 표현), until + 과거 시점 (+ for + 기간 표현)
미래 완료 진행	~해오고 있을 것이다, ~해오는 중일 것이다 By next year, we will have been shooting the film for three years. 내년이면, 우리는 영화를 3년간 촬영해오고 있을 것이다.	by the time + 현재 시제 (+ for + 기간 표현), by/in + 미래 시점 (+ for 기간 표현)

관계대명사

1. 관계대명사 that은 콤마(,) 다음에는 올 수 없다.

Judy lost her laptop, (which / ~~that~~) contains important files.
Judy는 그녀의 노트북을 분실했는데, 거기에는 중요한 파일들이 들어 있다.

2. 주격 관계대명사 who/which/that 뒤에는 주어가 올 수 없다.

Tom is a person who likes to have fun. (O)
Tom is a person who he likes to have fun. (X)
Tom은 재미있게 노는 것을 좋아하는 사람이다.

관계부사

1. 관계부사 where는 장소 선행사를, when은 시간 선행사를 받는다.
We stayed at a hotel where it serves a free breakfast.
우리는 무료 조식을 제공하는 호텔에 머물렀다.

2. 관계부사 where/when 다음에는 '주어 + 동사 + (목적어)'가 온다.
It was three years ago when I saw them last.
내가 그들을 마지막으로 본 것은 3년 전이었다.

지텔프 Level 2 시험
딱 한 장
시험장에 가기 전에

가정법

시제

관계사

딱 한
지
총 정

접속사 / 전치사

1. 접속사

이유	because ~이기 때문에
시간	whenever ~할 때마다 as soon as ~하자마자 until ~할 때까지 while ~하는 동안

2. 전치사

despite/in spite of ~에도 불구

접속부사

대조	However 그러나 Otherwise 그렇지 않으면 On the other hand 반면에
양보	Nevertheless 그럼에도 불 Nonetheless 그럼에도 불
결과	Finally/Eventually 결국, 다 Therefore 따라서, 그래서

해커스
지텔프 LEVEL 2
실전모의고사가 특별한 이유

최신 지텔프 시험을 그대로 담았으니까!

1

최신 5개년 실제 시험의
기출 유형과 난이도가
100% 반영된 실전 문제

2

다음 지텔프 시험에
완벽하게 대비하는
최신 출제 트렌드 & 핵심 전략

해커스
지텔프 LEVEL 2
실전모의고사
문법 10회

문제집

실전모의고사 + 정답 한눈에 보기

(OMR 답안지 수록)

해커스 어학연구소

해커스
지텔프 LEVEL 2
실전모의고사
문법 10회

문제집

실전모의고사 + 정답 한눈에 보기

(OMR 답안지 수록)

┃┃┃ 해커스어학연구소

실전완성
문제집

GRAMMAR SECTION

DIRECTIONS:

A word or words must be added to each of the following items to complete the sentence. Select the best answer from the four choices provided for each question. Then, fill in the correct circle on your answer sheet.

Example:

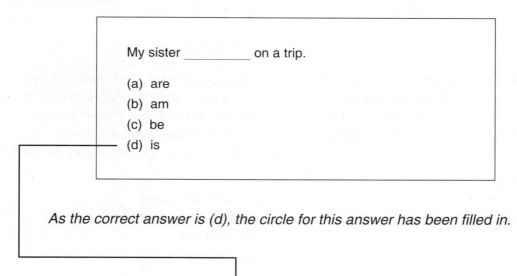

My sister _____ on a trip.

(a) are
(b) am
(c) be
(d) is

As the correct answer is (d), the circle for this answer has been filled in.

TURN THE PAGE TO BEGIN
THE GRAMMAR SECTION

1. Sarah just heard an announcement that her flight to Barcelona has been delayed until 11 p.m. because of a mechanical problem with the plane. By that time, she _____ at the airport for over six hours!

   (a) has been waiting
   (b) will have been waiting
   (c) is waiting
   (d) will wait

2. I was afraid of falling the first time I rode a bicycle. But my father took the time to teach me how to do it, and after just a few hours, I _____ ride it on my own.

   (a) could
   (b) should
   (c) may
   (d) will

3. In order to help the environment, Kyle decided to take the bus to work rather than to drive his car. Unfortunately, this involves _____ to a different bus three times, so his commute now takes much longer than before.

   (a) to be transferring
   (b) having transferred
   (c) transferring
   (d) to transfer

4. The arts account for 4.5 percent of the United States' total GDP, which is a significant contribution to the national economy. Therefore, it is important that the government _____ adequate funding for programs that support new artists.

   (a) is providing
   (b) will provide
   (c) provides
   (d) provide

5. It was disappointing that I had not been chosen as a member of my school's baseball team. If I hadn't been so busy with schoolwork over the past few months, I _____ more often for the tryouts.

   (a) will have trained
   (b) would have trained
   (c) will train
   (d) would train

6. Jason cannot sleep well these days because someone in his apartment building uses power tools late at night! If he _____ who was making the noise, he would ask that person to be more considerate.

   (a) knew
   (b) knows
   (c) had known
   (d) will know

7. Fans of the Portland Vikings were shocked by the news about star player Ed Collins. He was injured while he _____ to catch the ball during a recent practice. This may make it impossible for him to play in the championship game.

(a) was running
(b) would run
(c) had been running
(d) had run

8. Western Bank has launched the Plus One Credit Card, which allows consumers to accumulate bonus points that can be redeemed for a variety of gifts. Beth will visit a branch on her lunch hour today _____ for one.

(a) having applied
(b) applying
(c) to apply
(d) to have applied

9. The Desmond Art Center revealed that it will begin construction of a new exhibition hall in its north wing on May 15. The addition, _____, is expected to take approximately six months to build.

(a) which will cost $1.2 million
(b) what will cost $1.2 million
(c) that will cost $1.2 million
(d) who will cost $1.2 million

10. A severe tropical storm will move into the Manila area early Sunday morning. The National Weather Service advises _____ indoors unless it is absolutely necessary for you to leave your residence.

(a) to remain
(b) having remained
(c) to have remained
(d) remaining

11. At a medical checkup several years ago, Brandon found out that he had very high blood pressure. His bad eating habits were mostly to blame for this. If he had made better decisions, he _____ from this condition.

(a) had not suffered
(b) will not suffer
(c) would not have suffered
(d) would not suffer

12. Dale is watching *Get Out* for the fifth time already. He usually doesn't enjoy horror movies, _____ he likes this one since his favorite actor, Daniel Kaluuya, stars in it.

(a) once
(b) but
(c) because
(d) so

01회
02회
03회
04회
05회
06회
07회
08회
09회
10회

해커스 지텔프 실전모의고사 문법 10회 (Level 2)

13. Mr. Porter has been asked to assist with selecting a candidate for the open position in the marketing department. When the interviews are conducted, he _____ the responses of the applicants.

(a) is evaluating
(b) evaluated
(c) will be evaluating
(d) has evaluated

14. Students who commit plagiarism at Central University are subject to disciplinary action. This behavior may even result in suspension or expulsion. So, students should make sure _____ their sources of information on the last page of their essays.

(a) listing
(b) to have listed
(c) to list
(d) having listed

15. A large number of politicians have decided to run in the mayoral election. However, recent polls show that the public is not well-informed about each candidate's positions. If only they could agree to participate in a debate, voters _____ more about them.

(a) have learned
(b) would learn
(c) would have learned
(d) learned

16. The members of the Green Lines are excited about their upcoming performance at the Chicago Jazz Festival! They hope _____ a lot of attention by performing at such a prestigious cultural event.

(a) to attract
(b) to have attracted
(c) having attracted
(d) attracting

17. Established in 1991, Westwood Financial has become one of the largest investment firms in Memphis. The company _____ new staff members every month for over three years straight now, and this practice is likely to continue.

(a) had been hiring
(b) was hiring
(c) will be hiring
(d) has been hiring

18. Walter was unable to register for classes online last week because his student account had been deleted by mistake. It took five days for the university to reactivate it. This issue _____ have been dealt with much more quickly.

(a) should
(b) must
(c) will
(d) can

19. Over 300 meters long, Apophis is an asteroid whose orbit brings it incredibly close to Earth every few decades. Given this object's size, experts consider it a significant threat. If it were to strike our planet, life _____.

(a) is being exterminated
(b) would have been exterminated
(c) will be exterminated
(d) would be exterminated

20. Many residents of Rocky Mountain College's dormitory have complained that the Internet service is slow and unreliable. These students are demanding that the school _____ the building's Wi-Fi system as soon as possible.

(a) will upgrade
(b) upgrades
(c) upgrade
(d) is upgrading

21. Ms. Coyle asked Thomas why he looked so tired. He said that he was exhausted because he _____ the sales report for five hours until he finally decided to take a break.

(a) had been reviewing
(b) is reviewing
(c) will have been reviewing
(d) would have reviewed

22. Los Angeles has begun building two new subway stations as part of a $3.6 billion expansion of the city's transit system. The webpage _____ provides information on the new public transportation facilities.

(a) who the city government created
(b) which the city government created it
(c) that the city government created
(d) where the city government created

23. During a biology exam on Thursday, Professor Wood noticed that one of his students kept glancing toward her classmate's desk. When he asked the student about this, she denied _____ and said that she had been looking at the clock.

(a) being cheated
(b) to cheat
(c) to have cheated
(d) cheating

24. In 1937, the *Hindenburg* exploded, killing 36 people. The explosion was caused by the large amount of hydrogen in the airship. Had the vessel not contained such a flammable gas, it is likely that fewer people _____ in the accident.

(a) had died
(b) would have died
(c) would die
(d) were dying

01회

02회

03회

04회

05회

06회

07회

08회

09회

10회

해커스 지텔프 실전모의고사 문법 10회 (Level 2)

25. Mr. Coleman will become the manager of Mason Accounting's first branch in California. As he will start his new position next month, he _____ for an apartment in the San Francisco area.

(a) is currently searching
(b) has currently searched
(c) currently searches
(d) will be currently searching

26. Fasting is when a person does not eat for a fixed period of time, and it has been promoted as a way to cleanse the body of harmful substances. _____, most medical experts agree that there is no evidence to support this claim.

(a) In other words
(b) Similarly
(c) As a result
(d) However

정답·해석·해설 p.108

자동 채점 및 성적 분석 서비스 ▶

1. Lisa has registered to compete in the New York Marathon, a long-distance footrace that attracts over 50,000 participants each year. She _____ regularly for the past four months to prepare for the event and hopes to finish in the top 1,000.

   (a) has been working out
   (b) is working out
   (c) works out
   (d) will work out

2. In 44 BC, Julius Caesar was stabbed to death by a group of Roman senators when he was alone and unarmed. If he had known of the plot to kill him, he _____ in public without bodyguards.

   (a) did not appear
   (b) would not have appeared
   (c) had not appeared
   (d) would not appear

3. Mr. Nelson received an excellent performance evaluation this year. He _____ be strict when dealing with his team members, but no one can deny he is an effective manager and all enjoy working with him anyway.

   (a) shall
   (b) may
   (c) should
   (d) would

4. My brother promised to book a table for our family at the trendy new Spanish restaurant. When I saw him today, I asked him, "Did you make a reservation yet?" and he responded, "Soon." It bothers me that he always delays _____ things.

   (a) to have done
   (b) doing
   (c) having done
   (d) to do

5. Conductor Matt Polk had all members of the orchestra come to the concert hall to prepare for the performance next Wednesday. Today's practice will be much longer than usual. When it ends, the musicians _____ for over three hours straight.

   (a) would have rehearsed
   (b) will be rehearsing
   (c) have been rehearsing
   (d) will have been rehearsing

6. This afternoon, Nathan received an e-mail from Pacific Bank stating that there had been multiple attempts to log in to his online account. It is critical that he _____ his password right away.

   (a) changes
   (b) will change
   (c) has changed
   (d) change

7. The CEO of Highland Incorporated is considering a merger with Meyer Limited. He believes that if the two companies joined, they _____ the home appliance market. However, many employees are opposed to the plan because they are worried about job security.

(a) could dominate
(b) could have dominated
(c) dominated
(d) were dominating

8. The Gulf Stream is an ocean current that transports warm water from the Caribbean Sea into the northern Atlantic Ocean, which has the effect of regulating climate worldwide. Global temperatures will likely remain stable _____ this process is interrupted.

(a) if
(b) as long as
(c) so
(d) unless

9. When Marvin arrived at his house, he realized that he had forgotten his keys at work. His office was already closed, so he couldn't go back to get them. Luckily, he managed _____ his apartment manager who let him in.

(a) to have contacted
(b) contacting
(c) to contact
(d) having contacted

10. Fortunately, the emergency backup generator at Oakridge General Hospital was operational yesterday evening, as there was a power outage. Several doctors _____ surgery when the electricity suddenly failed, and the loss of electricity could have been devastating.

(a) will be performing
(b) are performing
(c) have been performing
(d) were performing

11. Last semester, I took a computer class as an elective course and learned some useful repair tips. Now, I _____ fix my laptop when it's broken without calling the service center for help!

(a) can
(b) may
(c) must
(d) would

12. Why has it been so hard to find a qualified programmer for our company's upcoming software project? If a suitable candidate applied for the position, I _____ that person a contract immediately!

(a) would have offered
(b) would offer
(c) will offer
(d) had offered

13. *A Tale of Two Cities*, one of Charles Dickens's most popular works, was initially released in serial form, meaning that the individual chapters were published monthly. He insisted that his publisher _____ this method to increase interest in his work.

    (a) would utilize
    (b) had utilized
    (c) utilized
    (d) utilize

14. Craig has been sick with the flu all week and is concerned about completing a paper for his economics class—the deadline is tomorrow. His friend has suggested _____ an extension from the instructor due to medical reasons.

    (a) having requested
    (b) to request
    (c) requesting
    (d) to have requested

15. Freeport Fitness is known for its highly successful online marketing campaigns. At present, it _____ a series of YouTube videos with exercise tips from its most popular personal trainers to advertise its new classes.

    (a) will be developing
    (b) will develop
    (c) is developing
    (d) had been developing

16. Alice Paul was an American activist who had campaigned for over 10 years to get women permission to participate in national elections. If she had given up, American women _____ the right to vote in 1920.

    (a) were probably not winning
    (b) would probably not win
    (c) had probably not won
    (d) would probably not have won

17. The marketing head of Zeta Electronics is pleased with the sales figures for his company's latest smartphone. The product, _____, has received glowing praise from several prominent technology websites for its long battery life.

    (a) which was released in May
    (b) that was released in May
    (c) what was released in May
    (d) whose was released in May

18. Danton College has introduced a new registration policy. It requires students _____ for courses at least one week before the start of a semester. This is to ensure that professors know their class sizes well in advance.

    (a) signing up
    (b) to be signing up
    (c) to sign up
    (d) having signed up

19. Owen and Sarah have invited several friends and family members to a housewarming party tomorrow at 7 p.m. Owen _____ dinner when the guests arrive, so Sarah will serve them snacks and beverages.

    (a) will still have been preparing
    (b) will still be preparing
    (c) is still preparing
    (d) still prepares

20. A squirrel buries nuts in various locations to save food for the winter, and these caches are well hidden and spread over a large area. _____, it can find them again easily by using physical landmarks.

    (a) Consequently
    (b) Instead
    (c) Likewise
    (d) Nevertheless

21. *The Spirit of Houston* was the proposed name of a 169-meter-tall statue that artist Doug Michels planned to build in Texas. If the project hadn't been canceled due to his unexpected death, he _____ the largest statue in the world.

    (a) had constructed
    (b) would construct
    (c) would have constructed
    (d) was constructing

22. Jogging is a good way for a person to burn calories and build muscles. As you perform this exercise, you should wear appropriate footwear _____ the chance of injuries to your feet or knees.

    (a) reducing
    (b) having reduced
    (c) to have reduced
    (d) to reduce

23. The receptionist Dr. Edwards hired last month quit suddenly because she was offered a better position at another clinic. As she was an excellent employee, Dr. Edwards regrets not _____ her with adequate compensation.

    (a) providing
    (b) to have provided
    (c) to provide
    (d) being provided

24. Westbrook Books announced yesterday that a best-selling author would make an appearance at the store. Casey Ford, _____, will sign copies of her latest book in the shop on June 10.

    (a) that has written seven popular novels
    (b) who has written seven popular novels
    (c) which has written seven popular novels
    (d) whom she has written seven popular novels

01회
02회
03회
04회
05회
06회
07회
08회
09회
10회
해커스 지털프 실전모의고사 문법 10회 (Level 2)

25. Bentley hopes to join the cinema club at Colorado University but it's for third- and fourth-year students only. If he were able to, he _____ the club this year.

    (a) would have joined
    (b) has joined
    (c) would join
    (d) is joining

26. Norfolk University completed the construction of a large underground parking garage last month. Prior to the opening of this facility, students and faculty _____ with each other for the few non-reserved spots on campus.

    (a) have been competing
    (b) compete
    (c) had been competing
    (d) are competing

정답·해석·해설 p.119

자동 채점 및 성적 분석 서비스 ▶

1. Before I applied to be an exchange student at a Paris university, I _____ French for two years. Therefore, I was able to meet the program's strict language requirement.

   (a) have been studying
   (b) have studied
   (c) had been studying
   (d) would have studied

2. My best friend Phoebe is extremely angry. This is because David laughed at her for making a minor mistake while giving a presentation in their English literature class. If I were him, I _____ to Phoebe for my rude behavior.

   (a) will apologize
   (b) would have apologized
   (c) had apologized
   (d) would apologize

3. Residents of Houston, Texas have protested the municipal government's decision to allow a landfill to be constructed in a nearby national forest. They dislike _____ waste stored in the area because toxic chemicals may be released into local waterways.

   (a) having
   (b) having had
   (c) to have
   (d) to have had

4. Over the past few years, a large number of young students have been injured by people driving recklessly. As a result, many parents urge that the city council _____ the speed limit on streets located near schools.

   (a) is reducing
   (b) reduce
   (c) reduces
   (d) will reduce

5. A representative of Westwood Sports Arena reports that it is presently at full capacity. Just over 10,000 fans _____ the ongoing championship basketball game between the Detroit Lions and the Seattle Sharks.

   (a) will now watch
   (b) now watch
   (c) are now watching
   (d) have now watched

6. Even though Michael knew that his parents' anniversary party was on Saturday evening, he was too lazy to go shopping for a gift. Had he purchased a present, he _____ their feelings.

   (a) would not have hurt
   (b) did not hurt
   (c) would not hurt
   (d) will not have hurt

7. The hot, dry conditions this summer have significantly increased the risk of forest fires throughout the country. Therefore, campers _____ take extra care to ensure that their campfires are fully extinguished before leaving a campground.

(a) could
(b) would
(c) might
(d) must

8. The producers of the TV show *Black Mirror* have often attracted new viewers in unconventional ways. For example, they created a series of innovative online advertisements _____ the public's awareness of the program.

(a) to have increased
(b) to increase
(c) increasing
(d) having increased

9. New employees tend to perform better if they receive detailed and specific instructions regarding their duties. This indicates that managers _____ will have a more efficient staff.

(a) whose focus on training recruits
(b) whom focus on training recruits
(c) why focus on training recruits
(d) who focus on training recruits

10. Many new smartphones come with numerous applications preinstalled by the manufacturer or distributor. Most experts recommend _____ the ones that you do not use so that the device's battery life is not negatively affected.

(a) disabling
(b) to disable
(c) disabled
(d) having disabled

11. Due to budget constraints, Green Appliances will not make its products available for purchase in China this year. If the company were to expand into the Chinese market, it _____ a considerable growth in sales revenues.

(a) would experience
(b) will experience
(c) would have experienced
(d) will have experienced

12. In San Francisco, the number of injuries related to the use of electric scooters has increased by 222 percent over the last four years. _____, experts are calling for the government to make the use of helmets mandatory.

(a) Besides
(b) As a result
(c) For instance
(d) Conversely

13. Nancy's term paper for her history class has taken longer than expected to finish because she is struggling to find suitable sources. By the time she submits the assignment, she _____ on it for over two months.

(a) had worked
(b) has been working
(c) will work
(d) will have been working

14. Mark was recently diagnosed with asthma, a disease that causes chest pain and breathing problems. His doctor asked him _____ going outside on days when the air quality is particularly bad.

(a) avoiding
(b) having avoided
(c) to have avoided
(d) to avoid

15. Mr. Hill got to the Parkview Dental Clinic 20 minutes late this morning because he had taken the wrong bus. If he hadn't confused the bus numbers, he _____ on time for his appointment.

(a) had arrived
(b) would have arrived
(c) arrived
(d) would arrive

16. My older brother and I are very excited! We are taking a trip to London during our two-week vacation next summer and plan _____ Buckingham Palace and several other historic structures while we are there.

(a) to tour
(b) touring
(c) having toured
(d) to have toured

17. Dante will throw a special party to celebrate his younger sister's recent promotion. When she arrives at his apartment, all of the guests _____ behind the furniture. They will then jump up and shout "congratulations" to surprise her.

(a) have been hidden
(b) will be hiding
(c) had hidden
(d) are hiding

18. Air pollution caused by car exhaust and factory emissions has become a major problem because it is responsible for a wide variety of health problems, such as pneumonia. Therefore, the National Environmental Agency requires that a solution _____ as soon as possible.

(a) was being developed
(b) had been developed
(c) to be developed
(d) be developed

19. *The Hobbit* is a fantasy novel written by J. R. R. Tolkien that was published in 1937. This work of fiction, _____, is popular with readers around the world. In addition, it was the basis for a highly successful film series.

(a) when has been translated into 50 languages
(b) that has been translated into 50 languages
(c) which has been translated into 50 languages
(d) what has been translated into 50 languages

20. Although Greg works a lot of extra hours, his coworkers do not feel bad for him. If he were to spend less time surfing the Internet during work hours, he _____ to stay late at the office every day!

(a) would not have needed
(b) would not need
(c) will not need
(d) had not needed

21. On Tuesday afternoon, Leah witnessed a serious traffic accident at the corner of Oak Street and Center Avenue. When the collision between a car and a motorcycle occurred, she _____ at a bus stop near the intersection.

(a) is standing
(b) has stood
(c) will be standing
(d) was standing

22. My parents recently moved into a house that is located in the countryside. As my father adores _____ time in the garden, he intends to grow a variety of flowers and vegetables in the backyard.

(a) to spend
(b) having spent
(c) spending
(d) to be spending

23. Near-Earth objects are asteroids that pass close to our planet, and some of them are large enough to pose a serious threat to human civilization. In order to avoid a disaster, governments must develop a plan _____ one appears likely to strike Earth.

(a) so that
(b) even if
(c) except that
(d) in case

24. Once you have finished a job interview, take a few minutes to evaluate your own performance. Think carefully about your answers to the questions. Ask yourself, "If I _____ the interview, would I have considered my responses to be impressive?"

(a) had conducted
(b) conducted
(c) would conduct
(d) conduct

25. Doctors Without Borders provides
    free medical care in developing
    countries. It does not receive funds from
    governments. Since it was founded in
    1971, it _____ private donations for
    almost its entire budget. This guarantees
    it can act independently.

    (a) will be using
    (b) is using
    (c) has been using
    (d) was using

26. Researchers have successfully
    developed a computer algorithm to
    distinguish between harmful and
    beneficial insects on agricultural lands.
    When combined with sensors, it
    _____ provide farmers with accurate
    information about which fields are
    infested, so they know where to apply
    pesticides.

    (a) must
    (b) might
    (c) would
    (d) can

정답·해석·해설 p.130

1. Greenville High School's choir was heavily criticized for its terrible singing during the Christmas festival. Most students felt that if the music teacher, Mr. Thompson, had led the choir, it _____ far better.

   (a) will perform
   (b) would perform
   (c) will have performed
   (d) would have performed

2. It was sad that my son could not have Thanksgiving dinner with his grandparents. When they arrived at our house for dinner last night, he _____ because he had been called to the hospital where he worked to deal with an emergency.

   (a) was just leaving
   (b) is just leaving
   (c) will be just leaving
   (d) had been just leaving

3. Some car manufacturers have begun testing semiautonomous self-driving cars. _____ the rapid advances made in this field, they expect it will take several more years to develop vehicles that can function without a human driver.

   (a) In addition to
   (b) Despite
   (c) Instead of
   (d) Owing to

4. Pilates has become increasingly popular among young people these days because it is an excellent way _____ the overall flexibility of the body. It incorporates movements that stretch all of the major muscle groups.

   (a) to have improved
   (b) improving
   (c) having improved
   (d) to improve

5. The executives of Norton Advertising decided not to offer Jenny the team leader position. If Jenny had gotten a better score on her annual evaluation, there is a significant chance that she _____ the promotion.

   (a) would have received
   (b) will have received
   (c) would receive
   (d) had received

6. While pursuing a master's degree in chemistry, Leon took a part-time position to help pay for his education costs. By the end of this semester, he _____ as a teaching assistant for a full year.

   (a) will be working
   (b) had worked
   (c) had been working
   (d) will have been working

7. One of the reasons why *Squid Game* has been a sensation around the world is the support of Netflix. The series was subtitled into 31 languages and dubbed into 13, so it is possible for international audiences _____ the show without understanding Korean.

(a) being enjoyed
(b) to enjoy
(c) enjoying
(d) that enjoy

8. Genghis Khan was a Mongol ruler who conquered much of Asia and the Middle East. Before he died, he ordered that his followers _____ his third son, Ögedei, as the heir to his empire.

(a) to acknowledge
(b) acknowledged
(c) acknowledge
(d) had acknowledged

9. Zoe is excited about preparing a traditional Vietnamese dish for her friend's potluck dinner. As she makes the food later this afternoon, she _____ the old family recipe from her grandmother very carefully.

(a) has followed
(b) will be following
(c) will have been following
(d) is following

10. Many people feel disillusioned with politics because a large number of corruption scandals involving elected officials and their family members have occurred. If politicians were to behave in an ethical manner, voters _____ them more easily.

(a) have trusted
(b) were trusting
(c) could have trusted
(d) could trust

11. Globetek is an online retailer for people looking to purchase affordable electronic devices. All of the products _____ come with an extended warranty and can be shipped anywhere in the world at no additional charge.

(a) how are sold by this company
(b) what are sold by this company
(c) that are sold by this company
(d) who are sold by this company

12. Mary's ambition as an actor has always been to appear in a Broadway musical. At the moment, she _____ for several auditions and feels confident that she will get a role in the near future.

(a) has been preparing
(b) is preparing
(c) had prepared
(d) will have been preparing

13. Although Steven's hobby used to be photography, he has recently become interested in film editing. He especially enjoys _____ short, humorous videos to post on social media sites like TikTok.

    (a) creating
    (b) to create
    (c) having created
    (d) to be created

14. Professional baseball player Grant Williams was injured during a game last year, and, consequently, his performance has significantly declined. It is best that the management of the Boston Flyers _____ him with a new player.

    (a) will replace
    (b) replaced
    (c) replace
    (d) replaces

15. Andrew was extremely annoyed to have sprained his ankle. It happened on the day his new surf board was delivered! Before he hurt himself yesterday, he _____ for over two weeks for the board to arrive.

    (a) was waiting
    (b) has waited
    (c) will have been waiting
    (d) had been waiting

16. Since finishing law school, my cousin has spent over three months studying to take the New York Bar Exam. Her goal is _____ a lawyer that specializes in labor law so that she can protect the rights of workers.

    (a) to have become
    (b) becomes
    (c) having become
    (d) becoming

17. On Tuesday, Susan visited a medical clinic due to her arm being covered with hives. The doctor said that she _____ have come into contact with something she was allergic to. He then prescribed some ointment for Susan to apply to her skin.

    (a) should
    (b) might
    (c) ought to
    (d) can

18. Dominic is very nervous about the presentation he has been asked to provide for a representative of one of his firm's biggest clients, Pole Automotive. If he were allowed, he _____ the meeting to give himself more time to prepare.

    (a) would have postponed
    (b) will have postponed
    (c) has postponed
    (d) would postpone

19. At a press conference on Sunday, Wendy Lewis surprised the entire world by announcing her intention to retire. The professional golfer, _____, will play her last game at a tournament in Seattle on August 15.

    (a) that has won several national titles
    (b) whom has won several national titles
    (c) which has won several national titles
    (d) who has won several national titles

20. Global warming and rising sea levels are threats to all forms of life on our planet. So, environmentalists _____ governments to take action to address these problems ever since they were first identified.

    (a) will have been encouraging
    (b) have been encouraging
    (c) had encouraged
    (d) were encouraging

21. When an endoscopy is performed, a camera passes down the throat and into the stomach. As the presence of food can cause complications, doctors request that patients _____ anything for eight hours prior to the procedure.

    (a) not eat
    (b) don't eat
    (c) will not eat
    (d) weren't eating

22. Just two months after making his New Year's resolution, Samuel is already having a hard time sticking to it. He wants to quit _____ his nails, but he still does it whenever he feels anxious.

    (a) having chewed
    (b) to have chewed
    (c) to chew
    (d) chewing

23. Until recently, most experts agreed about when North America was populated. They believed humans first arrived on the continent about 13,000 years ago. However, this theory is being reconsidered _____ footprints that are over 23,000 years old were discovered in the United States.

    (a) while
    (b) whereas
    (c) because
    (d) although

24. Jacques is having fun during his trip to Liverpool, but he is struggling to make friends. If he _____ English better, he would find it easier to communicate with the people living in the city.

    (a) speaks
    (b) has spoken
    (c) had spoken
    (d) could speak

25. Artists know that how a painting is lit significantly affects its appearance. For example, Pablo Picasso decided that he _____ use candles when displaying some of his works. He felt that the flickering light enhanced the mystical qualities of these paintings.

(a) would
(b) can
(c) will
(d) may

26. Did you hear that Darren moved abroad last week? I was shocked. I didn't have a clue that he was leaving! Had he told me the news before he left, I _____ a small gift and letter to him.

(a) have given
(b) had been giving
(c) would have given
(d) would give

정답·해석·해설 p.141

1. I'm going on a business trip to Istanbul next month. Although I'll be very busy, I'm determined _____ the Hagia Sophia during my time there. I've wanted to see this historic structure for many years.

   (a) having visited
   (b) to have visited
   (c) to visit
   (d) will visit

2. Some members of the National Cycling Association are participating in a cross-country bicycle trip. If they reach Chicago next week as planned, they _____ for over two months.

   (a) will already be traveling
   (b) had already been traveling
   (c) have already been traveling
   (d) will have already been traveling

3. A recent study shows that online learning leads to an education gap among different groups of students. It _____ seem that all children benefit equally from this approach, but those from high-income families have a tendency to perform better.

   (a) may
   (b) will
   (c) should
   (d) shall

4. These days, many retail outlets have made the transition from cashiers to self-checkout kiosks. Unfortunately, this development is inconvenient for the elderly, who are often uncomfortable with new technologies. If stores provided more detailed instructions, their older customers _____ the kiosks more easily.

   (a) had used
   (b) could use
   (c) could have used
   (d) will use

5. In 1610, the Italian astronomer Galileo found conclusive evidence that the planets orbited the Sun. This was important because Europeans _____ this for decades, ever since 1543 when Copernicus proposed that the Sun was at the center of the solar system.

   (a) had been debating
   (b) have been debating
   (c) have debated
   (d) will be debating

6. Clara was caught by her parents sneaking into the house at 1 a.m. last night. They are very angry because she evaded _____ their questions about what she was doing out so late at night.

   (a) having answered
   (b) to answer
   (c) answering
   (d) to be answered

7. Theodore's friend told him about an open graphic designer position at Western Media. However, he chose to remain at his current company. Had he applied for the job and been accepted, he _____ a much higher salary.

(a) has received
(b) had been receiving
(c) would have received
(d) would receive

8. Last Saturday evening, I attended an alumni meeting with my former university classmates. It was unfortunate that Carina, _____, could not participate in this special event because she was on a trip to Barcelona.

(a) which I miss a lot
(b) whom I miss a lot
(c) that I miss a lot
(d) what I miss a lot

9. On Wednesday afternoon, Mr. Tanner accidentally deleted all of the data in his company's customer database. As a result, he has to re-enter all of the information! He anticipates _____ at least four hours on this project.

(a) having spent
(b) to have spent
(c) to spend
(d) spending

10. The problem of wealth inequality has existed in every time period. While humans _____ with this dilemma throughout history, it is unlikely to be resolved in the near future.

(a) had been dealing
(b) had dealt
(c) have been dealing
(d) will be dealing

11. Felix worries that he won't do well in the National Math Competition that will be held in November because he hasn't had time to prepare. If he were to win, he _____ his parents happy.

(a) will make
(b) would make
(c) had made
(d) would have made

12. If you are having problems finding a part-time job, you should try to make your résumé more attractive to potential employers. _____, you can highlight any certificates you have acquired that may be relevant to the advertised position.

(a) By the way
(b) As a result
(c) By contrast
(d) For example

13. Diana was upset that it took over two weeks for Polson Office Supply to approve a refund for the products she had sent back. The return policy clearly stipulates that the process _____ within seven business days, so she called to point out this.

    (a) being completed
    (b) has been completed
    (c) be completed
    (d) is completed

14. Nancy failed to get a ticket for the premiere of director Steven Spielberg's latest film. When she arrived at the theater yesterday evening, a very large number of people _____ in line to buy tickets.

    (a) will already wait
    (b) had already waited
    (c) have been already waiting
    (d) were already waiting

15. Jordan and several other members of the football team quit because they felt the coach was way too strict. If the coach had been more flexible about the rules, they _____ the team.

    (a) would not leave
    (b) had not left
    (c) would not have left
    (d) will not have left

16. GT Mobile has launched an advertising campaign to stress the benefits of its 5G data packages. It will hopefully induce existing customers _____ their accounts to more expensive options, thereby increasing profits for the company.

    (a) to have upgraded
    (b) having upgraded
    (c) upgrading
    (d) to upgrade

17. Adam always tries to please his girlfriend, even when she suggests doing something he dislikes. For instance, he often goes to theatrical performances with her _____ he finds them boring.

    (a) because
    (b) since
    (c) although
    (d) unless

18. Professor Brody has been selected to present the award for best documentary at Western University's annual student film contest. During the awards ceremony tomorrow evening, he _____ the various nominees in this category.

    (a) will be introducing
    (b) will have introduced
    (c) has been introducing
    (d) was introducing

19. Antoni Gaudi was a Spanish architect known for his use of complex geometrical shapes. After he finished _____ a hotel in 1908, he focused exclusively on religious structures. These included the Sagrada Família, a cathedral that is now a UNESCO World Heritage Site.

(a) to have designed
(b) designing
(c) designed
(d) to design

20. Even though Jake and Allen are brothers, they do not have a close relationship and are rarely seen together. Had they spent more time playing together as children, they _____ a stronger bond.

(a) are developing
(b) would develop
(c) will have developed
(d) would have developed

21. All people have the right to enter public buildings, such as libraries and schools. Therefore, the government _____ build wheelchair ramps at the entrances of these structures. This is necessary to ensure that the disabled are not prevented from accessing essential services.

(a) might
(b) can
(c) may
(d) should

22. Westport Cleaning Supplies recently released a product that caused some customers to become ill. To avoid this problem in the future, the CEO commanded that every single employee rigidly _____ all health and safety regulations.

(a) following
(b) follows
(c) follow
(d) will follow

23. Ethan is frustrated because he cannot sleep during his flight from New York to Los Angeles. Two babies in the row behind him _____ right now, and their parents are not capable of making them stop.

(a) were crying
(b) will be crying
(c) have cried
(d) are crying

24. Michelle rarely engages in any recreational activities when she visits resorts in Southeast Asia during her vacations. Instead, she tends _____ by the pool, drinking a cold beverage and reading a book.

(a) to relax
(b) to have relaxed
(c) relaxing
(d) having relaxed

25. I brought a Spanish phrase book with me to Mexico because I don't speak the language. Had I remembered to put it in my bag before I left for the restaurant, I _____ it to order food now.

(a) will use
(b) had used
(c) would have used
(d) would be using

26. Online platforms that provide media content typically employ a technology known as a recommendation engine. This data-filtering software utilizes algorithms to make suggestions to users. To illustrate, a person _____ will likely be prompted to view an upcoming soccer or basketball game.

(a) that search history includes many sports programs
(b) whose search history includes many sports programs
(c) when her search history includes many sports programs
(d) which includes search history of many sports programs

정답·해석·해설 p.152

자동 채점 및 성적 분석 서비스 ▶

1. Investment consultant Scarlett Lopez led two seminars at the annual Financial Services Conference in Scottsdale. One was about retirement planning _____ the other dealt with personal income tax issues.

   (a) until
   (b) when
   (c) if
   (d) while

2. Lithium-metal batteries have a large capacity and can be recharged very quickly, which make them well-suited for use in electric vehicles. Accordingly, many car companies _____ this technology nowadays for inclusion in future models.

   (a) were researching
   (b) had been researching
   (c) will research
   (d) are researching

3. Sylvia did not get much sleep last night because she is allergic to the clams in the soup she ate with her dinner. If she had carefully checked the ingredients list on the package, she _____ food poisoning.

   (a) probably would not have gotten
   (b) probably would not get
   (c) probably will not get
   (d) probably had not gotten

4. Why do you hesitate to ask for help when you are in trouble? Do you feel that you will be a nuisance? Talking about your problems with another person can make you feel better, so it may be worth _____.

   (a) to have tried
   (b) having tried
   (c) trying
   (d) to try

5. Last year, Kyla watched a documentary about poverty in her country and realized that many people were experiencing financial hardship. From that point on, she _____ volunteer work with a local charitable organization.

   (a) is doing
   (b) has been doing
   (c) had done
   (d) will be doing

6. Ms. Warren's children have decided to surprise her by cleaning the house before she returns from work, but they are just making a bigger mess. She _____ them to stop if she were at home now.

   (a) has told
   (b) would have told
   (c) would tell
   (d) will tell

7. My mother and I took the Christmas tree out of the garage and now are setting it up in our living room. By the time my father gets home from work, we _____ decorations for over an hour already!

(a) had put up
(b) will have been putting up
(c) would have put up
(d) will be putting up

8. The morning dew is crucial for many animals in arid environments. They rely on it for most of their water needs. If the dew were to suddenly stop forming, many species _____ the possibility of extinction.

(a) had faced
(b) faced
(c) would have faced
(d) would face

9. Ms. Adams is concerned because her son has difficulty focusing in class due to attention deficit hyperactivity disorder. To address this issue, his doctor strongly recommends that he _____ for sessions with a behavioral therapist as soon as possible.

(a) be signed up
(b) was signed up
(c) will be signed up
(d) is signed up

10. Wade confessed to Caroline that he is in love with Anne and asked her to keep his secret. Caroline is deeply moved that she is the one Wade trusts, so she has agreed to his request and _____ not share his secret with anyone.

(a) could
(b) may
(c) will
(d) might

11. At the request of his supervisor, Mr. Demian reviewed all the pages of the company's new online site and tested the buttons to check whether they were working. Once he finished, he reported _____ some errors that needed to be corrected.

(a) being found
(b) to have found
(c) to find
(d) finding

12. Mr. Jenkins had a disagreement with his wife yesterday about how much money they should spend each month on entertainment. He tried to reconcile with her this morning by presenting a compromised budget, only _____ her angrier.

(a) to be made
(b) makes
(c) having made
(d) to make

13. Leanne's parents are nervous about her traveling alone in Europe for a month, but she has decided to go on the trip anyway. _____, she is an adult now, so she can take care of herself.

    (a) Formerly
    (b) After all
    (c) Nonetheless
    (d) Likewise

14. I sent a message asking the delivery person to leave the package in front of my door because I will not be home this afternoon. By 2 p.m., I _____ my apartment to go to a hospital.

    (a) will be leaving
    (b) had been leaving
    (c) have left
    (d) was leaving

15. Aiden's friends from university invited him to a reunion next Saturday. Aiden really wants to go, but he has a previous engagement with his partner. He is worried that his partner _____ be disappointed if he cancels it.

    (a) should
    (b) might
    (c) can
    (d) must

16. On April 15, 2019, a fire broke out in the Notre-Dame cathedral, a historic religious structure located in Paris. Had the security guard on duty detected the blaze earlier, the building _____ such extensive damage.

    (a) would not suffer
    (b) has not suffered
    (c) had not been suffering
    (d) would not have suffered

17. The mayor of San Diego ordered the construction of new bicycle lanes throughout the downtown area. This measure is being taken in response to several incidents in which cyclists narrowly escaped _____ by vehicles on busy streets.

    (a) being hit
    (b) to be hit
    (c) have been hit
    (d) to have been hit

18. Some innovative devices are not practical because the technologies they need to be fully functional are not available. For example, in 1994, _____, it did not have continual Internet access as Wi-Fi had not been invented yet.

    (a) when the first smartphone was released
    (b) where the first smartphone was released
    (c) why the first smartphone was released
    (d) how the first smartphone was released

19. Despite the threat posed by global warming, many industrialized nations have not taken steps to reduce their output of greenhouse gases. If these countries made an effort to limit their emissions, global temperatures _____ to fall.

(a) have begun
(b) would begin
(c) would have begun
(d) will begin

20. Jenna has a scrapbook in which she keeps mementos from important events in her life. She recently dried some flowers _____ and added them to the scrapbook to remember her 10th wedding anniversary.

(a) that she had received from her husband
(b) who she had received from her husband
(c) which had received from her husband
(d) whom she had received from her husband

21. Cindy is tense because she has to deliver a speech in front of a large group at the marketing seminar. Her professor advised that she _____ in a calm voice to create the impression that she is at ease.

(a) will speak
(b) is speaking
(c) speak
(d) spoke

22. Video games are commonly thought to have a harmful effect on children. Up until 2018, experts _____ for years that they encouraged aggressiveness in children. However, in 2019, the American Psychological Association announced that this assertion is groundless.

(a) will have claimed
(b) have claimed
(c) have been claiming
(d) had been claiming

23. The increasing number of homeless people in Los Angeles has prompted many residents to demand that the city take action. In response, the mayor intends _____ nearly $1 billion on shelters and other services.

(a) to have spent
(b) to spend
(c) spending
(d) having spent

24. Professor Nelson heard some students at the back of the classroom whispering while he was explaining a difficult concept. So, he asked that everyone _____ quiet during the lecture to avoid distracting the others.

(a) to keep
(b) kept
(c) keeps
(d) keep

25. Raymond was let down because the laptop model he wanted to buy sold out quickly on the day it was released. If he _____ a preorder for the device, he would have been able to purchase one without a delay.

(a) had placed
(b) placed
(c) would have placed
(d) has placed

26. Lisa had a very pleasant surprise two days ago. When she _____ some news magazines in her local bookstore, she ran into Frank, her former classmate from university, for the first time in five years.

(a) has browsed
(b) was browsing
(c) browsed
(d) had been browsing

정답·해석·해설 p.163

자동 채점 및 성적 분석 서비스 ▶

1. Many people find it challenging to manage their money when they first move out of their parents' home. This is why it is important for the government to promote _____ financial planning to young adults.

   (a) teaching
   (b) having taught
   (c) to be teaching
   (d) to teach

2. All the members of the rock band Blue Notes are currently advertising their upcoming concert. They _____ flyers to students while roaming around the campus of Charleston College.

   (a) will have handed out
   (b) had handed out
   (c) are handing out
   (d) were handing out

3. After seeing a woman fall off her bicycle and break her arm, Harold called 911 and is now waiting with her for an ambulance. If he _____ how to perform first aid, he would provide her with medical assistance himself.

   (a) will know
   (b) had known
   (c) knows
   (d) knew

4. Tara understands that it is not beneficial for a project manager to put too much pressure on employees. Even though she is extremely picky, she _____ to be less critical of her team members' work for a few months now.

   (a) will be trying
   (b) was trying
   (c) has been trying
   (d) is trying

5. The extinction of the freshwater Yangtze River dolphin was a result of human activity. Its habitat suffered severe environmental damage due to the release of waste products from factories. _____, overfishing wiped out food sources, which also contributed to many deaths.

   (a) Otherwise
   (b) Whether
   (c) Instead
   (d) Meanwhile

6. I am stunned that my younger brother has drawn all over the living room wall! Until 10 minutes ago, he _____ with his blocks quietly. I should have watched him much more carefully.

   (a) was playing
   (b) is playing
   (c) has played
   (d) will be playing

7. Although the Italian artist Amedeo Modigliani was destitute when he died, his works sell for millions of dollars today. If people had realized the true value of his paintings during his lifetime, he _____ a lot of money.

(a) would earn
(b) will have earned
(c) would have earned
(d) had been earning

8. Carrie is confident that the wedding she is planning will go well. As she has been working as a wedding planner for over 20 years, she knows she has the ability _____ a successful event.

(a) organizing
(b) having organized
(c) to have organized
(d) to organize

9. Tomorrow afternoon, city workers will complete the repairs to the city's power system necessitated by the devastating flooding caused by the recent hurricane. By then, most of the residents _____ without electricity for three days.

(a) will have been living
(b) had been living
(c) will live
(d) have been living

10. As I was making soup, my mother informed me that she was leaving to go shopping at the grocery store. She told me that I should remember _____ the stove once I finish preparing my meal.

(a) to have turned off
(b) to turn off
(c) turning off
(d) having turned off

11. To protect passengers from injuries, the National Transportation Agency has implemented a new traffic regulation that takes effect today. It is now mandatory that each passenger _____ a seatbelt while riding on inter-city buses.

(a) has been wearing
(b) wears
(c) will wear
(d) wear

12. Next month, Christina will move away from her hometown to begin university. She is truly excited about this change to her life because she has always envisioned _____ freedom from her strict parents!

(a) to have gained
(b) to gain
(c) gaining
(d) having gained

13. People with indigestion suffer from abdominal discomfort after meals. The painful condition is usually caused by poor dietary choices. Experts suggest that one _____ more whole grains and alkaline foods to prevent it.

    (a) eats
    (b) eat
    (c) will eat
    (d) has eaten

14. On New Year's Eve, I made a resolution to improve my mental health by finding a way to relieve stress. Starting next week, I _____ a meditation class at the community center every Tuesday.

    (a) was attending
    (b) have been attending
    (c) will have attended
    (d) will be attending

15. The Constitution of the United States guarantees that all residents of the country have the right to free speech. As a result, the government _____ refrain from passing laws that prevent people from expressing their opinions.

    (a) might
    (b) must
    (c) can
    (d) may

16. The French Revolution lasted from 1789 to 1799. It led to the overthrow of the monarch and the elimination of the privileges enjoyed by the nobility. Had it not been for this event, democratic institutions _____ longer to develop in France.

    (a) would have taken
    (b) were taking
    (c) had taken
    (d) would take

17. Katy forgot to turn her cell phone off in class and was given a detention by her teacher when it rang. She doesn't appreciate _____ like a troublemaker for making such a simple mistake.

    (a) having treated
    (b) being treated
    (c) to be treated
    (d) to have been treated

18. Mr. Brooks did not receive an e-mail from the phone company about the change to his billing date. He thinks it's unfair he needs to pay a late charge because if he had been notified, he _____ his payment late last month.

    (a) would not have submitted
    (b) had not submitted
    (c) has not have submitted
    (d) would not submit

19. Online auctions typically attract far more potential buyers than offline ones. Many members of the public prefer them _____ the better deals available as well as the convenience of participating from their own homes.

(a) instead of
(b) aside from
(c) rather than
(d) because of

20. After having searched for her soul mate all her life, Theresa finally got married last month. Her husband, _____, shares many of her interests and hobbies. She hopes that they will have a long and happy life together.

(a) that she met through a badminton club
(b) which she met through a badminton club
(c) whom she met through a badminton club
(d) who she met him through a badminton club

21. My brother needs to take better care of his health as he prepares for his final exams. When I came home after work yesterday evening, he _____ for nine hours straight without a break.

(a) had been studying
(b) was studying
(c) has been studying
(d) will be studying

22. After completing my undergraduate studies in May, I was able to pass the MCAT (Medical College Admission Test) on my first attempt. If my grandmother were alive, she _____ so proud of my accomplishment.

(a) would have been
(b) will be
(c) has been
(d) would be

23. Mr. Meyer is being transferred to the European division of Tyson Pharmaceuticals. A special dinner _____ be held for him on May 15. All of the company's department managers are required to attend this event.

(a) can
(b) may
(c) will
(d) should

24. I traveled to Venice for a vacation. I liked the atmosphere, the people, and the many attractions there. The only thing I was dissatisfied with was the hotel _____, as it had few amenities.

(a) when I stayed for two nights
(b) why I stayed for two nights
(c) what I stayed for two nights
(d) where I stayed for two nights

25. My coworker just reported that she has a high fever and feels under the weather. As it is better to be safe than sorry, my manager recommended that she _____ back home to rest.

(a) go
(b) goes
(c) has gone
(d) will go

26. I know you take your time making decisions and don't want to fail. However, if you were to take more risks sometimes, you _____ missing out on so many opportunities.

(a) would stop
(b) would have stopped
(c) will stop
(d) have stopped

정답·해석·해설 p.174

자동 채점 및 성적 분석 서비스 ▶

1. In a recent interview, famed director Ridley Scott provided some advice for young filmmakers. He stressed that they should avoid _____ unnecessary scenes in their movies, as these are little more than distractions from the main story.

   (a) to include
   (b) including
   (c) to have included
   (d) having included

2. The skin plays an important role in maintaining our overall physical health. Were it not for this organ, viruses and bacteria _____ our bodies easily, causing serious infections.

   (a) will have entered
   (b) will enter
   (c) would have entered
   (d) would enter

3. Neal is on his way to the Collingwood Arts Center, but, unfortunately, he is going to be late for the concert. By the time he gets off the subway, the performance _____.

   (a) had already started
   (b) would have already started
   (c) has already been starting
   (d) will already be starting

4. As the student with the best academic record, Yolanda was asked to speak at her school's graduation ceremony. The speech _____ impressed almost all of the event attendees.

   (a) what she gave
   (b) which she gave it
   (c) who she gave
   (d) that she gave

5. Liam's parents are concerned that he does not sleep more than a few hours each night. He _____ from severe stress these days because he is worried that he will not be accepted into his preferred university.

   (a) had suffered
   (b) will have suffered
   (c) is suffering
   (d) was suffering

6. I was supposed to depart for Montauk to visit my grandparents an hour ago, but I had to postpone my departure. If a major client had not called my office at the last minute, I _____ the train as planned.

   (a) would have caught
   (b) had caught
   (c) will have caught
   (d) would catch

7. When Edith visited a local amusement park on the weekend, she went on a ride called the Airdrop. Although she loudly screamed as she _____ toward the ground, she found the experience to be a lot of fun!

   (a) is falling
   (b) will fall
   (c) was falling
   (d) has fallen

8. The Midwestern United States is experiencing an extended period of hot, dry weather, which is creating difficulties for many people involved in agriculture. But if it _____ soon, the farmers would not be so worried about losing their crops.

   (a) will rain
   (b) would rain
   (c) had rained
   (d) rained

9. Kendrick made an embarrassing mistake yesterday when he attempted to call the Internet company to discuss his poor Wi-Fi connection. Before he realized that he had dialed the wrong number, he _____ to a random person about his problem for several minutes.

   (a) had been complaining
   (b) has been complaining
   (c) will be complaining
   (d) was complaining

10. Usain Bolt first began sprinting as a child, and he won many races in both elementary and high school. From a young age, he imagined _____ in prestigious international sporting events such as the Olympics.

    (a) to be participating
    (b) had participated
    (c) participating
    (d) to participate

11. A recent media report indicates that Governor Colin Williams accepted several large bribes from property development companies. It is urgent that the police _____ the allegations against this prominent politician immediately.

    (a) investigates
    (b) investigate
    (c) has investigated
    (d) will investigate

12. Amnesty International is a nongovernmental organization that focuses on promoting basic human rights throughout the world. It is known for launching public campaigns _____ a government engages in actions to limit these.

    (a) whether
    (b) although
    (c) whenever
    (d) as if

13. Dylan and his friend Louis will go to a theater to watch a movie together when their game of chess ends. They _____ for over an hour already, so they are probably almost finished.

    (a) played
    (b) had played
    (c) will be playing
    (d) have been playing

14. Canada is a multicultural country made up of people from many different ethnic and religious backgrounds. Therefore, citizens _____ respect each other's values and customs. By doing so, they make sure that no group or individual is discriminated against.

    (a) may
    (b) should
    (c) would
    (d) could

15. Hannah signed up for Algebra 401 because it is a requirement for math majors. But many of the concepts, such as factorization, are difficult for her _____, and she is really struggling to pass the course.

    (a) having understood
    (b) to have understood
    (c) to understand
    (d) understanding

16. I tend to stay up late even though it is hard to wake up the next day. After being late for work due to oversleeping, I decided _____ my habit and go to bed earlier.

    (a) to change
    (b) to have changed
    (c) changing
    (d) having changed

17. On November 28, 2001, the American energy company Enron declared bankruptcy, causing billions of dollars in losses to shareholders. Had management not engaged in unethical business practices, investors _____ a lot of money.

    (a) have not been lost
    (b) will not have lost
    (c) would not have lost
    (d) would not lose

18. Gordon Douglas Jones is a lawyer and he had served in the US Senate from 2018 to 2021 before losing his bid for reelection. Jones, _____, was considered to be a political moderate.

    (a) that represented the state of Alabama
    (b) which represented the state of Alabama
    (c) whom represented the state of Alabama
    (d) who represented the state of Alabama

19. As I turn 16 this year, I want to get permission to buy a motorcycle. _____ hard I try to persuade my father, he refuses to allow me to do this since he thinks motorcycles are not safe.

   (a) No matter how
   (b) Instead of
   (c) Supposing that
   (d) As soon as

20. The head accountant of Mason Industries, Luke Edwards, was asked to discuss some missing company funds with the CEO. After a marathon meeting, Mr. Edwards finally confessed to _____ that money to pay for his personal expenses.

   (a) used
   (b) use
   (c) have used
   (d) using

21. William James Sidis was an American child prodigy who was accepted into Harvard University at the age of 11. It was said that he _____ speak 25 languages fluently once he reached adulthood.

   (a) may
   (b) will
   (c) should
   (d) could

22. With pollution getting worse, officials at Khao Yai National Park have made a new rule. Now, it is compulsory that tourists _____ their address when they enter the park. If they litter, their trash will be mailed back to them!

   (a) register
   (b) will register
   (c) are registering
   (d) have been registering

23. Candy's parents want everyone in the family to contribute to keeping their house tidy. It has therefore been decided that each family member has _____ the bathroom once a week according to a fixed schedule.

   (a) cleaning
   (b) to have cleaned
   (c) to clean
   (d) having cleaned

24. I spoke to my sister on the phone yesterday and heard that she was having a hard time after breaking up with her boyfriend. If I were to get some time off work, I _____ home to visit her.

   (a) would fly
   (b) am flying
   (c) have flown
   (d) would have flown

25. Marsha is frustrated that her aunt is running late for her bridal shower! When she arrives, the other guests _____ her upcoming marriage for an hour, and there will be no finger food left.

(a) will be celebrating
(b) had been celebrating
(c) will have been celebrating
(d) have been celebrating

26. This morning, I realized that another person had used my social media account to post several offensive messages. My account _____ if I had remembered to log out after using a public terminal in the library yesterday.

(a) would not be hacked
(b) had not been hacked
(c) has not been hacked
(d) would not have been hacked

정답·해석·해설 p.185

자동 채점 및 성적 분석 서비스 ▶

1. Honeybees are key contributors to agriculture, as they pollinate many important crops like apples and potatoes. If honeybees were to die out, it is likely that humans _____ from significant food shortages.

   (a) will be suffering
   (b) would suffer
   (c) had suffered
   (d) would have suffered

2. My favorite books are a series of fantasy novels called The Black Company by noted American author Glen Cook. There are 10 novels in total, and the one _____ is *The White Rose*.

   (a) how I am impressed the most
   (b) what the most impressed me
   (c) which it impressed me the most
   (d) that impressed me the most

3. After his annual medical checkup, my father promised to give up smoking by the end of the year. He told everyone in our family that he _____ quit completely by December 31 at the absolute latest.

   (a) might
   (b) can
   (c) would
   (d) may

4. Wendy is busy with getting ready for the book fair that her company, Nyman Publishing, will participate in. If you visit her later today, she won't be able to talk because she _____ a list of publications to promote.

   (a) prepares
   (b) would have prepared
   (c) will be preparing
   (d) had been preparing

5. To ensure prompt response times by firefighters, a regulation is rigorously enforced. It prescribes that a 911 operator always _____ emergency personnel from the station nearest to the site of a reported fire.

   (a) dispatches
   (b) will dispatch
   (c) has dispatched
   (d) dispatch

6. Since his roommate moved out to study overseas, Alex has been struggling to make ends meet. In fact, his monthly rent is so high that he is considering _____ back into his parents' house.

   (a) moving
   (b) having moved
   (c) to move
   (d) to have moved

7. The air conditioner has had a significant impact on the US economy. Had it not been for the invention of this device in 1902, workplace productivity in regions of the country with hot, humid weather _____ dramatically.

(a) would not increase
(b) had not increased
(c) has not been increasing
(d) would not have increased

8. Zed is the manager of the popular Italian restaurant A Taste of Italy on Center Street. _____ the staff members is his primary role, although he also deals with customer complaints and orders ingredients from suppliers.

(a) Supervised
(b) Supervising
(c) To have supervised
(d) Supervise

9. Bonita Reynolds has held her position longer than any mayor in the city's history. By the time she celebrates the anniversary of her first inauguration next June, she _____ the city for 12 years.

(a) has been leading
(b) will have been leading
(c) will lead
(d) had been leading

10. In most democratic countries, a secret ballot is a requirement during elections. This means that who a voter selects _____ be kept confidential unless he or she decides to share this information voluntarily.

(a) could
(b) might
(c) can
(d) must

11. Lytton Properties chose a design by famed architect Shannon Thompson for its latest residential complex. _____ the company receives a building permit from the government, construction at the downtown site will begin.

(a) Ever since
(b) The fact that
(c) As soon as
(d) Even if

12. Lately, Christine feels very stressed because her best friend seems to get annoyed a lot whenever they hang out together. If Christine could read her mind, she _____ doing things that bother her friend.

(a) would avoid
(b) will avoid
(c) would have avoided
(d) has been avoiding

13. We are about to enter the Sistine Chapel. As you probably know, it is home to some beautiful works of art by Michelangelo. The tour organizer told me _____ all of you that photography is prohibited inside.

(a) reminding
(b) to remind
(c) to have reminded
(d) reminded

14. My father is very upset by the Winter Olympics coverage this year. At this very moment, the ski jump competition _____, but all of the TV stations are showing reruns of a recent skating event.

(a) will be being held
(b) has been held
(c) was being held
(d) is being held

15. Lawrence Kohlberg came up with a theory of moral development. He argued that all children progress through the exact same six stages when learning how to behave. Therefore, morality is developed according to a single universal process _____ many different ones.

(a) wherever
(b) because of
(c) in spite of
(d) rather than

16. Last May, my aunt took a holiday in Las Vegas with her friends. Although there was a casino in her hotel, she refused to gamble because she didn't want to risk _____ her money.

(a) to lose
(b) to have lost
(c) losing
(d) having lost

17. Art lovers are sad because the National Art Museum has decided to start charging an admission fee. If the cost of entry were waived, the general public _____ the opportunity to view fine art whenever they please.

(a) would have
(b) will have
(c) would have had
(d) has had

18. In 1932, the US company Technicolor perfected a process to create color films. It was used for many classic works, such as *The Wizard of Oz*. Before the Technicolor technology was available, most directors _____ black-and-white movies.

(a) have produced
(b) had been producing
(c) have been producing
(d) are producing

19. *Homo erectus* was an early hominid that went extinct 110,000 years ago. These primates died off because it was impossible for them _____ to a changing environment. Research shows that they lost much of their habitat due to climate change.

(a) to have adapted
(b) to adapt
(c) having adapted
(d) adapting

20. Harrisburg College recently completed the construction of a new media center. This facility, _____, opened on September 15 and is accessible to all students and faculty members.

(a) that includes computers and audiovisual equipment
(b) which includes computers and audiovisual equipment
(c) who includes computers and audiovisual equipment
(d) where includes computers and audiovisual equipment

21. During an exhibit at the Greendale Gallery, an alarm sounded when a small boy knocked over a sculpture by a famous artist. Had his parents watched him more attentively, he _____ the artwork.

(a) would not damage
(b) had not damaged
(c) will not damage
(d) would not have damaged

22. From this year, employees at my company can choose their own working hours. I elected _____ to the office at 8 a.m. each day as I enjoy having free time in the afternoon.

(a) to go
(b) to have gone
(c) going
(d) having gone

23. Kevin promised his mother that he would clean his bedroom right after school. However, when she returned home from the supermarket just past 5 p.m., he _____ video games on his computer in his messy room.

(a) has been playing
(b) is playing
(c) will play
(d) was playing

24. Hilda went to a medical clinic owing to severe shoulder pain following a game of tennis. According to the doctor, it was crucial that she _____ her muscles for at least 15 minutes before intense physical activities.

(a) will stretch
(b) stretches
(c) stretch
(d) has been stretching

25. Thomas was late for work today because his tire went flat while he was driving to his office. He _____ this problem if he had remembered to bring his car to the service center last month for its annual inspection.

    (a) has not experienced
    (b) would not have experienced
    (c) will have not experienced
    (d) would not experience

26. Gardening has traditionally been an activity exclusive for people over the age of 50. Lately, however, it _____ popularity among young people as many of them work from home and have time for this hobby.

    (a) had been gaining
    (b) has been gaining
    (c) will be gaining
    (d) was gaining

정답·해석·해설 p.196

1. The popular online retailer NeoSearch.com has launched a new marketing campaign to get its regular shoppers to encourage others to try its services. A customer _____ will be sent a virtual gift card valued at $25.

   (a) whom refers at least 10 friends
   (b) which refers at least 10 friends
   (c) who refers at least 10 friends
   (d) how refers at least 10 friends

2. Karen is coming back home after a practice with her cricket team, and the traffic is so heavy that her bus is hardly moving. When she gets to her apartment later tonight, her husband _____ already.

   (a) will be sleeping
   (b) has been sleeping
   (c) will sleep
   (d) is sleeping

3. Although Peter is very happy with the location of his apartment, he has to move out soon because the increased rent is too expensive. If he could afford to pay it each month, he _____ searching for another apartment.

   (a) would have stopped
   (b) would stop
   (c) is stopping
   (d) has been stopping

4. Devon University has several regulations related to guests for the students who live in the dormitories on campus. For example, the school prohibits _____ visitors in the rooms or common areas after 9 p.m.

   (a) to have had
   (b) having had
   (c) to have
   (d) having

5. Bill is interested in the free seminar on communications skills organized by Legate Software. The deadline to sign up is Friday at 3 p.m., so it is imperative that he _____ by this time.

   (a) registers
   (b) will register
   (c) register
   (d) is registering

6. Ms. Lowell has a reputation among the students at Rosewood High School for being capricious. _____, the amount of homework she gives to the students each day seems to fluctuate depending on her mood.

   (a) Finally
   (b) In contrast
   (c) Otherwise
   (d) In fact

7. Fran panicked and could not think of the correct response when her behavioral psychology professor asked her a question last class. Had she completed the assigned textbook reading beforehand, she _____ the answer.

(a) would know
(b) had known
(c) would have known
(d) was knowing

8. As my father does not have to go to the office today, he will work in the garden all afternoon. He _____ weeds out from the soil now, and he intends to pick the ripe tomatoes afterward.

(a) has been pulling
(b) was pulling
(c) will be pulling
(d) is pulling

9. Brushing one's teeth after every meal is an important aspect of good dental hygiene, but it is insufficient to prevent cavities and gum disease. People also need _____ regularly to remove food from between their teeth.

(a) to floss
(b) flossing
(c) to have flossed
(d) having flossed

10. Corrine got a ticket for driving over the speed limit on the Riverside Expressway yesterday. She has no choice but _____ the fine by the due date or else it will double.

(a) having paid
(b) paying
(c) to pay
(d) to have paid

11. Due to rising medical costs, many residents of the United States are experiencing financial hardship. If the country were to create a national health care system, a large number of people _____ directly.

(a) would benefit
(b) have benefited
(c) would have benefited
(d) will benefit

12. At a press conference yesterday, JT Electronics representative Mary Burns confirmed the release date of the company's new tablet. According to her, it _____ be available for purchase in stores across the country on June 15.

(a) might
(b) can
(c) may
(d) will

13. In 2010, Mr. Cooper sold his car and decided not to purchase a new one. Since then, he _____ to and from his workplace by bicycle, which has greatly improved his overall health and saved him a lot of money.

    (a) had been commuting
    (b) would commute
    (c) will have been commuting
    (d) has been commuting

14. The Vancouver Lions are the winners of the National Hockey Championship this year! The player _____ is supposed to be announced during a televised award ceremony held at the end of the week.

    (a) who was selected as the team MVP
    (b) whose was selected as the team MVP
    (c) whom was selected as the team MVP
    (d) which was selected as the team MVP

15. The headphones that Warren bought two days ago have suddenly started making a loud hissing noise whenever he uses them. After noticing this problem, he called the manufacturer's customer service department _____ about the defective product.

    (a) to have complained
    (b) to complain
    (c) complained
    (d) having complained

16. Many voters were dissatisfied with how unprepared Derek Parker was for the mayoral election debate. If he hadn't performed so poorly during this event, he _____ more support when residents cast their votes last Friday.

    (a) would receive
    (b) received
    (c) was receiving
    (d) would have received

17. My younger brother often intentionally does things that he knows will annoy me. This morning, he played his music very loudly while I _____ to my friend on the phone about a group project for school.

    (a) have been talking
    (b) had talked
    (c) was talking
    (d) am talking

18. A special offer is currently available to customers of the Belmont Hotel. All guests _____ get a complimentary massage at the hotel's spa. Another option is to receive a free meal at the hotel's restaurant.

    (a) might
    (b) should
    (c) can
    (d) shall

19. Pandas typically give birth to one or two offspring at a time. When two babies are born, the mother will only feed and care for the strongest. She cannot produce enough milk for both of them, _____ one will be abandoned.

(a) but
(b) so
(c) when
(d) since

20. On Thursday, Logan took the driver's license test but failed because he forgot several important rules. He is not discouraged, though, as he is determined to practice _____ every day and then try again in two months.

(a) having driven
(b) to have driven
(c) to drive
(d) driving

21. After my older sister graduated from university, she accepted a position as a financial analyst with an investment bank in Madrid. By the end of this month, she _____ in Spain for three successive years.

(a) will have been living
(b) is living
(c) will live
(d) has been living

22. Jasmine was surprised to learn that her company had hired a new marketing assistant two days earlier. She _____ her former coworker, Kelly, if she had known that there was an open position.

(a) would recommend
(b) will be recommending
(c) would have recommended
(d) is recommending

23. The amount of daylight in Helsinki during the winter months is very limited, but there is still plenty to do. The Finland Tourism Board suggests that travelers _____ Senate Square and the city's many saunas and cafés.

(a) have visited
(b) will be visiting
(c) visited
(d) visit

24. On the day that Dycon's latest smartwatch model was to be released, Brett and Adam went to ElectroMart very early so that they could buy one. Before the store opened, they _____ in line for over two hours.

(a) have been standing
(b) are standing
(c) had been standing
(d) have stood

25. Glenn Wilson, the president of Alpine Accounting, has decided to respond to feedback from staff members. The firm will stop _____ company cars to executives and will instead offer all employees a monthly transportation stipend.

(a) providing
(b) to provide
(c) having provided
(d) to have provided

26. Graffiti has gained wider acceptance, and efforts are now underway to preserve notable examples of this art form. However, many graffiti artists only feel safe creating their art anonymously. Even if there were no laws against graffiti, they _____ their identities a secret.

(a) would have kept
(b) will have kept
(c) were keeping
(d) would keep

정답·해석·해설 p.207

자동 채점 및 성적 분석 서비스 ▶

정답 한눈에 보기

01회

1 (b)	2 (a)	3 (c)	4 (d)	5 (b)	6 (a)
7 (a)	8 (c)	9 (a)	10 (d)	11 (c)	12 (b)
13 (c)	14 (c)	15 (b)	16 (a)	17 (d)	18 (a)
19 (d)	20 (c)	21 (a)	22 (c)	23 (d)	24 (b)
25 (a)	26 (d)				

02회

1 (a)	2 (b)	3 (b)	4 (b)	5 (d)	6 (d)
7 (a)	8 (d)	9 (c)	10 (d)	11 (a)	12 (b)
13 (d)	14 (c)	15 (c)	16 (d)	17 (a)	18 (c)
19 (b)	20 (d)	21 (c)	22 (d)	23 (a)	24 (b)
25 (c)	26 (c)				

03회

1 (c)	2 (d)	3 (a)	4 (b)	5 (c)	6 (a)
7 (d)	8 (b)	9 (d)	10 (a)	11 (a)	12 (b)
13 (d)	14 (d)	15 (b)	16 (a)	17 (b)	18 (d)
19 (c)	20 (b)	21 (d)	22 (c)	23 (d)	24 (a)
25 (c)	26 (d)				

04회

1 (d)	2 (a)	3 (b)	4 (d)	5 (a)	6 (d)
7 (b)	8 (c)	9 (b)	10 (d)	11 (c)	12 (b)
13 (a)	14 (c)	15 (d)	16 (d)	17 (b)	18 (d)
19 (d)	20 (b)	21 (a)	22 (d)	23 (c)	24 (d)
25 (a)	26 (c)				

05회

1 (c)	2 (d)	3 (a)	4 (b)	5 (a)	6 (c)
7 (c)	8 (b)	9 (d)	10 (c)	11 (b)	12 (d)
13 (c)	14 (d)	15 (c)	16 (d)	17 (c)	18 (a)
19 (b)	20 (d)	21 (d)	22 (c)	23 (d)	24 (a)
25 (d)	26 (b)				

06회

1 (d)	2 (d)	3 (a)	4 (c)	5 (b)	6 (c)
7 (b)	8 (d)	9 (a)	10 (c)	11 (d)	12 (d)
13 (b)	14 (a)	15 (b)	16 (b)	17 (a)	18 (a)
19 (b)	20 (a)	21 (c)	22 (d)	23 (b)	24 (d)
25 (a)	26 (b)				

07회

1 (a)	2 (c)	3 (d)	4 (c)	5 (d)	6 (a)
7 (c)	8 (d)	9 (a)	10 (b)	11 (d)	12 (c)
13 (b)	14 (d)	15 (b)	16 (a)	17 (b)	18 (a)
19 (d)	20 (c)	21 (a)	22 (d)	23 (c)	24 (d)
25 (a)	26 (a)				

08회

1 (b)	2 (d)	3 (d)	4 (d)	5 (c)	6 (a)
7 (c)	8 (d)	9 (a)	10 (c)	11 (b)	12 (c)
13 (d)	14 (b)	15 (c)	16 (a)	17 (c)	18 (d)
19 (a)	20 (d)	21 (d)	22 (a)	23 (c)	24 (a)
25 (c)	26 (d)				

09회

1 (b)	2 (d)	3 (c)	4 (c)	5 (d)	6 (a)
7 (d)	8 (b)	9 (b)	10 (d)	11 (c)	12 (a)
13 (b)	14 (d)	15 (d)	16 (c)	17 (a)	18 (b)
19 (b)	20 (b)	21 (d)	22 (a)	23 (d)	24 (c)
25 (b)	26 (b)				

10회

1 (c)	2 (a)	3 (b)	4 (d)	5 (c)	6 (d)
7 (c)	8 (d)	9 (a)	10 (c)	11 (a)	12 (d)
13 (d)	14 (a)	15 (b)	16 (d)	17 (c)	18 (c)
19 (b)	20 (d)	21 (a)	22 (c)	23 (d)	24 (c)
25 (a)	26 (d)				

ANSWER SHEET

※ TEST DATE

MO.	DAY	YEAR

감독관인

성 명		등급	① ② ③ ④ ⑤

성명란

성: 초성 / 중성 / 종성
명: 초성 / 중성 / 종성
(초성 / 중성 / 종성)
란: 초성 / 중성 / 종성

초성: ㉠ ㉡ ㉢ ㉣ ㉤ ㉥ ㉦ ㉧ ㉨ ㉩ ㉪ ㉫ ㉬ ㉭
중성: ㅏ ㅑ ㅓ ㅕ ㅗ ㅛ ㅜ ㅠ ㅡ ㅣ ㅐ ㅒ ㅔ ㅖ ㅚ ㅟ ㅢ ㅝ
종성: ㉠ ㉡ ㉢ ㉣ ㉤ ㉥ ㉦ ㉧ ㉨ ㉩ ㉪ ㉫ ㉬ ㉭ ㄲ ㄸ ㅃ ㅆ ㅉ

수 험 번 호

(digits 0–9 columns)

1) Code 1.
0 1 2 3 4 5 6 7 8 9
0 1 2 3 4 5 6 7 8 9
0 1 2 3 4 5 6 7 8 9

2) Code 2.
0 1 2 3 4 5 6 7 8 9
0 1 2 3 4 5 6 7 8 9
0 1 2 3 4 5 6 7 8 9

3) Code 3.
0 1 2 3 4 5 6 7 8 9
0 1 2 3 4 5 6 7 8 9
0 1 2 3 4 5 6 7 8 9

주민등록번호 앞자리 / 고 유 번 호

(digits 0–9 columns)

답란

문항	답란	문항	답란	문항	답란	문항	답란	문항	답란
1	ⓐ ⓑ ⓒ ⓓ	21	ⓐ ⓑ ⓒ ⓓ	41	ⓐ ⓑ ⓒ ⓓ	61	ⓐ ⓑ ⓒ ⓓ	81	ⓐ ⓑ ⓒ ⓓ
2	ⓐ ⓑ ⓒ ⓓ	22	ⓐ ⓑ ⓒ ⓓ	42	ⓐ ⓑ ⓒ ⓓ	62	ⓐ ⓑ ⓒ ⓓ	82	ⓐ ⓑ ⓒ ⓓ
3	ⓐ ⓑ ⓒ ⓓ	23	ⓐ ⓑ ⓒ ⓓ	43	ⓐ ⓑ ⓒ ⓓ	63	ⓐ ⓑ ⓒ ⓓ	83	ⓐ ⓑ ⓒ ⓓ
4	ⓐ ⓑ ⓒ ⓓ	24	ⓐ ⓑ ⓒ ⓓ	44	ⓐ ⓑ ⓒ ⓓ	64	ⓐ ⓑ ⓒ ⓓ	84	ⓐ ⓑ ⓒ ⓓ
5	ⓐ ⓑ ⓒ ⓓ	25	ⓐ ⓑ ⓒ ⓓ	45	ⓐ ⓑ ⓒ ⓓ	65	ⓐ ⓑ ⓒ ⓓ	85	ⓐ ⓑ ⓒ ⓓ
6	ⓐ ⓑ ⓒ ⓓ	26	ⓐ ⓑ ⓒ ⓓ	46	ⓐ ⓑ ⓒ ⓓ	66	ⓐ ⓑ ⓒ ⓓ	86	ⓐ ⓑ ⓒ ⓓ
7	ⓐ ⓑ ⓒ ⓓ	27	ⓐ ⓑ ⓒ ⓓ	47	ⓐ ⓑ ⓒ ⓓ	67	ⓐ ⓑ ⓒ ⓓ	87	ⓐ ⓑ ⓒ ⓓ
8	ⓐ ⓑ ⓒ ⓓ	28	ⓐ ⓑ ⓒ ⓓ	48	ⓐ ⓑ ⓒ ⓓ	68	ⓐ ⓑ ⓒ ⓓ	88	ⓐ ⓑ ⓒ ⓓ
9	ⓐ ⓑ ⓒ ⓓ	29	ⓐ ⓑ ⓒ ⓓ	49	ⓐ ⓑ ⓒ ⓓ	69	ⓐ ⓑ ⓒ ⓓ	89	ⓐ ⓑ ⓒ ⓓ
10	ⓐ ⓑ ⓒ ⓓ	30	ⓐ ⓑ ⓒ ⓓ	50	ⓐ ⓑ ⓒ ⓓ	70	ⓐ ⓑ ⓒ ⓓ	90	ⓐ ⓑ ⓒ ⓓ
11	ⓐ ⓑ ⓒ ⓓ	31	ⓐ ⓑ ⓒ ⓓ	51	ⓐ ⓑ ⓒ ⓓ	71	ⓐ ⓑ ⓒ ⓓ		
12	ⓐ ⓑ ⓒ ⓓ	32	ⓐ ⓑ ⓒ ⓓ	52	ⓐ ⓑ ⓒ ⓓ	72	ⓐ ⓑ ⓒ ⓓ		
13	ⓐ ⓑ ⓒ ⓓ	33	ⓐ ⓑ ⓒ ⓓ	53	ⓐ ⓑ ⓒ ⓓ	73	ⓐ ⓑ ⓒ ⓓ		
14	ⓐ ⓑ ⓒ ⓓ	34	ⓐ ⓑ ⓒ ⓓ	54	ⓐ ⓑ ⓒ ⓓ	74	ⓐ ⓑ ⓒ ⓓ		
15	ⓐ ⓑ ⓒ ⓓ	35	ⓐ ⓑ ⓒ ⓓ	55	ⓐ ⓑ ⓒ ⓓ	75	ⓐ ⓑ ⓒ ⓓ		
16	ⓐ ⓑ ⓒ ⓓ	36	ⓐ ⓑ ⓒ ⓓ	56	ⓐ ⓑ ⓒ ⓓ	76	ⓐ ⓑ ⓒ ⓓ		
17	ⓐ ⓑ ⓒ ⓓ	37	ⓐ ⓑ ⓒ ⓓ	57	ⓐ ⓑ ⓒ ⓓ	77	ⓐ ⓑ ⓒ ⓓ		
18	ⓐ ⓑ ⓒ ⓓ	38	ⓐ ⓑ ⓒ ⓓ	58	ⓐ ⓑ ⓒ ⓓ	78	ⓐ ⓑ ⓒ ⓓ		
19	ⓐ ⓑ ⓒ ⓓ	39	ⓐ ⓑ ⓒ ⓓ	59	ⓐ ⓑ ⓒ ⓓ	79	ⓐ ⓑ ⓒ ⓓ		
20	ⓐ ⓑ ⓒ ⓓ	40	ⓐ ⓑ ⓒ ⓓ	60	ⓐ ⓑ ⓒ ⓓ	80	ⓐ ⓑ ⓒ ⓓ		

password

0 1 2 3 4 5 6 7 8 9
0 1 2 3 4 5 6 7 8 9
0 1 2 3 4 5 6 7 8 9
0 1 2 3 4 5 6 7 8 9

절취선

ANSWER SHEET

※ TEST DATE

MO.	DAY	YEAR

성 명		등급	① ② ③ ④ ⑤

감독 확인 관인	

성 명 란

초 성 / 중 성 / 종 성 (한글 자모 마킹란)

ㄱ ㄴ ㄷ ㄹ ㅁ ㅂ ㅅ ㅇ ㅈ ㅊ ㅋ ㅌ ㅍ ㅎ
ㅏ ㅑ ㅓ ㅕ ㅗ ㅛ ㅜ ㅠ ㅡ ㅣ ㅐ ㅔ ㅒ ㅖ ㅘ ㅝ ㅢ ㅚ ㅟ ㅙ ㅞ ㅖ
ㄱ ㄴ ㄷ ㄹ ㅁ ㅂ ㅅ ㅇ ㅈ ㅊ ㅋ ㅌ ㅍ ㅎ ㄲ ㄸ ㅃ ㅆ ㅉ

수 험 번 호

| 0 1 2 3 4 5 6 7 8 9 |

1) Code 1.
0 1 2 3 4 5 6 7 8 9
0 1 2 3 4 5 6 7 8 9
0 1 2 3 4 5 6 7 8 9

2) Code 2.
0 1 2 3 4 5 6 7 8 9
0 1 2 3 4 5 6 7 8 9
0 1 2 3 4 5 6 7 8 9

3) Code 3.
0 1 2 3 4 5 6 7 8 9
0 1 2 3 4 5 6 7 8 9
0 1 2 3 4 5 6 7 8 9

주민등록번호 앞자리 / 고 유 번 호
0 1 2 3 4 5 6 7 8 9

답 란

문항	답란	문항	답란	문항	답란	문항	답란	문항	답란	문항	답란
1	ⓐⓑⓒⓓ	21	ⓐⓑⓒⓓ	41	ⓐⓑⓒⓓ	61	ⓐⓑⓒⓓ	81	ⓐⓑⓒⓓ		
2	ⓐⓑⓒⓓ	22	ⓐⓑⓒⓓ	42	ⓐⓑⓒⓓ	62	ⓐⓑⓒⓓ	82	ⓐⓑⓒⓓ		
3	ⓐⓑⓒⓓ	23	ⓐⓑⓒⓓ	43	ⓐⓑⓒⓓ	63	ⓐⓑⓒⓓ	83	ⓐⓑⓒⓓ		
4	ⓐⓑⓒⓓ	24	ⓐⓑⓒⓓ	44	ⓐⓑⓒⓓ	64	ⓐⓑⓒⓓ	84	ⓐⓑⓒⓓ		
5	ⓐⓑⓒⓓ	25	ⓐⓑⓒⓓ	45	ⓐⓑⓒⓓ	65	ⓐⓑⓒⓓ	85	ⓐⓑⓒⓓ		
6	ⓐⓑⓒⓓ	26	ⓐⓑⓒⓓ	46	ⓐⓑⓒⓓ	66	ⓐⓑⓒⓓ	86	ⓐⓑⓒⓓ		
7	ⓐⓑⓒⓓ	27	ⓐⓑⓒⓓ	47	ⓐⓑⓒⓓ	67	ⓐⓑⓒⓓ	87	ⓐⓑⓒⓓ		
8	ⓐⓑⓒⓓ	28	ⓐⓑⓒⓓ	48	ⓐⓑⓒⓓ	68	ⓐⓑⓒⓓ	88	ⓐⓑⓒⓓ		
9	ⓐⓑⓒⓓ	29	ⓐⓑⓒⓓ	49	ⓐⓑⓒⓓ	69	ⓐⓑⓒⓓ	89	ⓐⓑⓒⓓ		
10	ⓐⓑⓒⓓ	30	ⓐⓑⓒⓓ	50	ⓐⓑⓒⓓ	70	ⓐⓑⓒⓓ	90	ⓐⓑⓒⓓ		
11	ⓐⓑⓒⓓ	31	ⓐⓑⓒⓓ	51	ⓐⓑⓒⓓ	71	ⓐⓑⓒⓓ				
12	ⓐⓑⓒⓓ	32	ⓐⓑⓒⓓ	52	ⓐⓑⓒⓓ	72	ⓐⓑⓒⓓ				
13	ⓐⓑⓒⓓ	33	ⓐⓑⓒⓓ	53	ⓐⓑⓒⓓ	73	ⓐⓑⓒⓓ				
14	ⓐⓑⓒⓓ	34	ⓐⓑⓒⓓ	54	ⓐⓑⓒⓓ	74	ⓐⓑⓒⓓ				
15	ⓐⓑⓒⓓ	35	ⓐⓑⓒⓓ	55	ⓐⓑⓒⓓ	75	ⓐⓑⓒⓓ				
16	ⓐⓑⓒⓓ	36	ⓐⓑⓒⓓ	56	ⓐⓑⓒⓓ	76	ⓐⓑⓒⓓ				
17	ⓐⓑⓒⓓ	37	ⓐⓑⓒⓓ	57	ⓐⓑⓒⓓ	77	ⓐⓑⓒⓓ				
18	ⓐⓑⓒⓓ	38	ⓐⓑⓒⓓ	58	ⓐⓑⓒⓓ	78	ⓐⓑⓒⓓ				
19	ⓐⓑⓒⓓ	39	ⓐⓑⓒⓓ	59	ⓐⓑⓒⓓ	79	ⓐⓑⓒⓓ				
20	ⓐⓑⓒⓓ	40	ⓐⓑⓒⓓ	60	ⓐⓑⓒⓓ	80	ⓐⓑⓒⓓ				

password
0 1 2 3 4 5 6 7 8 9

ANSWER SHEET

※ TEST DATE	MO.	DAY	YEAR

성 명		등급	① ② ③ ④ ⑤

감독관인 / 확인

성명란

	초 성	ㄱ ㄴ ㄷ ㄹ ㅁ ㅂ ㅅ ㅇ ㅈ ㅊ ㅋ ㅌ ㅍ ㅎ
성	중 성	ㅏ ㅑ ㅓ ㅕ ㅗ ㅛ ㅜ ㅠ ㅡ ㅣ ㅐ ㅒ ㅔ ㅖ ㅘ ㅙ ㅚ ㅝ ㅞ ㅟ
	종 성	ㄱ ㄴ ㄷ ㄹ ㅁ ㅂ ㅅ ㅇ ㅈ ㅊ ㅋ ㅌ ㅍ ㅎ ㄲ ㄸ ㅃ ㅆ ㅉ
	초 성	ㄱ ㄴ ㄷ ㄹ ㅁ ㅂ ㅅ ㅇ ㅈ ㅊ ㅋ ㅌ ㅍ ㅎ
명	중 성	ㅏ ㅑ ㅓ ㅕ ㅗ ㅛ ㅜ ㅠ ㅡ ㅣ ㅐ ㅒ ㅔ ㅖ ㅘ ㅙ ㅚ ㅝ ㅞ ㅟ
	종 성	ㄱ ㄴ ㄷ ㄹ ㅁ ㅂ ㅅ ㅇ ㅈ ㅊ ㅋ ㅌ ㅍ ㅎ ㄲ ㄸ ㅃ ㅆ ㅉ
	초 성	ㄱ ㄴ ㄷ ㄹ ㅁ ㅂ ㅅ ㅇ ㅈ ㅊ ㅋ ㅌ ㅍ ㅎ
란	중 성	ㅏ ㅑ ㅓ ㅕ ㅗ ㅛ ㅜ ㅠ ㅡ ㅣ ㅐ ㅒ ㅔ ㅖ ㅘ ㅙ ㅚ ㅝ ㅞ ㅟ
	종 성	ㄱ ㄴ ㄷ ㄹ ㅁ ㅂ ㅅ ㅇ ㅈ ㅊ ㅋ ㅌ ㅍ ㅎ ㄲ ㄸ ㅃ ㅆ ㅉ
	초 성	ㄱ ㄴ ㄷ ㄹ ㅁ ㅂ ㅅ ㅇ ㅈ ㅊ ㅋ ㅌ ㅍ ㅎ
	중 성	ㅏ ㅑ ㅓ ㅕ ㅗ ㅛ ㅜ ㅠ ㅡ ㅣ ㅐ ㅒ ㅔ ㅖ ㅘ ㅙ ㅚ ㅝ ㅞ ㅟ
	종 성	ㄱ ㄴ ㄷ ㄹ ㅁ ㅂ ㅅ ㅇ ㅈ ㅊ ㅋ ㅌ ㅍ ㅎ ㄲ ㄸ ㅃ ㅆ ㅉ

수 험 번 호

(0 1 2 3 4 5 6 7 8 9 columns)

1) Code 1.
0 1 2 3 4 5 6 7 8 9
0 1 2 3 4 5 6 7 8 9
0 1 2 3 4 5 6 7 8 9

2) Code 2.
0 1 2 3 4 5 6 7 8 9
0 1 2 3 4 5 6 7 8 9
0 1 2 3 4 5 6 7 8 9

3) Code 3.
0 1 2 3 4 5 6 7 8 9
0 1 2 3 4 5 6 7 8 9
0 1 2 3 4 5 6 7 8 9

주민등록번호앞자리 / 고 유 번 호
(0 1 2 3 4 5 6 7 8 9 columns)

문항	답 란	문항	답 란	문항	답 란	문항	답 란	문항	답 란	문항	답 란
1	ⓐ ⓑ ⓒ ⓓ	21	ⓐ ⓑ ⓒ ⓓ	41	ⓐ ⓑ ⓒ ⓓ	61	ⓐ ⓑ ⓒ ⓓ	81	ⓐ ⓑ ⓒ ⓓ		
2	ⓐ ⓑ ⓒ ⓓ	22	ⓐ ⓑ ⓒ ⓓ	42	ⓐ ⓑ ⓒ ⓓ	62	ⓐ ⓑ ⓒ ⓓ	82	ⓐ ⓑ ⓒ ⓓ		
3	ⓐ ⓑ ⓒ ⓓ	23	ⓐ ⓑ ⓒ ⓓ	43	ⓐ ⓑ ⓒ ⓓ	63	ⓐ ⓑ ⓒ ⓓ	83	ⓐ ⓑ ⓒ ⓓ		
4	ⓐ ⓑ ⓒ ⓓ	24	ⓐ ⓑ ⓒ ⓓ	44	ⓐ ⓑ ⓒ ⓓ	64	ⓐ ⓑ ⓒ ⓓ	84	ⓐ ⓑ ⓒ ⓓ		
5	ⓐ ⓑ ⓒ ⓓ	25	ⓐ ⓑ ⓒ ⓓ	45	ⓐ ⓑ ⓒ ⓓ	65	ⓐ ⓑ ⓒ ⓓ	85	ⓐ ⓑ ⓒ ⓓ		
6	ⓐ ⓑ ⓒ ⓓ	26	ⓐ ⓑ ⓒ ⓓ	46	ⓐ ⓑ ⓒ ⓓ	66	ⓐ ⓑ ⓒ ⓓ	86	ⓐ ⓑ ⓒ ⓓ		
7	ⓐ ⓑ ⓒ ⓓ	27	ⓐ ⓑ ⓒ ⓓ	47	ⓐ ⓑ ⓒ ⓓ	67	ⓐ ⓑ ⓒ ⓓ	87	ⓐ ⓑ ⓒ ⓓ		
8	ⓐ ⓑ ⓒ ⓓ	28	ⓐ ⓑ ⓒ ⓓ	48	ⓐ ⓑ ⓒ ⓓ	68	ⓐ ⓑ ⓒ ⓓ	88	ⓐ ⓑ ⓒ ⓓ		
9	ⓐ ⓑ ⓒ ⓓ	29	ⓐ ⓑ ⓒ ⓓ	49	ⓐ ⓑ ⓒ ⓓ	69	ⓐ ⓑ ⓒ ⓓ	89	ⓐ ⓑ ⓒ ⓓ		
10	ⓐ ⓑ ⓒ ⓓ	30	ⓐ ⓑ ⓒ ⓓ	50	ⓐ ⓑ ⓒ ⓓ	70	ⓐ ⓑ ⓒ ⓓ	90	ⓐ ⓑ ⓒ ⓓ		
11	ⓐ ⓑ ⓒ ⓓ	31	ⓐ ⓑ ⓒ ⓓ	51	ⓐ ⓑ ⓒ ⓓ	71	ⓐ ⓑ ⓒ ⓓ				
12	ⓐ ⓑ ⓒ ⓓ	32	ⓐ ⓑ ⓒ ⓓ	52	ⓐ ⓑ ⓒ ⓓ	72	ⓐ ⓑ ⓒ ⓓ				
13	ⓐ ⓑ ⓒ ⓓ	33	ⓐ ⓑ ⓒ ⓓ	53	ⓐ ⓑ ⓒ ⓓ	73	ⓐ ⓑ ⓒ ⓓ				
14	ⓐ ⓑ ⓒ ⓓ	34	ⓐ ⓑ ⓒ ⓓ	54	ⓐ ⓑ ⓒ ⓓ	74	ⓐ ⓑ ⓒ ⓓ				
15	ⓐ ⓑ ⓒ ⓓ	35	ⓐ ⓑ ⓒ ⓓ	55	ⓐ ⓑ ⓒ ⓓ	75	ⓐ ⓑ ⓒ ⓓ				
16	ⓐ ⓑ ⓒ ⓓ	36	ⓐ ⓑ ⓒ ⓓ	56	ⓐ ⓑ ⓒ ⓓ	76	ⓐ ⓑ ⓒ ⓓ				
17	ⓐ ⓑ ⓒ ⓓ	37	ⓐ ⓑ ⓒ ⓓ	57	ⓐ ⓑ ⓒ ⓓ	77	ⓐ ⓑ ⓒ ⓓ				
18	ⓐ ⓑ ⓒ ⓓ	38	ⓐ ⓑ ⓒ ⓓ	58	ⓐ ⓑ ⓒ ⓓ	78	ⓐ ⓑ ⓒ ⓓ				
19	ⓐ ⓑ ⓒ ⓓ	39	ⓐ ⓑ ⓒ ⓓ	59	ⓐ ⓑ ⓒ ⓓ	79	ⓐ ⓑ ⓒ ⓓ				
20	ⓐ ⓑ ⓒ ⓓ	40	ⓐ ⓑ ⓒ ⓓ	60	ⓐ ⓑ ⓒ ⓓ	80	ⓐ ⓑ ⓒ ⓓ				

password
0 1 2 3 4 5 6 7 8 9 (4 columns)

ANSWER SHEET

※ TEST DATE

MO.	DAY	YEAR

감독확인관인

성 명

등급 ① ② ③ ④ ⑤

성명란

초성 / 중성 / 종성 (한글 자모 마킹란)

수 험 번 호

(0~9 마킹란)

1) Code 1.
⓪①②③④⑤⑥⑦⑧⑨
⓪①②③④⑤⑥⑦⑧⑨
⓪①②③④⑤⑥⑦⑧⑨

2) Code 2.
⓪①②③④⑤⑥⑦⑧⑨
⓪①②③④⑤⑥⑦⑧⑨
⓪①②③④⑤⑥⑦⑧⑨

3) Code 3.
⓪①②③④⑤⑥⑦⑧⑨
⓪①②③④⑤⑥⑦⑧⑨
⓪①②③④⑤⑥⑦⑧⑨

주민등록번호 앞자리 / 고 유 번 호

(0~9 마킹란)

문항	답 란	문항	답 란	문항	답 란	문항	답 란	문항	답 란
1	ⓐⓑⓒⓓ	21	ⓐⓑⓒⓓ	41	ⓐⓑⓒⓓ	61	ⓐⓑⓒⓓ	81	ⓐⓑⓒⓓ
2	ⓐⓑⓒⓓ	22	ⓐⓑⓒⓓ	42	ⓐⓑⓒⓓ	62	ⓐⓑⓒⓓ	82	ⓐⓑⓒⓓ
3	ⓐⓑⓒⓓ	23	ⓐⓑⓒⓓ	43	ⓐⓑⓒⓓ	63	ⓐⓑⓒⓓ	83	ⓐⓑⓒⓓ
4	ⓐⓑⓒⓓ	24	ⓐⓑⓒⓓ	44	ⓐⓑⓒⓓ	64	ⓐⓑⓒⓓ	84	ⓐⓑⓒⓓ
5	ⓐⓑⓒⓓ	25	ⓐⓑⓒⓓ	45	ⓐⓑⓒⓓ	65	ⓐⓑⓒⓓ	85	ⓐⓑⓒⓓ
6	ⓐⓑⓒⓓ	26	ⓐⓑⓒⓓ	46	ⓐⓑⓒⓓ	66	ⓐⓑⓒⓓ	86	ⓐⓑⓒⓓ
7	ⓐⓑⓒⓓ	27	ⓐⓑⓒⓓ	47	ⓐⓑⓒⓓ	67	ⓐⓑⓒⓓ	87	ⓐⓑⓒⓓ
8	ⓐⓑⓒⓓ	28	ⓐⓑⓒⓓ	48	ⓐⓑⓒⓓ	68	ⓐⓑⓒⓓ	88	ⓐⓑⓒⓓ
9	ⓐⓑⓒⓓ	29	ⓐⓑⓒⓓ	49	ⓐⓑⓒⓓ	69	ⓐⓑⓒⓓ	89	ⓐⓑⓒⓓ
10	ⓐⓑⓒⓓ	30	ⓐⓑⓒⓓ	50	ⓐⓑⓒⓓ	70	ⓐⓑⓒⓓ	90	ⓐⓑⓒⓓ
11	ⓐⓑⓒⓓ	31	ⓐⓑⓒⓓ	51	ⓐⓑⓒⓓ	71	ⓐⓑⓒⓓ		
12	ⓐⓑⓒⓓ	32	ⓐⓑⓒⓓ	52	ⓐⓑⓒⓓ	72	ⓐⓑⓒⓓ		
13	ⓐⓑⓒⓓ	33	ⓐⓑⓒⓓ	53	ⓐⓑⓒⓓ	73	ⓐⓑⓒⓓ		
14	ⓐⓑⓒⓓ	34	ⓐⓑⓒⓓ	54	ⓐⓑⓒⓓ	74	ⓐⓑⓒⓓ		
15	ⓐⓑⓒⓓ	35	ⓐⓑⓒⓓ	55	ⓐⓑⓒⓓ	75	ⓐⓑⓒⓓ		
16	ⓐⓑⓒⓓ	36	ⓐⓑⓒⓓ	56	ⓐⓑⓒⓓ	76	ⓐⓑⓒⓓ		
17	ⓐⓑⓒⓓ	37	ⓐⓑⓒⓓ	57	ⓐⓑⓒⓓ	77	ⓐⓑⓒⓓ		
18	ⓐⓑⓒⓓ	38	ⓐⓑⓒⓓ	58	ⓐⓑⓒⓓ	78	ⓐⓑⓒⓓ		
19	ⓐⓑⓒⓓ	39	ⓐⓑⓒⓓ	59	ⓐⓑⓒⓓ	79	ⓐⓑⓒⓓ		
20	ⓐⓑⓒⓓ	40	ⓐⓑⓒⓓ	60	ⓐⓑⓒⓓ	80	ⓐⓑⓒⓓ		

password

(0~9 마킹란)

ANSWER SHEET

※ TEST DATE

MO.		DAY		YEAR			

감독 확인	

성 명		등급	① ② ③ ④ ⑤

성명란		
성	초 성	㉠ ㉡ ㉢ ㉣ ㉤ ㉥ ㉦ ㉧ ㉨ ㉩ ㉪ ㉫ ㉬ ㉭
	중 성	ㅏ ㅑ ㅓ ㅕ ㅗ ㅛ ㅜ ㅠ ㅡ ㅣ ㅔ ㅐ ㅖ ㅒ ㅘ ㅚ ㅢ ㅝ ㅟ ㅙ
	종 성	㉠ ㉡ ㉢ ㉣ ㉤ ㉥ ㉦ ㉧ ㉨ ㉩ ㉪ ㉫ ㉬ ㉭ ㄲ ㄸ ㅃ ㅆ ㅉ
명	초 성	㉠ ㉡ ㉢ ㉣ ㉤ ㉥ ㉦ ㉧ ㉨ ㉩ ㉪ ㉫ ㉬ ㉭
	중 성	ㅏ ㅑ ㅓ ㅕ ㅗ ㅛ ㅜ ㅠ ㅡ ㅣ ㅔ ㅐ ㅖ ㅒ ㅘ ㅚ ㅢ ㅝ ㅟ ㅙ
	종 성	㉠ ㉡ ㉢ ㉣ ㉤ ㉥ ㉦ ㉧ ㉨ ㉩ ㉪ ㉫ ㉬ ㉭ ㄲ ㄸ ㅃ ㅆ ㅉ
	초 성	㉠ ㉡ ㉢ ㉣ ㉤ ㉥ ㉦ ㉧ ㉨ ㉩ ㉪ ㉫ ㉬ ㉭
	중 성	ㅏ ㅑ ㅓ ㅕ ㅗ ㅛ ㅜ ㅠ ㅡ ㅣ ㅔ ㅐ ㅖ ㅒ ㅘ ㅚ ㅢ ㅝ ㅟ ㅙ
	종 성	㉠ ㉡ ㉢ ㉣ ㉤ ㉥ ㉦ ㉧ ㉨ ㉩ ㉪ ㉫ ㉬ ㉭ ㄲ ㄸ ㅃ ㅆ ㅉ
란	초 성	㉠ ㉡ ㉢ ㉣ ㉤ ㉥ ㉦ ㉧ ㉨ ㉩ ㉪ ㉫ ㉬ ㉭
	중 성	ㅏ ㅑ ㅓ ㅕ ㅗ ㅛ ㅜ ㅠ ㅡ ㅣ ㅔ ㅐ ㅖ ㅒ ㅘ ㅚ ㅢ ㅝ ㅟ ㅙ
	종 성	㉠ ㉡ ㉢ ㉣ ㉤ ㉥ ㉦ ㉧ ㉨ ㉩ ㉪ ㉫ ㉬ ㉭ ㄲ ㄸ ㅃ ㅆ ㅉ

수험번호														
		–					–							
⓪	⓪		⓪	⓪	⓪	⓪		⓪	⓪	⓪	⓪	⓪	⓪	⓪
①	①		①	①	①	①		①	①	①	①	①	①	①
②	②		②	②	②	②		②	②	②	②	②	②	②
③	③		③	③	③	③		③	③	③	③	③	③	③
④	④	–	④	④	④	④	–	④	④	④	④	④	④	④
⑤	⑤		⑤	⑤	⑤	⑤		⑤	⑤	⑤	⑤	⑤	⑤	⑤
⑥	⑥		⑥	⑥	⑥	⑥		⑥	⑥	⑥	⑥	⑥	⑥	⑥
⑦	⑦		⑦	⑦	⑦	⑦		⑦	⑦	⑦	⑦	⑦	⑦	⑦
⑧	⑧		⑧	⑧	⑧	⑧		⑧	⑧	⑧	⑧	⑧	⑧	⑧
⑨	⑨		⑨	⑨	⑨	⑨		⑨	⑨	⑨	⑨	⑨	⑨	⑨

1) Code 1.

	⓪ ① ② ③ ④ ⑤ ⑥ ⑦ ⑧ ⑨
	⓪ ① ② ③ ④ ⑤ ⑥ ⑦ ⑧ ⑨
	⓪ ① ② ③ ④ ⑤ ⑥ ⑦ ⑧ ⑨

2) Code 2.

	⓪ ① ② ③ ④ ⑤ ⑥ ⑦ ⑧ ⑨
	⓪ ① ② ③ ④ ⑤ ⑥ ⑦ ⑧ ⑨
	⓪ ① ② ③ ④ ⑤ ⑥ ⑦ ⑧ ⑨

3) Code 3.

	⓪ ① ② ③ ④ ⑤ ⑥ ⑦ ⑧ ⑨
	⓪ ① ② ③ ④ ⑤ ⑥ ⑦ ⑧ ⑨
	⓪ ① ② ③ ④ ⑤ ⑥ ⑦ ⑧ ⑨

주민등록번호 앞자리							고유번호						
⓪	⓪	⓪	⓪	⓪	⓪		⓪	⓪	⓪	⓪	⓪	⓪	⓪
①	①	①	①	①	①		①	①	①	①	①	①	①
②	②	②	②	②	②		②	②	②	②	②	②	②
③	③	③	③	③	③		③	③	③	③	③	③	③
④	④	④	④	④	④	–	④	④	④	④	④	④	④
⑤	⑤	⑤	⑤	⑤	⑤		⑤	⑤	⑤	⑤	⑤	⑤	⑤
⑥	⑥	⑥	⑥	⑥	⑥		⑥	⑥	⑥	⑥	⑥	⑥	⑥
⑦	⑦	⑦	⑦	⑦	⑦		⑦	⑦	⑦	⑦	⑦	⑦	⑦
⑧	⑧	⑧	⑧	⑧	⑧		⑧	⑧	⑧	⑧	⑧	⑧	⑧
⑨	⑨	⑨	⑨	⑨	⑨		⑨	⑨	⑨	⑨	⑨	⑨	⑨

문항	답 란	문항	답 란	문항	답 란	문항	답 란	문항	답 란
1	ⓐ ⓑ ⓒ ⓓ	21	ⓐ ⓑ ⓒ ⓓ	41	ⓐ ⓑ ⓒ ⓓ	61	ⓐ ⓑ ⓒ ⓓ	81	ⓐ ⓑ ⓒ ⓓ
2	ⓐ ⓑ ⓒ ⓓ	22	ⓐ ⓑ ⓒ ⓓ	42	ⓐ ⓑ ⓒ ⓓ	62	ⓐ ⓑ ⓒ ⓓ	82	ⓐ ⓑ ⓒ ⓓ
3	ⓐ ⓑ ⓒ ⓓ	23	ⓐ ⓑ ⓒ ⓓ	43	ⓐ ⓑ ⓒ ⓓ	63	ⓐ ⓑ ⓒ ⓓ	83	ⓐ ⓑ ⓒ ⓓ
4	ⓐ ⓑ ⓒ ⓓ	24	ⓐ ⓑ ⓒ ⓓ	44	ⓐ ⓑ ⓒ ⓓ	64	ⓐ ⓑ ⓒ ⓓ	84	ⓐ ⓑ ⓒ ⓓ
5	ⓐ ⓑ ⓒ ⓓ	25	ⓐ ⓑ ⓒ ⓓ	45	ⓐ ⓑ ⓒ ⓓ	65	ⓐ ⓑ ⓒ ⓓ	85	ⓐ ⓑ ⓒ ⓓ
6	ⓐ ⓑ ⓒ ⓓ	26	ⓐ ⓑ ⓒ ⓓ	46	ⓐ ⓑ ⓒ ⓓ	66	ⓐ ⓑ ⓒ ⓓ	86	ⓐ ⓑ ⓒ ⓓ
7	ⓐ ⓑ ⓒ ⓓ	27	ⓐ ⓑ ⓒ ⓓ	47	ⓐ ⓑ ⓒ ⓓ	67	ⓐ ⓑ ⓒ ⓓ	87	ⓐ ⓑ ⓒ ⓓ
8	ⓐ ⓑ ⓒ ⓓ	28	ⓐ ⓑ ⓒ ⓓ	48	ⓐ ⓑ ⓒ ⓓ	68	ⓐ ⓑ ⓒ ⓓ	88	ⓐ ⓑ ⓒ ⓓ
9	ⓐ ⓑ ⓒ ⓓ	29	ⓐ ⓑ ⓒ ⓓ	49	ⓐ ⓑ ⓒ ⓓ	69	ⓐ ⓑ ⓒ ⓓ	89	ⓐ ⓑ ⓒ ⓓ
10	ⓐ ⓑ ⓒ ⓓ	30	ⓐ ⓑ ⓒ ⓓ	50	ⓐ ⓑ ⓒ ⓓ	70	ⓐ ⓑ ⓒ ⓓ	90	ⓐ ⓑ ⓒ ⓓ
11	ⓐ ⓑ ⓒ ⓓ	31	ⓐ ⓑ ⓒ ⓓ	51	ⓐ ⓑ ⓒ ⓓ	71	ⓐ ⓑ ⓒ ⓓ		
12	ⓐ ⓑ ⓒ ⓓ	32	ⓐ ⓑ ⓒ ⓓ	52	ⓐ ⓑ ⓒ ⓓ	72	ⓐ ⓑ ⓒ ⓓ		
13	ⓐ ⓑ ⓒ ⓓ	33	ⓐ ⓑ ⓒ ⓓ	53	ⓐ ⓑ ⓒ ⓓ	73	ⓐ ⓑ ⓒ ⓓ		
14	ⓐ ⓑ ⓒ ⓓ	34	ⓐ ⓑ ⓒ ⓓ	54	ⓐ ⓑ ⓒ ⓓ	74	ⓐ ⓑ ⓒ ⓓ		
15	ⓐ ⓑ ⓒ ⓓ	35	ⓐ ⓑ ⓒ ⓓ	55	ⓐ ⓑ ⓒ ⓓ	75	ⓐ ⓑ ⓒ ⓓ		
16	ⓐ ⓑ ⓒ ⓓ	36	ⓐ ⓑ ⓒ ⓓ	56	ⓐ ⓑ ⓒ ⓓ	76	ⓐ ⓑ ⓒ ⓓ		
17	ⓐ ⓑ ⓒ ⓓ	37	ⓐ ⓑ ⓒ ⓓ	57	ⓐ ⓑ ⓒ ⓓ	77	ⓐ ⓑ ⓒ ⓓ		
18	ⓐ ⓑ ⓒ ⓓ	38	ⓐ ⓑ ⓒ ⓓ	58	ⓐ ⓑ ⓒ ⓓ	78	ⓐ ⓑ ⓒ ⓓ		
19	ⓐ ⓑ ⓒ ⓓ	39	ⓐ ⓑ ⓒ ⓓ	59	ⓐ ⓑ ⓒ ⓓ	79	ⓐ ⓑ ⓒ ⓓ		
20	ⓐ ⓑ ⓒ ⓓ	40	ⓐ ⓑ ⓒ ⓓ	60	ⓐ ⓑ ⓒ ⓓ	80	ⓐ ⓑ ⓒ ⓓ		

password

⓪	⓪	⓪	⓪
①	①	①	①
②	②	②	②
③	③	③	③
④	④	④	④
⑤	⑤	⑤	⑤
⑥	⑥	⑥	⑥
⑦	⑦	⑦	⑦
⑧	⑧	⑧	⑧
⑨	⑨	⑨	⑨

절취선

ANSWER SHEET

※ TEST DATE

MO.	DAY	YEAR

등급 ① ② ③ ④ ⑤

감독확인 관인

성명란

성명란 with 초성/중성/종성 rows (Korean consonant and vowel bubbles)

		초 성	ㄱ ㄴ ㄷ ㄹ ㅁ ㅂ ㅅ ㅇ ㅈ ㅊ ㅋ ㅌ ㅍ ㅎ
성		중 성	ㅏ ㅑ ㅓ ㅕ ㅗ ㅛ ㅜ ㅠ ㅡ ㅣ ㅐ ㅒ ㅔ ㅖ ㅘ ㅙ ㅚ ㅝ ㅞ ㅟ ㅢ
		종 성	ㄱ ㄴ ㄷ ㄹ ㅁ ㅂ ㅅ ㅇ ㅈ ㅊ ㅋ ㅌ ㅍ ㅎ ㄲ ㄳ ㄵ ㄶ ㄺ ㅄ ㅆ
명		초 성	ㄱ ㄴ ㄷ ㄹ ㅁ ㅂ ㅅ ㅇ ㅈ ㅊ ㅋ ㅌ ㅍ ㅎ
		중 성	...
		종 성	...
란		초 성	...
		중 성	...
		종 성	...

수 험 번 호

(bubbles 0–9 for each column)

1) Code 1.
⓪①②③④⑤⑥⑦⑧⑨
⓪①②③④⑤⑥⑦⑧⑨
⓪①②③④⑤⑥⑦⑧⑨

2) Code 2.
⓪①②③④⑤⑥⑦⑧⑨
⓪①②③④⑤⑥⑦⑧⑨
⓪①②③④⑤⑥⑦⑧⑨

3) Code 3.
⓪①②③④⑤⑥⑦⑧⑨
⓪①②③④⑤⑥⑦⑧⑨
⓪①②③④⑤⑥⑦⑧⑨

주민등록번호앞자리 / 고 유 번 호

(bubbles 0–9 for each column)

답 란 (Answer columns)

문항	답 란	문항	답 란	문항	답 란	문항	답 란	문항	답 란
1	ⓐ ⓑ ⓒ ⓓ	21	ⓐ ⓑ ⓒ ⓓ	41	ⓐ ⓑ ⓒ ⓓ	61	ⓐ ⓑ ⓒ ⓓ	81	ⓐ ⓑ ⓒ ⓓ
2	ⓐ ⓑ ⓒ ⓓ	22	ⓐ ⓑ ⓒ ⓓ	42	ⓐ ⓑ ⓒ ⓓ	62	ⓐ ⓑ ⓒ ⓓ	82	ⓐ ⓑ ⓒ ⓓ
3	ⓐ ⓑ ⓒ ⓓ	23	ⓐ ⓑ ⓒ ⓓ	43	ⓐ ⓑ ⓒ ⓓ	63	ⓐ ⓑ ⓒ ⓓ	83	ⓐ ⓑ ⓒ ⓓ
4	ⓐ ⓑ ⓒ ⓓ	24	ⓐ ⓑ ⓒ ⓓ	44	ⓐ ⓑ ⓒ ⓓ	64	ⓐ ⓑ ⓒ ⓓ	84	ⓐ ⓑ ⓒ ⓓ
5	ⓐ ⓑ ⓒ ⓓ	25	ⓐ ⓑ ⓒ ⓓ	45	ⓐ ⓑ ⓒ ⓓ	65	ⓐ ⓑ ⓒ ⓓ	85	ⓐ ⓑ ⓒ ⓓ
6	ⓐ ⓑ ⓒ ⓓ	26	ⓐ ⓑ ⓒ ⓓ	46	ⓐ ⓑ ⓒ ⓓ	66	ⓐ ⓑ ⓒ ⓓ	86	ⓐ ⓑ ⓒ ⓓ
7	ⓐ ⓑ ⓒ ⓓ	27	ⓐ ⓑ ⓒ ⓓ	47	ⓐ ⓑ ⓒ ⓓ	67	ⓐ ⓑ ⓒ ⓓ	87	ⓐ ⓑ ⓒ ⓓ
8	ⓐ ⓑ ⓒ ⓓ	28	ⓐ ⓑ ⓒ ⓓ	48	ⓐ ⓑ ⓒ ⓓ	68	ⓐ ⓑ ⓒ ⓓ	88	ⓐ ⓑ ⓒ ⓓ
9	ⓐ ⓑ ⓒ ⓓ	29	ⓐ ⓑ ⓒ ⓓ	49	ⓐ ⓑ ⓒ ⓓ	69	ⓐ ⓑ ⓒ ⓓ	89	ⓐ ⓑ ⓒ ⓓ
10	ⓐ ⓑ ⓒ ⓓ	30	ⓐ ⓑ ⓒ ⓓ	50	ⓐ ⓑ ⓒ ⓓ	70	ⓐ ⓑ ⓒ ⓓ	90	ⓐ ⓑ ⓒ ⓓ
11	ⓐ ⓑ ⓒ ⓓ	31	ⓐ ⓑ ⓒ ⓓ	51	ⓐ ⓑ ⓒ ⓓ	71	ⓐ ⓑ ⓒ ⓓ		
12	ⓐ ⓑ ⓒ ⓓ	32	ⓐ ⓑ ⓒ ⓓ	52	ⓐ ⓑ ⓒ ⓓ	72	ⓐ ⓑ ⓒ ⓓ		
13	ⓐ ⓑ ⓒ ⓓ	33	ⓐ ⓑ ⓒ ⓓ	53	ⓐ ⓑ ⓒ ⓓ	73	ⓐ ⓑ ⓒ ⓓ		
14	ⓐ ⓑ ⓒ ⓓ	34	ⓐ ⓑ ⓒ ⓓ	54	ⓐ ⓑ ⓒ ⓓ	74	ⓐ ⓑ ⓒ ⓓ		
15	ⓐ ⓑ ⓒ ⓓ	35	ⓐ ⓑ ⓒ ⓓ	55	ⓐ ⓑ ⓒ ⓓ	75	ⓐ ⓑ ⓒ ⓓ		
16	ⓐ ⓑ ⓒ ⓓ	36	ⓐ ⓑ ⓒ ⓓ	56	ⓐ ⓑ ⓒ ⓓ	76	ⓐ ⓑ ⓒ ⓓ		
17	ⓐ ⓑ ⓒ ⓓ	37	ⓐ ⓑ ⓒ ⓓ	57	ⓐ ⓑ ⓒ ⓓ	77	ⓐ ⓑ ⓒ ⓓ		
18	ⓐ ⓑ ⓒ ⓓ	38	ⓐ ⓑ ⓒ ⓓ	58	ⓐ ⓑ ⓒ ⓓ	78	ⓐ ⓑ ⓒ ⓓ		
19	ⓐ ⓑ ⓒ ⓓ	39	ⓐ ⓑ ⓒ ⓓ	59	ⓐ ⓑ ⓒ ⓓ	79	ⓐ ⓑ ⓒ ⓓ		
20	ⓐ ⓑ ⓒ ⓓ	40	ⓐ ⓑ ⓒ ⓓ	60	ⓐ ⓑ ⓒ ⓓ	80	ⓐ ⓑ ⓒ ⓓ		

password

(bubbles 0–9 for each of 4 columns)

ANSWER SHEET

성명란

	초 성	ㄱ ㄴ ㄷ ㄹ ㅁ ㅂ ㅅ ㅇ ㅈ ㅊ ㅋ ㅌ ㅍ ㅎ
성	중 성	ㅏ ㅑ ㅓ ㅕ ㅗ ㅛ ㅜ ㅠ ㅡ ㅣ ㅐ ㅒ ㅔ ㅖ ㅘ ㅙ ㅚ ㅝ ㅞ ㅟ ㅢ
	종 성	ㄱ ㄴ ㄷ ㄹ ㅁ ㅂ ㅅ ㅇ ㅈ ㅊ ㅋ ㅌ ㅍ ㅎ ㄲ ㄳ ㄵ ㄶ ㄺ ㄻ ㄼ ㄽ ㄾ ㄿ ㅀ ㅄ ㅆ
	초 성	ㄱ ㄴ ㄷ ㄹ ㅁ ㅂ ㅅ ㅇ ㅈ ㅊ ㅋ ㅌ ㅍ ㅎ
명	중 성	ㅏ ㅑ ㅓ ㅕ ㅗ ㅛ ㅜ ㅠ ㅡ ㅣ ㅐ ㅒ ㅔ ㅖ ㅘ ㅙ ㅚ ㅝ ㅞ ㅟ ㅢ
	종 성	ㄱ ㄴ ㄷ ㄹ ㅁ ㅂ ㅅ ㅇ ㅈ ㅊ ㅋ ㅌ ㅍ ㅎ
	초 성	ㄱ ㄴ ㄷ ㄹ ㅁ ㅂ ㅅ ㅇ ㅈ ㅊ ㅋ ㅌ ㅍ ㅎ
란	중 성	ㅏ ㅑ ㅓ ㅕ ㅗ ㅛ ㅜ ㅠ ㅡ ㅣ ㅐ ㅒ ㅔ ㅖ ㅘ ㅙ ㅚ ㅝ ㅞ ㅟ ㅢ
	종 성	ㄱ ㄴ ㄷ ㄹ ㅁ ㅂ ㅅ ㅇ ㅈ ㅊ ㅋ ㅌ ㅍ ㅎ
	초 성	ㄱ ㄴ ㄷ ㄹ ㅁ ㅂ ㅅ ㅇ ㅈ ㅊ ㅋ ㅌ ㅍ ㅎ
	중 성	ㅏ ㅑ ㅓ ㅕ ㅗ ㅛ ㅜ ㅠ ㅡ ㅣ ㅐ ㅒ ㅔ ㅖ ㅘ ㅙ ㅚ ㅝ ㅞ ㅟ ㅢ
	종 성	ㄱ ㄴ ㄷ ㄹ ㅁ ㅂ ㅅ ㅇ ㅈ ㅊ ㅋ ㅌ ㅍ ㅎ

수 험 번 호

(number grid 0–9)

1) Code 1.

⓪ ① ② ③ ④ ⑤ ⑥ ⑦ ⑧ ⑨
⓪ ① ② ③ ④ ⑤ ⑥ ⑦ ⑧ ⑨
⓪ ① ② ③ ④ ⑤ ⑥ ⑦ ⑧ ⑨

2) Code 2.

⓪ ① ② ③ ④ ⑤ ⑥ ⑦ ⑧ ⑨
⓪ ① ② ③ ④ ⑤ ⑥ ⑦ ⑧ ⑨
⓪ ① ② ③ ④ ⑤ ⑥ ⑦ ⑧ ⑨

3) Code 3.

⓪ ① ② ③ ④ ⑤ ⑥ ⑦ ⑧ ⑨
⓪ ① ② ③ ④ ⑤ ⑥ ⑦ ⑧ ⑨
⓪ ① ② ③ ④ ⑤ ⑥ ⑦ ⑧ ⑨

주민등록번호 앞자리 | 고 유 번 호

(number grid 0–9)

문항	답 란	문항	답 란	문항	답 란	문항	답 란	문항	답 란	문항	답 란
1	ⓐ ⓑ ⓒ ⓓ	21	ⓐ ⓑ ⓒ ⓓ	41	ⓐ ⓑ ⓒ ⓓ	61	ⓐ ⓑ ⓒ ⓓ	81	ⓐ ⓑ ⓒ ⓓ
2	ⓐ ⓑ ⓒ ⓓ	22	ⓐ ⓑ ⓒ ⓓ	42	ⓐ ⓑ ⓒ ⓓ	62	ⓐ ⓑ ⓒ ⓓ	82	ⓐ ⓑ ⓒ ⓓ
3	ⓐ ⓑ ⓒ ⓓ	23	ⓐ ⓑ ⓒ ⓓ	43	ⓐ ⓑ ⓒ ⓓ	63	ⓐ ⓑ ⓒ ⓓ	83	ⓐ ⓑ ⓒ ⓓ
4	ⓐ ⓑ ⓒ ⓓ	24	ⓐ ⓑ ⓒ ⓓ	44	ⓐ ⓑ ⓒ ⓓ	64	ⓐ ⓑ ⓒ ⓓ	84	ⓐ ⓑ ⓒ ⓓ
5	ⓐ ⓑ ⓒ ⓓ	25	ⓐ ⓑ ⓒ ⓓ	45	ⓐ ⓑ ⓒ ⓓ	65	ⓐ ⓑ ⓒ ⓓ	85	ⓐ ⓑ ⓒ ⓓ
6	ⓐ ⓑ ⓒ ⓓ	26	ⓐ ⓑ ⓒ ⓓ	46	ⓐ ⓑ ⓒ ⓓ	66	ⓐ ⓑ ⓒ ⓓ	86	ⓐ ⓑ ⓒ ⓓ
7	ⓐ ⓑ ⓒ ⓓ	27	ⓐ ⓑ ⓒ ⓓ	47	ⓐ ⓑ ⓒ ⓓ	67	ⓐ ⓑ ⓒ ⓓ	87	ⓐ ⓑ ⓒ ⓓ
8	ⓐ ⓑ ⓒ ⓓ	28	ⓐ ⓑ ⓒ ⓓ	48	ⓐ ⓑ ⓒ ⓓ	68	ⓐ ⓑ ⓒ ⓓ	88	ⓐ ⓑ ⓒ ⓓ
9	ⓐ ⓑ ⓒ ⓓ	29	ⓐ ⓑ ⓒ ⓓ	49	ⓐ ⓑ ⓒ ⓓ	69	ⓐ ⓑ ⓒ ⓓ	89	ⓐ ⓑ ⓒ ⓓ
10	ⓐ ⓑ ⓒ ⓓ	30	ⓐ ⓑ ⓒ ⓓ	50	ⓐ ⓑ ⓒ ⓓ	70	ⓐ ⓑ ⓒ ⓓ	90	ⓐ ⓑ ⓒ ⓓ
11	ⓐ ⓑ ⓒ ⓓ	31	ⓐ ⓑ ⓒ ⓓ	51	ⓐ ⓑ ⓒ ⓓ	71	ⓐ ⓑ ⓒ ⓓ		
12	ⓐ ⓑ ⓒ ⓓ	32	ⓐ ⓑ ⓒ ⓓ	52	ⓐ ⓑ ⓒ ⓓ	72	ⓐ ⓑ ⓒ ⓓ		
13	ⓐ ⓑ ⓒ ⓓ	33	ⓐ ⓑ ⓒ ⓓ	53	ⓐ ⓑ ⓒ ⓓ	73	ⓐ ⓑ ⓒ ⓓ		
14	ⓐ ⓑ ⓒ ⓓ	34	ⓐ ⓑ ⓒ ⓓ	54	ⓐ ⓑ ⓒ ⓓ	74	ⓐ ⓑ ⓒ ⓓ	password	
15	ⓐ ⓑ ⓒ ⓓ	35	ⓐ ⓑ ⓒ ⓓ	55	ⓐ ⓑ ⓒ ⓓ	75	ⓐ ⓑ ⓒ ⓓ		
16	ⓐ ⓑ ⓒ ⓓ	36	ⓐ ⓑ ⓒ ⓓ	56	ⓐ ⓑ ⓒ ⓓ	76	ⓐ ⓑ ⓒ ⓓ	⓪ ⓪ ⓪ ⓪
17	ⓐ ⓑ ⓒ ⓓ	37	ⓐ ⓑ ⓒ ⓓ	57	ⓐ ⓑ ⓒ ⓓ	77	ⓐ ⓑ ⓒ ⓓ	① ① ① ①
18	ⓐ ⓑ ⓒ ⓓ	38	ⓐ ⓑ ⓒ ⓓ	58	ⓐ ⓑ ⓒ ⓓ	78	ⓐ ⓑ ⓒ ⓓ	② ② ② ②
19	ⓐ ⓑ ⓒ ⓓ	39	ⓐ ⓑ ⓒ ⓓ	59	ⓐ ⓑ ⓒ ⓓ	79	ⓐ ⓑ ⓒ ⓓ	③ ③ ③ ③
20	ⓐ ⓑ ⓒ ⓓ	40	ⓐ ⓑ ⓒ ⓓ	60	ⓐ ⓑ ⓒ ⓓ	80	ⓐ ⓑ ⓒ ⓓ	④ ⑤ ⑥ ⑦ ⑧ ⑨

절취선

ANSWER SHEET

※ TEST DATE

MO.	DAY	YEAR

감독관인	확인

성 명		등급	① ② ③ ④ ⑤

성명란

	초 성	ㄱ ㄴ ㄷ ㄹ ㅁ ㅂ ㅅ ㅇ ㅈ ㅊ ㅋ ㅌ ㅍ ㅎ
	중 성	ㅏ ㅑ ㅓ ㅕ ㅗ ㅛ ㅜ ㅠ ㅡ ㅣ ㅐ ㅒ ㅔ ㅖ ㅘ ㅙ ㅚ ㅝ ㅞ ㅟ ㅢ
	종 성	ㄱ ㄴ ㄷ ㄹ ㅁ ㅂ ㅅ ㅇ ㅈ ㅊ ㅋ ㅌ ㅍ ㅎ ㄲ ㄸ ㅃ ㅆ ㅉ

	초 성	ㄱ ㄴ ㄷ ㄹ ㅁ ㅂ ㅅ ㅇ ㅈ ㅊ ㅋ ㅌ ㅍ ㅎ
	중 성	ㅏ ㅑ ㅓ ㅕ ㅗ ㅛ ㅜ ㅠ ㅡ ㅣ ㅐ ㅒ ㅔ ㅖ ㅘ ㅙ ㅚ ㅝ ㅞ ㅟ ㅢ
	종 성	ㄱ ㄴ ㄷ ㄹ ㅁ ㅂ ㅅ ㅇ ㅈ ㅊ ㅋ ㅌ ㅍ ㅎ ㄲ ㄸ ㅃ ㅆ ㅉ

	초 성	ㄱ ㄴ ㄷ ㄹ ㅁ ㅂ ㅅ ㅇ ㅈ ㅊ ㅋ ㅌ ㅍ ㅎ
	중 성	ㅏ ㅑ ㅓ ㅕ ㅗ ㅛ ㅜ ㅠ ㅡ ㅣ ㅐ ㅒ ㅔ ㅖ ㅘ ㅙ ㅚ ㅝ ㅞ ㅟ ㅢ
	종 성	ㄱ ㄴ ㄷ ㄹ ㅁ ㅂ ㅅ ㅇ ㅈ ㅊ ㅋ ㅌ ㅍ ㅎ ㄲ ㄸ ㅃ ㅆ ㅉ

	초 성	ㄱ ㄴ ㄷ ㄹ ㅁ ㅂ ㅅ ㅇ ㅈ ㅊ ㅋ ㅌ ㅍ ㅎ
	중 성	ㅏ ㅑ ㅓ ㅕ ㅗ ㅛ ㅜ ㅠ ㅡ ㅣ ㅐ ㅒ ㅔ ㅖ ㅘ ㅙ ㅚ ㅝ ㅞ ㅟ ㅢ
	종 성	ㄱ ㄴ ㄷ ㄹ ㅁ ㅂ ㅅ ㅇ ㅈ ㅊ ㅋ ㅌ ㅍ ㅎ ㄲ ㄸ ㅃ ㅆ ㅉ

수 험 번 호

(digits 0–9 columns)

1) Code 1.
⓪①②③④⑤⑥⑦⑧⑨
⓪①②③④⑤⑥⑦⑧⑨
⓪①②③④⑤⑥⑦⑧⑨

2) Code 2.
⓪①②③④⑤⑥⑦⑧⑨
⓪①②③④⑤⑥⑦⑧⑨
⓪①②③④⑤⑥⑦⑧⑨

3) Code 3.
⓪①②③④⑤⑥⑦⑧⑨
⓪①②③④⑤⑥⑦⑧⑨
⓪①②③④⑤⑥⑦⑧⑨

주민등록번호 앞자리 | 고 유 번 호

(digits 0–9 columns)

답란

문항	답 란	문항	답 란	문항	답 란	문항	답 란	문항	답 란	문항	답 란
1	ⓐⓑⓒⓓ	21	ⓐⓑⓒⓓ	41	ⓐⓑⓒⓓ	61	ⓐⓑⓒⓓ	81	ⓐⓑⓒⓓ		
2	ⓐⓑⓒⓓ	22	ⓐⓑⓒⓓ	42	ⓐⓑⓒⓓ	62	ⓐⓑⓒⓓ	82	ⓐⓑⓒⓓ		
3	ⓐⓑⓒⓓ	23	ⓐⓑⓒⓓ	43	ⓐⓑⓒⓓ	63	ⓐⓑⓒⓓ	83	ⓐⓑⓒⓓ		
4	ⓐⓑⓒⓓ	24	ⓐⓑⓒⓓ	44	ⓐⓑⓒⓓ	64	ⓐⓑⓒⓓ	84	ⓐⓑⓒⓓ		
5	ⓐⓑⓒⓓ	25	ⓐⓑⓒⓓ	45	ⓐⓑⓒⓓ	65	ⓐⓑⓒⓓ	85	ⓐⓑⓒⓓ		
6	ⓐⓑⓒⓓ	26	ⓐⓑⓒⓓ	46	ⓐⓑⓒⓓ	66	ⓐⓑⓒⓓ	86	ⓐⓑⓒⓓ		
7	ⓐⓑⓒⓓ	27	ⓐⓑⓒⓓ	47	ⓐⓑⓒⓓ	67	ⓐⓑⓒⓓ	87	ⓐⓑⓒⓓ		
8	ⓐⓑⓒⓓ	28	ⓐⓑⓒⓓ	48	ⓐⓑⓒⓓ	68	ⓐⓑⓒⓓ	88	ⓐⓑⓒⓓ		
9	ⓐⓑⓒⓓ	29	ⓐⓑⓒⓓ	49	ⓐⓑⓒⓓ	69	ⓐⓑⓒⓓ	89	ⓐⓑⓒⓓ		
10	ⓐⓑⓒⓓ	30	ⓐⓑⓒⓓ	50	ⓐⓑⓒⓓ	70	ⓐⓑⓒⓓ	90	ⓐⓑⓒⓓ		
11	ⓐⓑⓒⓓ	31	ⓐⓑⓒⓓ	51	ⓐⓑⓒⓓ	71	ⓐⓑⓒⓓ				
12	ⓐⓑⓒⓓ	32	ⓐⓑⓒⓓ	52	ⓐⓑⓒⓓ	72	ⓐⓑⓒⓓ				
13	ⓐⓑⓒⓓ	33	ⓐⓑⓒⓓ	53	ⓐⓑⓒⓓ	73	ⓐⓑⓒⓓ				
14	ⓐⓑⓒⓓ	34	ⓐⓑⓒⓓ	54	ⓐⓑⓒⓓ	74	ⓐⓑⓒⓓ				
15	ⓐⓑⓒⓓ	35	ⓐⓑⓒⓓ	55	ⓐⓑⓒⓓ	75	ⓐⓑⓒⓓ				
16	ⓐⓑⓒⓓ	36	ⓐⓑⓒⓓ	56	ⓐⓑⓒⓓ	76	ⓐⓑⓒⓓ				
17	ⓐⓑⓒⓓ	37	ⓐⓑⓒⓓ	57	ⓐⓑⓒⓓ	77	ⓐⓑⓒⓓ				
18	ⓐⓑⓒⓓ	38	ⓐⓑⓒⓓ	58	ⓐⓑⓒⓓ	78	ⓐⓑⓒⓓ				
19	ⓐⓑⓒⓓ	39	ⓐⓑⓒⓓ	59	ⓐⓑⓒⓓ	79	ⓐⓑⓒⓓ				
20	ⓐⓑⓒⓓ	40	ⓐⓑⓒⓓ	60	ⓐⓑⓒⓓ	80	ⓐⓑⓒⓓ				

password

(digits 0–9 columns)

ANSWER SHEET

답 란

문항	답 란	문항	답 란	문항	답 란	문항	답 란	문항	답 란
1	ⓐ ⓑ ⓒ ⓓ	21	ⓐ ⓑ ⓒ ⓓ	41	ⓐ ⓑ ⓒ ⓓ	61	ⓐ ⓑ ⓒ ⓓ	81	ⓐ ⓑ ⓒ ⓓ
2	ⓐ ⓑ ⓒ ⓓ	22	ⓐ ⓑ ⓒ ⓓ	42	ⓐ ⓑ ⓒ ⓓ	62	ⓐ ⓑ ⓒ ⓓ	82	ⓐ ⓑ ⓒ ⓓ
3	ⓐ ⓑ ⓒ ⓓ	23	ⓐ ⓑ ⓒ ⓓ	43	ⓐ ⓑ ⓒ ⓓ	63	ⓐ ⓑ ⓒ ⓓ	83	ⓐ ⓑ ⓒ ⓓ
4	ⓐ ⓑ ⓒ ⓓ	24	ⓐ ⓑ ⓒ ⓓ	44	ⓐ ⓑ ⓒ ⓓ	64	ⓐ ⓑ ⓒ ⓓ	84	ⓐ ⓑ ⓒ ⓓ
5	ⓐ ⓑ ⓒ ⓓ	25	ⓐ ⓑ ⓒ ⓓ	45	ⓐ ⓑ ⓒ ⓓ	65	ⓐ ⓑ ⓒ ⓓ	85	ⓐ ⓑ ⓒ ⓓ
6	ⓐ ⓑ ⓒ ⓓ	26	ⓐ ⓑ ⓒ ⓓ	46	ⓐ ⓑ ⓒ ⓓ	66	ⓐ ⓑ ⓒ ⓓ	86	ⓐ ⓑ ⓒ ⓓ
7	ⓐ ⓑ ⓒ ⓓ	27	ⓐ ⓑ ⓒ ⓓ	47	ⓐ ⓑ ⓒ ⓓ	67	ⓐ ⓑ ⓒ ⓓ	87	ⓐ ⓑ ⓒ ⓓ
8	ⓐ ⓑ ⓒ ⓓ	28	ⓐ ⓑ ⓒ ⓓ	48	ⓐ ⓑ ⓒ ⓓ	68	ⓐ ⓑ ⓒ ⓓ	88	ⓐ ⓑ ⓒ ⓓ
9	ⓐ ⓑ ⓒ ⓓ	29	ⓐ ⓑ ⓒ ⓓ	49	ⓐ ⓑ ⓒ ⓓ	69	ⓐ ⓑ ⓒ ⓓ	89	ⓐ ⓑ ⓒ ⓓ
10	ⓐ ⓑ ⓒ ⓓ	30	ⓐ ⓑ ⓒ ⓓ	50	ⓐ ⓑ ⓒ ⓓ	70	ⓐ ⓑ ⓒ ⓓ	90	ⓐ ⓑ ⓒ ⓓ
11	ⓐ ⓑ ⓒ ⓓ	31	ⓐ ⓑ ⓒ ⓓ	51	ⓐ ⓑ ⓒ ⓓ	71	ⓐ ⓑ ⓒ ⓓ		
12	ⓐ ⓑ ⓒ ⓓ	32	ⓐ ⓑ ⓒ ⓓ	52	ⓐ ⓑ ⓒ ⓓ	72	ⓐ ⓑ ⓒ ⓓ		
13	ⓐ ⓑ ⓒ ⓓ	33	ⓐ ⓑ ⓒ ⓓ	53	ⓐ ⓑ ⓒ ⓓ	73	ⓐ ⓑ ⓒ ⓓ		
14	ⓐ ⓑ ⓒ ⓓ	34	ⓐ ⓑ ⓒ ⓓ	54	ⓐ ⓑ ⓒ ⓓ	74	ⓐ ⓑ ⓒ ⓓ		
15	ⓐ ⓑ ⓒ ⓓ	35	ⓐ ⓑ ⓒ ⓓ	55	ⓐ ⓑ ⓒ ⓓ	75	ⓐ ⓑ ⓒ ⓓ		
16	ⓐ ⓑ ⓒ ⓓ	36	ⓐ ⓑ ⓒ ⓓ	56	ⓐ ⓑ ⓒ ⓓ	76	ⓐ ⓑ ⓒ ⓓ		
17	ⓐ ⓑ ⓒ ⓓ	37	ⓐ ⓑ ⓒ ⓓ	57	ⓐ ⓑ ⓒ ⓓ	77	ⓐ ⓑ ⓒ ⓓ		
18	ⓐ ⓑ ⓒ ⓓ	38	ⓐ ⓑ ⓒ ⓓ	58	ⓐ ⓑ ⓒ ⓓ	78	ⓐ ⓑ ⓒ ⓓ		
19	ⓐ ⓑ ⓒ ⓓ	39	ⓐ ⓑ ⓒ ⓓ	59	ⓐ ⓑ ⓒ ⓓ	79	ⓐ ⓑ ⓒ ⓓ		
20	ⓐ ⓑ ⓒ ⓓ	40	ⓐ ⓑ ⓒ ⓓ	60	ⓐ ⓑ ⓒ ⓓ	80	ⓐ ⓑ ⓒ ⓓ		

password
(0~9 digit columns)

ANSWER SHEET

문항	답 란	문항	답 란	문항	답 란	문항	답 란	문항	답 란
1	ⓐⓑⓒⓓ	21	ⓐⓑⓒⓓ	41	ⓐⓑⓒⓓ	61	ⓐⓑⓒⓓ	81	ⓐⓑⓒⓓ
2	ⓐⓑⓒⓓ	22	ⓐⓑⓒⓓ	42	ⓐⓑⓒⓓ	62	ⓐⓑⓒⓓ	82	ⓐⓑⓒⓓ
3	ⓐⓑⓒⓓ	23	ⓐⓑⓒⓓ	43	ⓐⓑⓒⓓ	63	ⓐⓑⓒⓓ	83	ⓐⓑⓒⓓ
4	ⓐⓑⓒⓓ	24	ⓐⓑⓒⓓ	44	ⓐⓑⓒⓓ	64	ⓐⓑⓒⓓ	84	ⓐⓑⓒⓓ
5	ⓐⓑⓒⓓ	25	ⓐⓑⓒⓓ	45	ⓐⓑⓒⓓ	65	ⓐⓑⓒⓓ	85	ⓐⓑⓒⓓ
6	ⓐⓑⓒⓓ	26	ⓐⓑⓒⓓ	46	ⓐⓑⓒⓓ	66	ⓐⓑⓒⓓ	86	ⓐⓑⓒⓓ
7	ⓐⓑⓒⓓ	27	ⓐⓑⓒⓓ	47	ⓐⓑⓒⓓ	67	ⓐⓑⓒⓓ	87	ⓐⓑⓒⓓ
8	ⓐⓑⓒⓓ	28	ⓐⓑⓒⓓ	48	ⓐⓑⓒⓓ	68	ⓐⓑⓒⓓ	88	ⓐⓑⓒⓓ
9	ⓐⓑⓒⓓ	29	ⓐⓑⓒⓓ	49	ⓐⓑⓒⓓ	69	ⓐⓑⓒⓓ	89	ⓐⓑⓒⓓ
10	ⓐⓑⓒⓓ	30	ⓐⓑⓒⓓ	50	ⓐⓑⓒⓓ	70	ⓐⓑⓒⓓ	90	ⓐⓑⓒⓓ
11	ⓐⓑⓒⓓ	31	ⓐⓑⓒⓓ	51	ⓐⓑⓒⓓ	71	ⓐⓑⓒⓓ		
12	ⓐⓑⓒⓓ	32	ⓐⓑⓒⓓ	52	ⓐⓑⓒⓓ	72	ⓐⓑⓒⓓ		
13	ⓐⓑⓒⓓ	33	ⓐⓑⓒⓓ	53	ⓐⓑⓒⓓ	73	ⓐⓑⓒⓓ		
14	ⓐⓑⓒⓓ	34	ⓐⓑⓒⓓ	54	ⓐⓑⓒⓓ	74	ⓐⓑⓒⓓ		
15	ⓐⓑⓒⓓ	35	ⓐⓑⓒⓓ	55	ⓐⓑⓒⓓ	75	ⓐⓑⓒⓓ		
16	ⓐⓑⓒⓓ	36	ⓐⓑⓒⓓ	56	ⓐⓑⓒⓓ	76	ⓐⓑⓒⓓ		
17	ⓐⓑⓒⓓ	37	ⓐⓑⓒⓓ	57	ⓐⓑⓒⓓ	77	ⓐⓑⓒⓓ		
18	ⓐⓑⓒⓓ	38	ⓐⓑⓒⓓ	58	ⓐⓑⓒⓓ	78	ⓐⓑⓒⓓ		
19	ⓐⓑⓒⓓ	39	ⓐⓑⓒⓓ	59	ⓐⓑⓒⓓ	79	ⓐⓑⓒⓓ		
20	ⓐⓑⓒⓓ	40	ⓐⓑⓒⓓ	60	ⓐⓑⓒⓓ	80	ⓐⓑⓒⓓ		

password
0 1 2 3 4 5 6 7 8 9

MEMO

MEMO

문법 10회   독해 10회   청취 5회

내 점수를 빠르고 확실하게 올려주니까!

3

내 예상 점수를
빠르고 정확하게 알려주는
무료 자동 채점 및 성적 분석 서비스

4

명쾌한 정·오답 해설로
내 점수를 확실하게 올려주는
약점 보완 해설집

빈출 개념과 기출 분석으로
기초부터 문제 해결력까지
꽉 잡는 기본서

해커스 한국사능력검정시험

심화 [1·2·3급]

스토리와 마인드맵으로 개념잡고!
기출문제로 점수잡고!

해커스 한국사능력검정시험

2주 합격 심화 [1·2·3급] 기본 [4·5·6급]

시대별/회차별 기출문제로
한 번에 합격 달성!

해커스 한국사능력검정시험

시대별/회차별 기출문제집 심화 [1·2·3급]

개념 정리부터 실전까지!
한권완성 기출문제집

해커스 한국사능력검정시험

한권완성 기출 500제 기본 [4·5·6급]

빈출 개념과 기출 선택지로
빠르게 합격 달성!

해커스 한국사능력검정시험

초단기 5일 합격 심화 [1·2·3급]
기선제압 막판 3일 합격 심화 [1·2·3급]

해커스 지텔프 LEVEL 2

실전모의고사 문법 10회

해커스 어학연구소

지텔프 문법 한 번에
끝낼 수 있을까요**?**

만만치 않은 시험 응시료에,
다른 할 일도 산더미처럼 많고...

[해커스 지텔프 실전모의고사 문법 10회 (Level 2)]는 자신 있게 말합니다.

지텔프 문법, 한 번에 끝낼 수 있습니다.

실전에 최적화된 문제 유형별 핵심 전략으로,
최신 출제경향을 완벽 반영한 실전모의고사 10회분으로,
그리고 목표 달성을 돕는 무료 강의와 딱 한 장에 담은 지텔프 문법 총정리로,

[해커스 지텔프 실전모의고사 문법 10회 (Level 2)]와 함께한다면

단기간에 확실하게 목표 점수를 달성할 수 있습니다.

**"이미 수많은 사람들이 안전하게 지나간 길,
가장 확실한 길,
가장 빠른 길로 가면 돼요."**

얼마 남지 않은 지텔프 시험,
해커스와 함께라면 한 번에 끝낼 수 있습니다!

:목차

최신 출제경향 완벽 반영! 실전완성 문제집 [책 속의 책]

<딱 한 장에 담은 지텔프 문법 총정리> 및 총정리강의
교재 앞에 수록된 <딱 한 장에 담은 지텔프 문법 총정리> 및 QR코드를 찍어 무료로 볼 수 있는
총정리강의를 통해 시험장에 가기 전에 지텔프 문법을 총정리하세요!

명쾌한 해설로 점수 상승! 약점보완 **해설집**

<지텔프 기출 단어암기장> PDF
각 회차별로 암기하면 도움이 되는 지텔프 필수 어휘를 수록한 <지텔프 기출 단어암기장> PDF를 해커스인강(HackersIngang.com) 사이트에서 무료로 다운받을 수 있습니다. 단어암기장을 통해 언제 어디서든 지텔프 필수 어휘를 암기하세요!

책의 구성과 특징

최신 출제경향을 완벽 반영한 10회분으로 실전 감각 완성!

최신 지텔프 출제경향 완벽 반영
실제 지텔프 시험과 가장 비슷한 난이도와 문제 유형으로 구성된 실전모의고사 10회분을 제공하였습니다.

자동 채점 및 성적 분석 서비스
타이머, 모바일 OMR, 자동 채점, 정답률 및 취약 유형 분석까지 제공하는 자동 채점 및 성적 분석 서비스를 통해 실전 감각을 키울 수 있습니다.

문제 유형별 핵심 문제 풀이 전략으로 빠른 실력 향상!

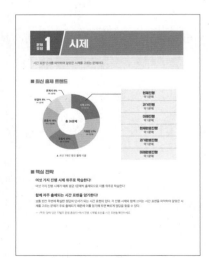

핵심 전략
지텔프 문법에서 출제되는 문제 유형별 핵심 전략을 제공하여 목표 점수 달성을 위해 필요한 부분만 빠르고 효과적으로 학습할 수 있게 하였습니다.

문제 풀이 전략
시간을 단축시켜주는 문제 풀이 전략을 예제와 함께 제공하여 효율적인 문제 접근 방식을 단계별로 한눈에 확인할 수 있게 하였습니다.

취약 유형 분석과 명쾌한 해설로 확실한 점수 상승!

취약 유형 분석표
취약 유형 분석표를 통해 자신의 취약 유형을 스스로 확인할 수 있게 하였습니다.

지텔프 치트키
문제 풀이의 핵심이 되는 지텔프 치트키를 통해 문제를 쉽고 빠르게 푸는 전략을 제공하였습니다.

해설 & 오답분석
모든 문제에 대한 정확한 해석, 명쾌하고 상세한 해설과 필수 학습 어휘를 제공하였습니다. 해설과 오답분석을 통해 정답이 되는 이유와 오답이 되는 이유를 확실히 파악할 수 있습니다.

풍부한 추가 학습자료로 목표 점수 달성!

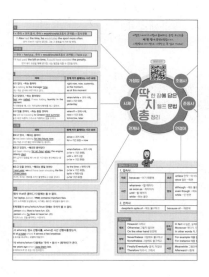

딱 한 장에 담은 지텔프 문법 총정리
지텔프 문법에서 출제되는 문법 포인트를 딱 한 장에 담은 총정리 자료를 통해 핵심만 빠르고 간단하게 정리할 수 있습니다.

총정리강의
QR코드를 찍어 무료로 볼 수 있는 총정리강의를 통해 지텔프 시험을 보는 데 꼭 필요한 문법만 효율적으로 학습할 수 있습니다.

지텔프 기출 단어암기장
지텔프 시험에 등장하는 빈출 어휘만 모은 단어암기장을 무료로 다운받아 이용할 수 있습니다.

* 지텔프 기출 단어암기장은 해커스인강(HackersIngang.com) 사이트에서 무료로 제공됩니다.

지텔프 소개

지텔프 시험은?

지텔프(G-TELP)란 General Tests of English Language Proficiency의 약자로 국제테스트 연구원(ITSC, International Testing Services Center)에서 주관하는 국제적 공인영어시험이며, 한국에서는 1986년에 지텔프 코리아가 설립되어 지텔프 시험을 운영 및 주관하고 있습니다. 현재 공무원, 군무원 등 각종 국가고시 영어대체시험, 기업체의 신입사원 및 인사 · 승진 평가시험, 대학교 · 대학원 졸업자격 영어대체시험 등으로 널리 활용되고 있습니다.

지텔프 시험의 종류

지텔프는 Level 1부터 5까지 다섯 가지 Level의 시험으로 구분됩니다. 한국에서는 다섯 가지 Level 중 Level 2 정기시험 점수가 활용되고 있습니다. 그 외 Level은 현재 수시시험 접수만 가능하며, 공인 영어 성적으로 거의 활용되지 않습니다.

구분	출제 방식 및 시간	평가 기준	합격자의 영어 구사 능력	응시 자격
Level 1	청취 30문항(약 30분) 독해 및 어휘 60문항(70분) **총 90문항(약 100분)**	Native Speaker에 준하는 영어 능력: 상담, 토론 가능	외국인과 의사소통, 통역이 가능한 수준	Level 2 영역별 75점 이상 획득 시
Level 2	문법 26문항(20분) 청취 26문항(약 30분) 독해 및 어휘 28문항(40분) **총 80문항(약 90분)**	다양한 상황에서 대화 가능: 업무 상담 및 해외 연수 등 가능	일상 생활 및 업무 상담, 세미나, 해외 연수 등이 가능한 수준	제한 없음
Level 3	문법 22문항(20분) 청취 24문항(약 20분) 독해 및 어휘 24문항(40분) **총 70문항(약 80분)**	간단한 의사소통과 친숙한 상태에서의 단순 대화 가능	간단한 의사소통과 해외 여행, 단순 업무 출장이 가능한 수준	제한 없음
Level 4	문법 20문항(20분) 청취 20문항(약 15분) 독해 및 어휘 20문항(25분) **총 60문항(약 60분)**	기본적인 문장을 통해 최소한의 의사소통 가능	기본적인 어휘의 짧은 문장을 통한 최소한의 의사소통이 가능한 수준	제한 없음
Level 5	문법 16문항(15분) 청취 16문항(약 15분) 독해 및 어휘 18문항(25분) **총 50문항(약 55분)**	극히 초보적인 수준의 의사소통 가능	영어 초보자로 일상의 인사, 소개 등만 가능한 수준	제한 없음

지텔프 Level 2의 구성

영역	내용	문항 수	시간	배점
문법	시제, 가정법, 조동사, 준동사, 연결어, 관계사	26문항 (1~26번)		100점
청취	PART 1 개인적인 이야기나 경험담 PART 2 특정 주제에 대한 정보를 제공하는 공식적인 담화 PART 3 어떤 결정에 이르고자 하는 비공식적인 협상 등의 대화 PART 4 일반적인 어떤 일의 진행이나 과정에 대한 설명	7문항 (27~33번) 6문항 (34~39번) 6문항 (40~45번)* 7문항 (46~52번)*	영역별 시험 시간 제한 규정 폐지됨	100점
독해 및 어휘	PART 1 과거 역사 속의 인물이나 현시대 인물의 일대기 PART 2 최근의 사회적이고 기술적인 묘사에 초점을 맞춘 기사 PART 3 전문적인 것이 아닌 일반적인 내용의 백과사전 PART 4 어떤 것을 설명하거나 설득하는 상업 서신	7문항 (53~59번) 7문항 (60~66번) 7문항 (67~73번) 7문항 (74~80번)		100점
		80문항	약 90분	300점

* 간혹 청취 PART 3에서 7문항, PART 4에서 6문항이 출제되는 경우도 있습니다.

지텔프 시험 접수부터 성적 확인까지

■ 시험 접수 방법

- **접수 방법 :** 지텔프 홈페이지(www.g-telp.co.kr)에서 회원가입 후 접수할 수 있습니다.
  * 응시료는 정기접수 66,300원, 추가접수 71,100원입니다.
- **시험 일정 :** 매월 2~3회 일요일 오후 3시에 응시할 수 있습니다.
  * 정확한 날짜는 지텔프 홈페이지를 통해 확인할 수 있습니다.

■ 시험 당일 준비물

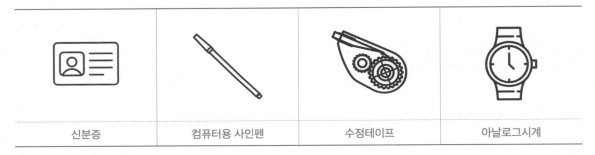

신분증	컴퓨터용 사인펜	수정테이프	아날로그시계

- 신분증은 주민등록증, 운전면허증, 기간 만료 전의 여권, 장애인등록증, 군신분증(군인), 학생증 · 청소년증 · 재학증명서(중고생), 외국인등록증(외국인)이 인정됩니다.

- 컴퓨터용 사인펜으로 마킹해야 하며 연필은 사용할 수 없습니다. 연필이나 볼펜으로 먼저 마킹한 후 사인펜으로 마킹하면 OMR 판독에 오류가 날 수 있으니 주의합니다.

- 마킹 수정 시, 수정테이프를 사용해야 하며 수정액은 사용할 수 없습니다. 다른 수험자의 수정테이프를 빌려 사용할 수 없으며, 본인의 것만 사용이 가능합니다.

- 대부분의 고사장에 시계가 준비되어 있지만, 자리에서 시계가 잘 보이지 않을 수도 있으니 개인 아날로그시계를 준비하면 좋습니다.

- 수험표는 별도로 준비하지 않아도 됩니다.

■ 시험 당일 유의 사항

① 고사장 가기 전

- 시험 장소를 미리 확인해 두고, 규정된 입실 시간에 늦지 않도록 유의합니다. 오후 2시 20분까지 입실해야 하며, 오후 2시 50분 이후에는 입실이 불가합니다.

② 고사장에서

- 1층 입구에 붙어 있는 고사실 배치표를 확인하여 자신이 배정된 고사실을 확인합니다.
- 고사실에는 각 응시자의 이름이 적힌 좌석표가 자리마다 놓여 있으므로, 자신이 배정된 자리에 앉으면 됩니다.

③ 시험 보기 직전

- 시험 도중에는 화장실에 다녀올 수 없고, 만약 화장실에 가면 다시 입실할 수 없으므로 미리 다녀오는 것이 좋습니다.
- 시험 시작 전에 OMR 카드의 정보 기입란에 올바른 정보를 기입해 둡니다.

④ 시험 시

- 답안을 따로 마킹할 시간이 없으므로 풀면서 바로 마킹하는 것이 좋습니다.
- 영역별 시험 시간 제한 규정이 폐지되었으므로, 본인이 취약한 영역과 강한 영역에 적절히 시간을 배분하여 자유롭게 풀 수 있습니다. 단, 청취 시간에는 다른 응시자에게 방해가 되지 않도록 주의해야 합니다.
- 시험지에 낙서를 하거나 다른 응시자들이 알아볼 수 있도록 큰 표시를 하는 것은 부정행위로 간주되므로 주의해야 합니다. 수험자 본인만 인지할 수 있는 작은 표기만 인정됩니다.
- OMR 카드의 정답 마킹란은 90번까지 제공되지만, 지텔프 Level 2의 문제는 80번까지만 있으므로 81~90번까지의 마킹란은 공란으로 비워두면 됩니다.

〈OMR 카드와 좌석표 미리보기〉

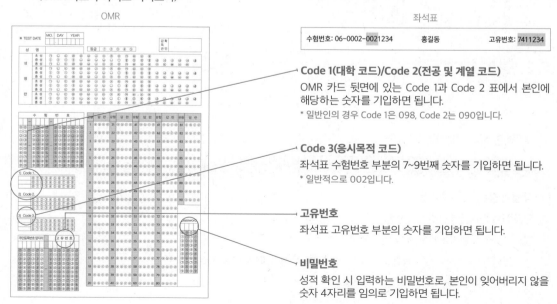

Code 1(대학 코드)/Code 2(전공 및 계열 코드)
OMR 카드 뒷면에 있는 Code 1과 Code 2 표에서 본인에 해당하는 숫자를 기입하면 됩니다.
* 일반인의 경우 Code 1은 098, Code 2는 090입니다.

Code 3(응시목적 코드)
좌석표 수험번호 부분의 7~9번째 숫자를 기입하면 됩니다.
* 일반적으로 002입니다.

고유번호
좌석표 고유번호 부분의 숫자를 기입하면 됩니다.

비밀번호
성적 확인 시 입력하는 비밀번호로, 본인이 잊어버리지 않을 숫자 4자리를 임의로 기입하면 됩니다.

지텔프 시험 접수부터 성적 확인까지

■ 지텔프 성적 확인 방법

- **성적 발표일** : 시험 후 5일 이내에, 지텔프 홈페이지에서 확인이 가능합니다.
- **성적표 수령 방법** : 온라인으로 출력(1회 무료)하거나 우편으로 수령할 수 있으며, 수령 방법은 접수 시 선택 가능합니다.

〈성적표 미리보기〉

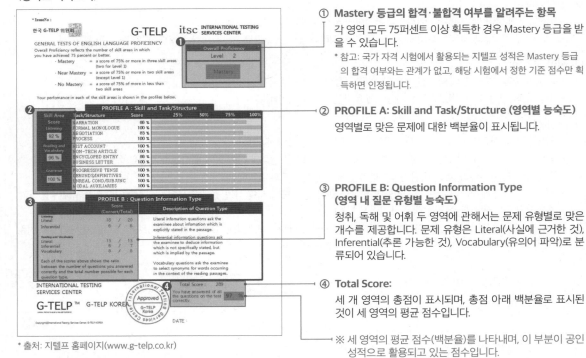

① **Mastery 등급의 합격·불합격 여부를 알려주는 항목**

각 영역 모두 75퍼센트 이상 획득한 경우 Mastery 등급을 받을 수 있습니다.

* 참고: 국가 자격 시험에서 활용되는 지텔프 성적은 Mastery 등급의 합격 여부와는 관계가 없고, 해당 시험에서 정한 기준 점수만 획득하면 인정됩니다.

② **PROFILE A: Skill and Task/Structure (영역별 능숙도)**

영역별로 맞은 문제에 대한 백분율이 표시됩니다.

③ **PROFILE B: Question Information Type**
(영역 내 질문 유형별 능숙도)

청취, 독해 및 어휘 두 영역에 관해서는 문제 유형별로 맞은 개수를 제공합니다. 문제 유형은 Literal(사실에 근거한 것), Inferential(추론 가능한 것), Vocabulary(유의어 파악)로 분류되어 있습니다.

④ **Total Score:**

세 개 영역의 총점이 표시되며, 총점 아래 백분율로 표시된 것이 세 영역의 평균 점수입니다.

※ 세 영역의 평균 점수(백분율)를 나타내며, 이 부분이 공인 성적으로 활용되고 있는 점수입니다.

* 출처: 지텔프 홈페이지(www.g-telp.co.kr)

🖱 지텔프 점수 계산법

점수는 아래의 공식으로 산출할 수 있습니다. 총점과 평균 점수의 경우, 소수점 이하 점수는 올림 처리합니다.

각 영역 점수 : 맞은 개수 × 3.75

평균 점수 : 각 영역 점수 합계 ÷ 3

예) 문법 12개, 청취 5개, 독해 및 어휘 10개 맞혔을 시,

　　문법 12 × 3.75 = 45점　　**청취** 5 × 3.75 = 18.75점　　**독해 및 어휘** 10 × 3.75 = 37.5점

　　→ **평균 점수** (45+ 18.75 +37.5) ÷ 3 = 34점

지텔프 Level 2 성적 활용처

국가 자격 시험	기준 점수
경찰공무원(경사, 경장, 순경)	43점
경찰간부 후보생	50점
소방공무원(소방장, 소방교, 소방사)	43점
소방간부 후보생	50점
군무원 9급	32점
군무원 7급	47점
호텔서비스사	39점
군무원 5급	65점
국가공무원 5급	65점
외교관후보자	88점
국가공무원 7급	65점
국가공무원 7급 외무영사직렬	77점
입법고시	65점
법원행정고시	65점
카투사	73점
기상직 7급	65점
국가정보원	공인어학성적 제출 필수
변리사	77점
세무사	65점
공인노무사	65점
관광통역안내사	74점
호텔경영사	79점
호텔관리사	66점
감정평가사	65점
공인회계사	65점
보험계리사	65점
손해사정사	65점

* 그 외 공공기관 및 기업체에서도 지텔프 성적을 활용하고 있으며 지텔프 홈페이지에서 모든 활용처를 확인할 수 있습니다.

실전형 맞춤 학습 플랜

5일 완성 플랜

01. 1일 차에는 최신 출제 트렌드 및 문제 유형별 핵심 전략을 학습하고, 실전모의고사 2회분을 풀어보며 학습한 전략을 적용해 봅니다.

02. 2일 차부터 4일 차까지는 매일 실전모의고사를 2회분씩 풀어보며 실전 감각을 익힙니다.

03. 5일 차에는 실전모의고사 2회분을 풀어본 후, 마지막으로 <딱 한 장에 담은 지텔프 문법 총정리> 및 총정리강의를 통해 학습한 내용을 정리합니다.

04. 매일 실전모의고사 풀이 후, <지텔프 기출 단어암기장>에 수록된 단어를 암기하면 학습 효과를 극대화할 수 있습니다.

1일	2일	3일	4일	5일
☐ 최신 출제 트렌드 및 문제 유형별 핵심 전략 학습 ☐ **01**회 실전모의고사 ☐ **02**회 실전모의고사	☐ **03**회 실전모의고사 ☐ **04**회 실전모의고사	☐ **05**회 실전모의고사 ☐ **06**회 실전모의고사	☐ **07**회 실전모의고사 ☐ **08**회 실전모의고사	☐ **09**회 실전모의고사 ☐ **10**회 실전모의고사 ☐ <딱 한 장에 담은 지텔프 문법 총정리> 및 총정리강의

10일 완성 플랜

01. 1일 차에는 최신 출제 트렌드 및 문제 유형별 핵심 전략을 학습하고, 실전모의고사 1회분을 풀어보며 학습한 전략을 적용해 봅니다.

02. 2일 차부터 9일 차까지는 매일 실전모의고사를 1회분씩 풀어보며 실전 감각을 익힙니다.

03. 10일 차에는 실전모의고사 1회분을 풀어본 후, 마지막으로 <딱 한 장에 담은 지텔프 문법 총정리> 및 총정리강의를 통해 학습한 내용을 정리합니다.

04. 매일 실전모의고사 풀이 후, <지텔프 기출 단어암기장>에 수록된 단어를 암기하면 학습 효과를 극대화할 수 있습니다.

1일	2일	3일	4일	5일
□ 최신 출제 트렌드 및 문제 유형별 핵심 전략 학습 □ **01**회 실전모의고사	□ **02**회 실전모의고사	□ **03**회 실전모의고사	□ **04**회 실전모의고사	□ **05**회 실전모의고사

6일	7일	8일	9일	10일
□ **06**회 실전모의고사	□ **07**회 실전모의고사	□ **08**회 실전모의고사	□ **09**회 실전모의고사	□ **10**회 실전모의고사 □ <딱 한 장에 담은 지텔프 문법 총정리> 및 총정리강의

최신 출제 트렌드 및 문제 유형별 핵심 전략

문제 유형별 출제 비율

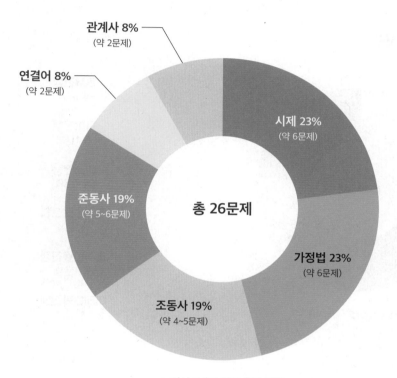

관계사 8%
(약 2문제)

연결어 8%
(약 2문제)

시제 23%
(약 6문제)

준동사 19%
(약 5~6문제)

총 26문제

가정법 23%
(약 6문제)

조동사 19%
(약 4~5문제)

▲ 최신 5개년 평균 출제 비율

출제 1순위 **시제 (23%) & 가정법 (23%)**
문법적으로 알맞은 시제나 가정법 동사를 고르는 문제가 가장 많이 출제된다.

출제 2순위 **조동사 (19%) & 준동사 (19%)**
해석상 적절한 조동사나, 동명사와 to 부정사 중 문법적으로 알맞은 준동사를 고르는 문제가 많이 출제된다.

출제 3순위 **연결어 (8%) & 관계사 (8%)**
문맥상 올바른 연결어나 관계사를 고르는 문제가 출제된다.

시간 표현 단서를 파악하여 알맞은 시제를 고르는 문제이다.

■ 최신 출제 트렌드

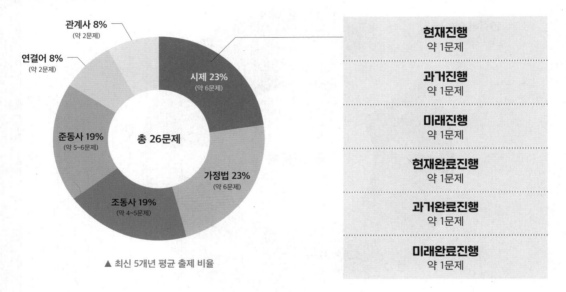

관계사 8%
(약 2문제)

연결어 8%
(약 2문제)

준동사 19%
(약 5~6문제)

조동사 19%
(약 4~5문제)

시제 23%
(약 6문제)

가정법 23%
(약 6문제)

총 26문제

▲ 최신 5개년 평균 출제 비율

| 현재진행 약 1문제 |
| 과거진행 약 1문제 |
| 미래진행 약 1문제 |
| 현재완료진행 약 1문제 |
| 과거완료진행 약 1문제 |
| 미래완료진행 약 1문제 |

■ 핵심 전략

여섯 가지 진행 시제 위주로 학습한다!

여섯 가지 진행 시제가 매회 평균 1문제씩 출제되므로 이를 위주로 학습한다.

함께 자주 출제되는 시간 표현을 암기한다!

보통 빈칸 주변에 확실한 정답의 단서가 되는 시간 표현이 있다. 각 진행 시제와 함께 쓰이는 시간 표현을 파악하여 알맞은 시제를 고르는 문제가 주로 출제되기 때문에 이를 암기해 두면 빠르게 정답을 찾을 수 있다.

☞ <딱 한 장에 담은 지텔프 문법 총정리>에서 진행 시제별 최빈출 시간 표현을 확인하세요.

■ 문제 풀이 전략

STEP 1 동사의 여러 가지 시제로 구성된 보기를 통해 시제 문제임을 파악한다.

STEP 2 빈칸 주변에서 시간 표현 단서를 찾는다.

STEP 3 해당 시간 표현 단서와 함께 쓰이는 알맞은 시제를 정답으로 선택한다.

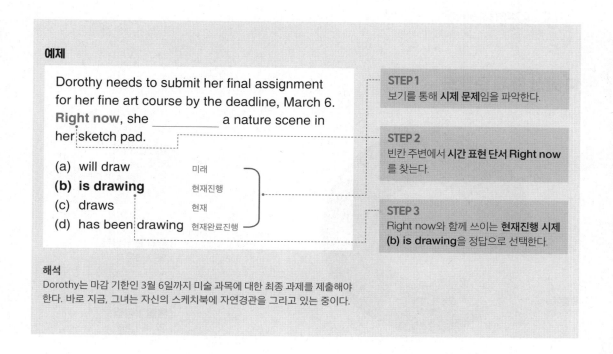

예제

Dorothy needs to submit her final assignment for her fine art course by the deadline, March 6. **Right now**, she _____ a nature scene in her sketch pad.

(a) will draw 미래
(b) is drawing 현재진행
(c) draws 현재
(d) has been drawing 현재완료진행

STEP 1
보기를 통해 **시제 문제**임을 파악한다.

STEP 2
빈칸 주변에서 **시간 표현 단서 Right now**를 찾는다.

STEP 3
Right now와 함께 쓰이는 **현재진행 시제 (b) is drawing**을 정답으로 선택한다.

해석
Dorothy는 마감 기한인 3월 6일까지 미술 과목에 대한 최종 과제를 제출해야 한다. 바로 지금, 그녀는 자신의 스케치북에 자연경관을 그리고 있는 중이다.

문제 유형 2 / 가정법

if절이나 주절의 동사를 파악하여 알맞은 가정법 시제를 고르는 문제이다.

■ 최신 출제 트렌드

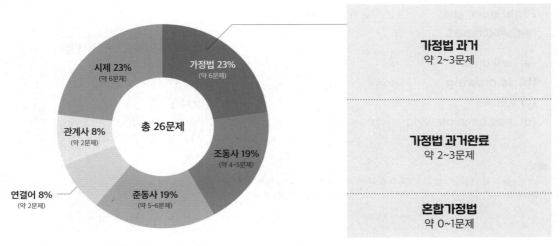

시제 23% (약 6문제)
가정법 23% (약 6문제)
관계사 8% (약 2문제)
총 26문제
조동사 19% (약 4~5문제)
연결어 8% (약 2문제)
준동사 19% (약 5~6문제)

가정법 과거
약 2~3문제

가정법 과거완료
약 2~3문제

혼합가정법
약 0~1문제

▲ 최신 5개년 평균 출제 비율

■ 핵심 전략

두 가지 가정법 위주로 학습한다!

주로 두 가지 가정법(가정법 과거, 가정법 과거완료)이 매회 평균 3문제씩 출제되는 경향이 있으므로 이를 위주로 학습한다.

가정법 공식을 확실히 암기한다!

가정법 과거와 가정법 과거완료의 문장 구조를 공식처럼 암기해 두면 공식을 적용하여 쉽게 정답을 찾을 수 있다.

☞ <딱 한 장에 담은 지텔프 문법 총정리>에서 가정법 과거와 가정법 과거완료의 공식을 확인하세요.

■ 문제 풀이 전략

STEP 1 빈칸 문장의 if 혹은 도치 구문을 통해 가정법 문제임을 파악한다.

STEP 2 if절 혹은 주절의 동사를 통해 어떤 가정법인지 파악한다.

STEP 3 해당 동사와 짝을 이루는 가정법 시제를 정답으로 선택한다.

예제

I stayed up all night watching all episodes of my favorite TV show. Consequently, I was late for an appointment with my dentist this morning. **If I had gone** to sleep earlier, I _____ on time.

(a) **would have been**   가정법 과거완료
(b) would be   가정법 과거
(c) will be   미래
(d) had been   과거완료

STEP 1
빈칸 문장의 If를 통해 **가정법 문제**임을 파악한다.

STEP 2
If절의 동사가 'had p.p.' 형태의 **had gone**이므로, **가정법 과거완료**임을 파악한다.

STEP 3
had gone과 짝을 이루어 가정법 과거완료를 만드는 'would(조동사 과거형) + have p.p.' 형태의 (a) would have been을 정답으로 선택한다.

해석
나는 내가 가장 좋아하는 TV 프로그램의 모든 회차들을 보느라 밤을 새웠다. 그 결과, 나는 오늘 아침 치과 진료 예약에 늦었다. 만약 내가 좀 더 일찍 잤더라면, 나는 제시간에 갔을 것이다.

조동사의 문맥상 의미와 쓰임을 파악하여 알맞은 조동사를 고르는 문제이다.

■ 최신 출제 트렌드

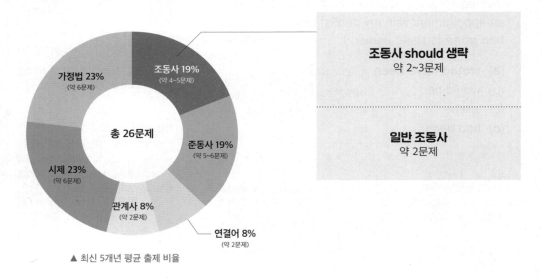

조동사 19%
(약 4~5문제)

조동사 should 생략
약 2~3문제

일반 조동사
약 2문제

가정법 23%
(약 6문제)

총 26문제

준동사 19%
(약 5~6문제)

시제 23%
(약 6문제)

관계사 8%
(약 2문제)

연결어 8%
(약 2문제)

▲ 최신 5개년 평균 출제 비율

■ 핵심 전략

빈출 주장·요구·명령·제안 표현을 암기한다!

조동사 should 생략 문제의 단서가 되는 빈출 주장·요구·명령·제안 표현을 암기해 두면 빠르게 정답을 찾을 수 있다. 참고로, 조동사 should 생략 문제는 과거에는 매회 평균 3문제씩 출제되는 편이었지만, 최근에는 매회 평균 2문제씩 출제되는 경우가 많다.

각 조동사가 문맥에서 자주 쓰이는 의미를 학습한다!

일반 조동사 문제는 단서가 되는 표현이 명확히 제시되지 않으므로, can, could, may, might, will, would, should, must 등의 조동사가 문맥에서 어떤 의미로 자주 쓰이는지 학습한다.

☞ <딱 한 장에 담은 지텔프 문법 총정리>에서 최빈출 주장·요구·명령·제안 표현과 각 조동사의 의미를 확인하세요.

■ 문제 풀이 전략

STEP 1 빈칸 앞의 'that + 주어'(조동사 should 생략 문제), 혹은 모두 조동사로 구성된 보기(일반 조동사 문제)를 통해 조동사 문제임을 파악한다.

STEP 2 빈칸 앞에서 주장·요구·명령·제안 표현을 확인(조동사 should 생략 문제)하거나, 빈칸 앞뒤 문맥을 파악(일반 조동사 문제)한다.

STEP 3 조동사 should가 생략된 형태의 동사원형(조동사 should 생략 문제) 또는 문맥상 알맞은 조동사(일반 조동사 문제)를 정답으로 선택한다.

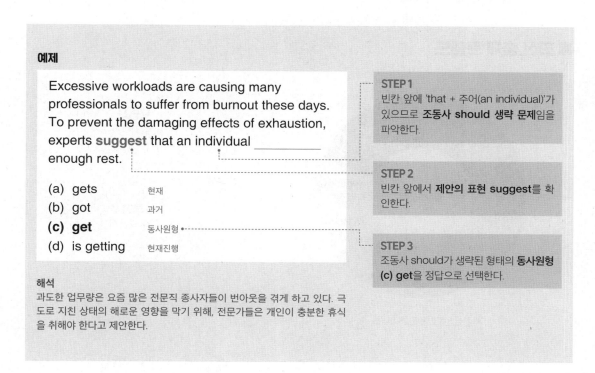

예제

Excessive workloads are causing many professionals to suffer from burnout these days. To prevent the damaging effects of exhaustion, experts **suggest** that an individual _____ enough rest.

(a) gets   현재
(b) got   과거
(c) get   동사원형
(d) is getting   현재진행

STEP 1
빈칸 앞에 'that + 주어(an individual)'가 있으므로 **조동사 should 생략 문제**임을 파악한다.

STEP 2
빈칸 앞에서 **제안의 표현 suggest**를 확인한다.

STEP 3
조동사 should가 생략된 형태의 **동사원형 (c) get**을 정답으로 선택한다.

해석
과도한 업무량은 요즘 많은 전문직 종사자들이 번아웃을 겪게 하고 있다. 극도로 지친 상태의 해로운 영향을 막기 위해, 전문가들은 개인이 충분한 휴식을 취해야 한다고 제안한다.

동명사와 to 부정사의 쓰임을 파악하여 알맞은 준동사를 고르는 문제이다.

■ 최신 출제 트렌드

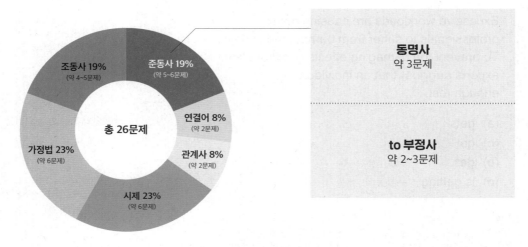

조동사 19%
(약 4~5문제)

준동사 19%
(약 5~6문제)

총 26문제

가정법 23%
(약 6문제)

연결어 8%
(약 2문제)

관계사 8%
(약 2문제)

시제 23%
(약 6문제)

동명사
약 3문제

to 부정사
약 2~3문제

▲ 최신 5개년 평균 출제 비율

■ 핵심 전략

준동사와 함께 쓰이는 빈출 동사들을 암기한다!

준동사 문제에는 보통 빈칸 앞에 확실한 정답의 단서가 되는 동사가 있다. 동명사 또는 to 부정사와 함께 쓰이는 빈출 동사들을 암기해 두면 빠르게 정답을 찾을 수 있다. 참고로, 과거에는 동명사가 to 부정사보다 빈출되었으나, 최근에는 동명사와 to 부정사 문제가 모두 매회 평균 3문제씩 출제되는 경우가 많다.

준동사의 역할을 학습한다!

준동사가 사용되는 문장 구조를 파악하여 문장 내 준동사의 알맞은 역할을 찾는다.

☞ <딱 한 장에 담은 지텔프 문법 총정리>에서 준동사와 함께 쓰이는 최빈출 동사 및 준동사의 역할을 확인하세요.

■ 문제 풀이 전략

STEP 1   준동사로 구성된 보기를 통해 준동사 문제임을 파악한다.

STEP 2   빈칸 앞에서 단서가 되는 동사를 찾거나, 빈칸 앞뒤 문장 구조를 파악한다.

STEP 3   해당 동사가 취하는 준동사 또는 문장 구조상 알맞은 준동사를 정답으로 선택한다.

예제

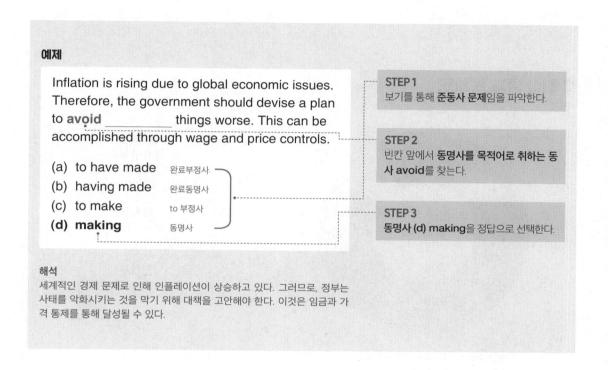

Inflation is rising due to global economic issues. Therefore, the government should devise a plan to **avoid** _____ things worse. This can be accomplished through wage and price controls.

(a) to have made   완료부정사.
(b) having made   완료동명사
(c) to make   to 부정사
(d) **making**   동명사

STEP 1
보기를 통해 **준동사 문제임**을 파악한다.

STEP 2
빈칸 앞에서 **동명사를 목적어로 취하는 동사 avoid**를 찾는다.

STEP 3
동명사 (d) making을 정답으로 선택한다.

해석
세계적인 경제 문제로 인해 인플레이션이 상승하고 있다. 그러므로, 정부는 사태를 악화시키는 것을 막기 위해 대책을 고안해야 한다. 이것은 임금과 가격 통제를 통해 달성될 수 있다.

문제 유형 5 / 연결어

연결어의 문맥상 의미를 파악하여 알맞은 연결어를 고르는 문제이다.

■ 최신 출제 트렌드

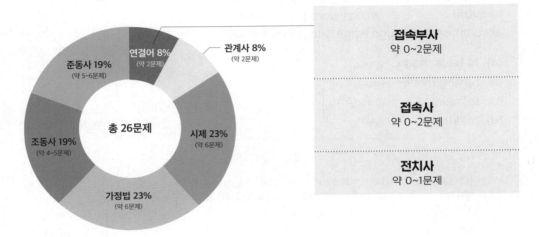

▲ 최신 5개년 평균 출제 비율

■ 핵심 전략

자주 출제되는 연결어의 뜻과 쓰임을 암기한다!

문맥을 정확히 파악해야 하기 때문에, 자주 출제되는 연결어의 뜻과 쓰임을 암기해 두면 문맥상 가장 적합한 연결어를 쉽게 찾을 수 있다.

전략적으로 오답을 소거한다!

접속부사나 접속사 자리에는 전치사가 들어갈 수 없으므로, 보기에서 확실한 오답을 먼저 소거하면 빠르게 정답을 찾을 수 있다.

☞ <딱 한 장에 담은 지텔프 문법 총정리>에서 최빈출 연결어를 확인하세요.

■ 문제 풀이 전략

STEP 1 연결어로 구성된 보기를 통해 연결어 문제임을 파악한다.

STEP 2 지문의 첫 문장부터 읽으며 빈칸 앞뒤 문맥을 파악한다.

STEP 3 문맥상 알맞은 연결어를 정답으로 선택한다.

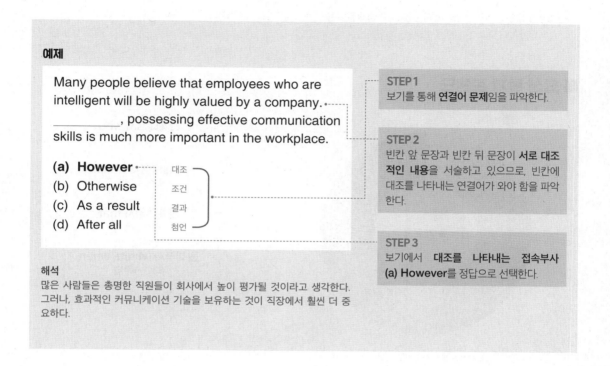

예제

Many people believe that employees who are intelligent will be highly valued by a company. _____, possessing effective communication skills is much more important in the workplace.

(a) However
(b) Otherwise
(c) As a result
(d) After all

대조
조건
결과
첨언

STEP 1
보기를 통해 **연결어 문제**임을 파악한다.

STEP 2
빈칸 앞 문장과 빈칸 뒤 문장이 **서로 대조적인 내용**을 서술하고 있으므로, 빈칸에 대조를 나타내는 연결어가 와야 함을 파악한다.

STEP 3
보기에서 **대조를 나타내는 접속부사 (a) However**를 정답으로 선택한다.

해석
많은 사람들은 총명한 직원들이 회사에서 높이 평가될 것이라고 생각한다. 그러나, 효과적인 커뮤니케이션 기술을 보유하는 것이 직장에서 훨씬 더 중요하다.

문제 유형 **6** / 관계사

선행사가 무엇인지와 콤마(,)의 유무를 파악하여 알맞은 관계사를 고르는 문제이다.

■ 최신 출제 트렌드

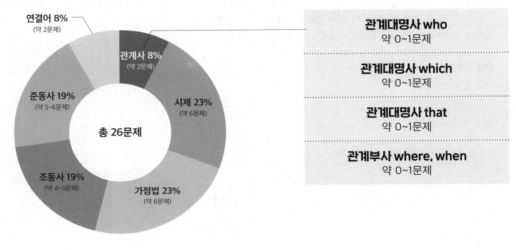

▲ 최신 5개년 평균 출제 비율

■ 핵심 전략

선행사와 콤마에 따른 관계사의 쓰임을 학습한다!

관계사 문제의 핵심은 선행사가 사람, 사물, 장소, 시간 중 무엇인지와 콤마(,)의 유무이다. 따라서 이 두 가지에 따라 어떤 관계사가 쓰이는지만 확실히 학습해 두면 쉽게 정답을 찾을 수 있다.

주격 관계대명사 위주로 학습한다!

주격 관계대명사를 묻는 문제가 주로 출제되기 때문에 이를 위주로 학습해 두면 빠르게 정답을 찾을 수 있다.

☞ <딱 한 장에 담은 지텔프 문법 총정리>에서 관계사의 핵심 내용을 확인하세요.

■ 문제 풀이 전략

STEP 1   관계절로 구성된 보기를 통해 관계사 문제임을 파악한다.

STEP 2   빈칸 앞에서 선행사가 무엇인지와 콤마(,)의 유무를 확인하여, 빈칸에 들어갈 관계사를 파악한다.

STEP 3   선행사에 알맞은 관계사를 포함한 보기를 정답으로 선택한다.

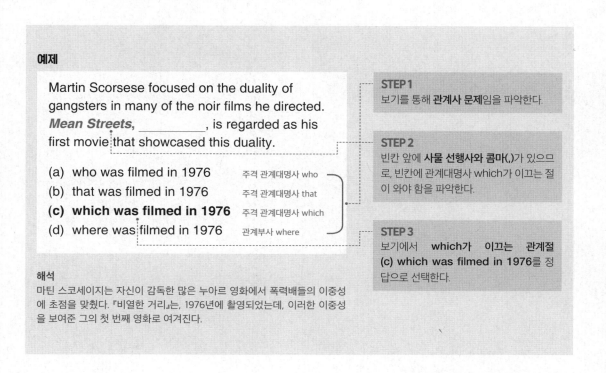

예제

Martin Scorsese focused on the duality of gangsters in many of the noir films he directed. ***Mean Streets***, _____, is regarded as his first movie that showcased this duality.

(a) who was filmed in 1976   주격 관계대명사 who
(b) that was filmed in 1976   주격 관계대명사 that
(c) which was filmed in 1976   주격 관계대명사 which
(d) where was filmed in 1976   관계부사 where

STEP 1
보기를 통해 **관계사 문제**임을 파악한다.

STEP 2
빈칸 앞에 **사물 선행사와 콤마(,)**가 있으므로, 빈칸에 관계대명사 which가 이끄는 절이 와야 함을 파악한다.

STEP 3
보기에서 **which**가 이끄는 관계절 **(c) which was filmed in 1976**를 정답으로 선택한다.

해석
마틴 스코세이지는 자신이 감독한 많은 누아르 영화에서 폭력배들의 이중성에 초점을 맞췄다. 『비열한 거리』는, 1976년에 촬영되었는데, 이러한 이중성을 보여준 그의 첫 번째 영화로 여겨진다.

해커스 지텔프 실전모의고사
문법 10회 (Level 2)

약점보완
해설집

정답 및 문제 유형 분석표

01	(b) 시제	08	(c) 준동사	15	(b) 가정법	21	(a) 시제
02	(a) 조동사	09	(a) 관계사	16	(a) 준동사	22	(c) 관계사
03	(c) 준동사	10	(d) 준동사	17	(d) 시제	23	(d) 준동사
04	(d) 조동사	11	(c) 가정법	18	(a) 조동사	24	(b) 가정법
05	(b) 가정법	12	(b) 연결어	19	(d) 가정법	25	(a) 시제
06	(a) 가정법	13	(c) 시제	20	(c) 조동사	26	(d) 연결어
07	(a) 시제	14	(c) 준동사				

취약 유형 분석표

유형	맞힌 개수
시제	/ 6
가정법	/ 6
조동사	/ 4
준동사	/ 6
연결어	/ 2
관계사	/ 2
TOTAL	**26**

01　시제　　미래완료진행

난이도 ●●○

Sarah just heard an announcement that her flight to Barcelona has been delayed until 11 p.m. because of a mechanical problem with the plane. By that time, she _____ at the airport for over six hours!

Sarah는 방금 그녀의 바르셀로나 행 항공편이 비행기의 기계적인 결함 때문에 밤 11시까지 지연되었다는 발표를 들었다. 그때 즈음에는, 그녀는 6시간이 넘는 시간 동안 공항에서 기다려오고 있는 중일 것이다!

○ 지텔프 치트키

보기를 통해 시제 문제임을 알 수 있으므로, 시간 표현 관련 단서를 파악한다.

해설 | 미래완료진행 시제와 함께 쓰이는 시간 표현 'by + 미래 시점'(By that time)과 'for + 기간 표현'(for over six hours)이 있고, 문맥상 미래 시점인 그때(밤 11시) 즈음에는 Sarah가 6시간이 넘는 시간 동안 계속해서 기다려오고 있는 중일 것이라는 의미가 되어야 자연스럽다. 따라서 미래완료진행 시제 (b) will have been waiting이 정답이다.

오답분석

(d) 미래 시제는 미래에 대한 단순한 약속, 제안, 예측을 나타내므로, 과거 또는 현재에 시작해서 특정 미래 시점까지 진행되고 있을 일을 표현할 수 없어 오답이다.

어휘 | announcement n. 발표, 고지　delay v. 지연시키다　mechanical adj. 기계적인

02　조동사　　조동사 could

난이도 ●●○

I was afraid of falling the first time I rode a bicycle. But my father took the time to teach me how to do it, and after just a few hours, I _____ ride it on my own.

나는 처음 자전거를 탔을 때 넘어질까 봐 무서워했다. 하지만 나의 아버지가 시간을 내어 나에게 그것을 어떻게 타는지 가르쳐주었고, 불과 몇 시간 후에, 나는 그것을 혼자서 탈 수 있었다.

01회
02회
03회
04회
05회
06회
07회
08회
09회
10회

🔑 지텔프 치트키

보기를 통해 조동사 문제임을 알 수 있으므로, 첫 문장부터 읽으며 문맥을 파악한다.

해설 | 문맥상 아버지에게 자전거를 어떻게 타는지 배운 후 자전거를 혼자서 탈 수 있었다는 의미가 되어야 자연스러우므로, '~할 수 있다'를 뜻하면서 능력을 나타내는 조동사 can의 과거형인 (a) could가 정답이다.

어휘 | fall v. 넘어지다, 떨어지다 ride a bicycle phr. 자전거를 타다 on one's own phr. 혼자서, 자력으로

---

03 준동사   동명사를 목적어로 취하는 동사   난이도 ●●○

In order to help the environment, Kyle decided to take the bus to work rather than to drive his car. Unfortunately, this involves _____ to a different bus three times, so his commute now takes much longer than before.

환경에 도움이 되기 위해, Kyle은 그의 차를 몰기보다는 버스를 타고 출근하기로 결심했다. 유감스럽게도, 이것은 다른 버스로 세 번 갈아타는 것을 포함하므로, 그의 통근은 이제 이전보다 훨씬 더 오래 걸린다.

🔑 지텔프 치트키

보기를 통해 준동사 문제임을 알 수 있으므로, 빈칸 주변에서 단서를 파악한다.

해설 | 빈칸 앞 동사 involve는 동명사를 목적어로 취하므로, 동명사 (c) transferring이 정답이다.

오답분석

(b) having transferred도 동명사이기는 하지만, 완료동명사(having transferred)로 쓰일 경우 '포함하는' 시점보다 '갈아타는' 시점이 앞선다는 것을 나타내므로 문맥에 적합하지 않고 문장 내 현재 시제와 어울리지 않아 오답이다.

어휘 | environment n. 환경 unfortunately adv. 유감스럽게도 involve v. 포함하다, 수반하다 commute n. 통근 (시간) transfer v. 갈아타다, 환승하다

---

04 조동사   조동사 should 생략   난이도 ●○○

The arts account for 4.5 percent of the United States' total GDP, which is a significant contribution to the national economy. Therefore, it is important that the government _____ adequate funding for programs that support new artists.

예술은 미국의 전체 국내 총생산의 4.5퍼센트를 차지하는데, 이는 국가 경제에 대한 상당한 기여이다. 그러므로, 정부가 신인 예술가들을 지원하는 프로그램들을 위해 충분한 자금을 제공해야 하는 것이 중요하다.

🔑 지텔프 치트키

보기 및 빈칸 문장의 that절을 통해 조동사 should 생략 문제임을 알 수 있으므로, 빈칸 주변에서 단서를 파악한다.

해설 | 주절에 주장을 나타내는 형용사 important가 있으므로 that절에는 '(should +) 동사원형'이 와야 한다. 따라서 동사원형 (d) provide가 정답이다.

어휘 | account for phr. ~을 차지하다 GDP abbr. 국내 총생산(gross domestic product) significant adj. 상당한, 중요한 contribution n. 기여, 공헌 adequate adj. 충분한, 적당한 funding n. 자금, 재정 지원 support v. 지원하다, 지지하다

05 가정법 가정법 과거완료

It was disappointing that I had not been chosen as a member of my school's baseball team. If I hadn't been so busy with schoolwork over the past few months, I _____ more often for the tryouts.

내가 나의 학교 야구부의 부원으로 선발되지 않았다는 것은 실망스러웠다. 만약 내가 지난 몇 달 동안 학교 공부로 너무 바쁘지만 않았었다면, 나는 선발 테스트를 위해 더 자주 훈련했을 것이다.

━○ 지텔프 치트키

빈칸 문장의 If를 통해 가정법 문제임을 알 수 있으므로, 가정법 시제 관련 단서를 파악한다.

해설 | If절에 'had p.p.' 형태의 hadn't been이 있으므로, 주절에는 이와 짝을 이루어 가정법 과거완료를 만드는 'would(조동사 과거형) + have p.p.'가 와야 한다. 따라서 (b) would have trained가 정답이다.

어휘 | disappointing adj. 실망스러운 schoolwork n. 학교 공부, 학업 tryout n. 선발 테스트, (스포츠의) 실력 시험 train v. 훈련하다, 교육하다

---

06 가정법 가정법 과거

Jason cannot sleep well these days because someone in his apartment building uses power tools late at night! If he _____ who was making the noise, he would ask that person to be more considerate.

Jason은 그의 아파트 건물에 사는 어떤 사람이 밤늦게 전동 공구를 사용해서 요즘 잠을 잘 자지 못한다! 만약 그가 누가 그 소음을 내고 있는지 안다면, 그는 그 사람에게 남을 더 배려하라고 부탁할 것이다.

━○ 지텔프 치트키

빈칸 문장의 If를 통해 가정법 문제임을 알 수 있으므로, 가정법 시제 관련 단서를 파악한다.

해설 | 주절에 'would(조동사 과거형) + 동사원형' 형태의 would ask가 있으므로, If절에는 이와 짝을 이루어 가정법 과거를 만드는 과거 동사가 와야 한다. 따라서 (a) knew가 정답이다.

어휘 | power tool phr. 전동 공구 noise n. 소음, 소리 considerate adj. (남을) 배려하는, 사려 깊은

---

07 시제 과거진행

Fans of the Portland Vikings were shocked by the news about star player Ed Collins. He was injured while he _____ to catch the ball during a recent practice. This may make it impossible for him to play in the championship game.

Portland Vikings의 팬들은 인기 선수인 Ed Collins에 대한 소식에 충격을 받았다. 그는 최근 연습 중에 공을 잡기 위해 달리고 있던 도중에 부상당했다. 이것은 그가 결승전에서 경기하는 것을 불가능하게 만들지도 모른다.

━○ 지텔프 치트키

보기를 통해 시제 문제임을 알 수 있으므로, 시간 표현 관련 단서를 파악한다.

해설 | 과거진행 시제와 함께 쓰이는 시간 표현 '과거 동사 + while절'(was injured while ~)이 있고, 문맥상 Ed Collins가 부상당했던 과거 시점에 그는 공을 잡기 위해 달리고 있던 도중이었다는 의미가 되어야 자연스럽다. 따라서 과거진행 시제 (a) was running이 정답이다.

어휘 | injure v. 부상을 입히다 practice n. 연습 championship game phr. 결승전, 선수권 대회

01회
02회
03회
04회
05회
06회
07회
08회
09회
10회

08 준동사 · to 부정사의 부사 역할

난이도 ●●●

Western Bank has launched the Plus One Credit Card, which allows consumers to accumulate bonus points that can be redeemed for a variety of gifts. Beth will visit a branch on her lunch hour today _____ for one.

Western 은행은 Plus One 신용카드를 출시했는데, 이 것은 소비자들이 다양한 선물로 교환될 수 있는 보너스 점수를 모을 수 있게 한다. Beth는 그것을 <u>신청하기 위해</u> 오늘 그녀의 점심시간에 지점을 방문할 것이다.

⟶○ 지텔프 치트키

보기를 통해 준동사 문제임을 알 수 있으므로, 빈칸 주변에서 단서를 파악한다.

해설 | 빈칸 앞에 주어(Beth), 동사(will visit), 목적어(a branch)가 갖춰진 완전한 절이 있으므로, 부사구(on her lunch hour today) 다음에 위치한 빈칸 이하는 문장의 필수 성분이 아닌 수식어구이다. 따라서 목적을 나타내며 수식어구를 이끌 수 있는 to 부정사 (c) to apply가 정답이다.

어휘 | launch v. 출시하다 consumer n. 소비자 accumulate v. 모으다, 축적하다 redeem v. 교환하다, 상품으로 바꾸다
a variety of phr. 다양한 branch n. 지점 apply for phr. ~을 신청하다, 지원하다

09 관계사 · 주격 관계대명사 which

난이도 ●●○

The Desmond Art Center revealed that it will begin construction of a new exhibition hall in its north wing on May 15. The addition, _____, is expected to take approximately six months to build.

Desmond 예술 회관은 5월 15일에 북쪽 부속 건물에 새로운 전시관의 건설을 시작할 것이라고 알렸다. 그 증축은, <u>비용이 120만 달러가 들 것인데</u>, 짓는 데 약 6개월이 걸릴 것으로 예상된다.

⟶○ 지텔프 치트키

보기를 통해 관계사 문제임을 알 수 있으므로, 선행사 관련 단서를 파악한다.

해설 | 사물 선행사 The addition을 받으면서 콤마(,) 뒤에 올 수 있는 주격 관계대명사가 필요하므로, (a) which will cost $1.2 million이 정답이다.

오답분석
(c) 관계대명사 that도 사물 선행사를 받을 수 있지만, 콤마 뒤에 올 수 없으므로 오답이다.

어휘 | reveal v. 알리다, 나타내다 construction n. 건설, 공사 exhibition n. 전시 north adj. 북쪽의 wing n. 부속 건물, 동
addition n. 증축 (부분), 추가 approximately adv. 약, 거의 cost v. (비용이) 들다

10 준동사 · 동명사를 목적어로 취하는 동사

난이도 ●●○

A severe tropical storm will move into the Manila area early Sunday morning. The National Weather Service advises _____ indoors unless it is absolutely necessary for you to leave your residence.

극심한 열대 폭풍우가 이른 일요일 아침에 마닐라 지역으로 이동할 것이다. 국립 기상청은 당신이 집을 떠나는 것이 정말로 필요한 경우가 아닌 한 실내에서 <u>머무를 것</u>을 권고한다.

⟶○ 지텔프 치트키

보기를 통해 준동사 문제임을 알 수 있으므로, 빈칸 주변에서 단서를 파악한다.

해설 | 빈칸 앞 동사 advise는 동명사를 목적어로 취하므로, 동명사 (d) remaining이 정답이다.

> 오답분석
>
> (b) having remained도 동명사이기는 하지만, 완료동명사(having remained)로 쓰일 경우 '권고하는' 시점보다 '머무르는' 시점이 앞선다는 것을 나타내는데, 지문의 내용은 다가오는 폭풍우에 대비해 실내에서 머무를 것을 권고한다는 의미이므로 문맥에 적합하지 않아 오답이다.

어휘 | severe adj. 극심한, 심각한 tropical storm phr. 열대 폭풍우 advise v. 권고하다, 충고하다 indoors adv. 실내에서 absolutely adv. 정말로, 절대적으로 residence n. 집, 주택 remain v. 머무르다, 남다

---

11 가정법 가정법 과거완료 난이도 ●●○

At a medical checkup several years ago, Brandon found out that he had very high blood pressure. His bad eating habits were mostly to blame for this. If he had made better decisions, he _____ from this condition.	몇 년 전 건강 검진에서, Brandon은 그가 심한 고혈압이 있다는 것을 알게 되었다. 그의 나쁜 습관들이 주로 이것의 원인이었다. 만약 그가 더 나은 결정을 했었다면, 그는 이 질병으로 고통받지 않았을 것이다.

> **지텔프 치트키**
>
> 빈칸 문장의 If를 통해 가정법 문제임을 알 수 있으므로, 가정법 시제 관련 단서를 파악한다.

해설 | If절에 'had p.p.' 형태의 had made가 있으므로, 주절에는 이와 짝을 이루어 가정법 과거완료를 만드는 'would(조동사 과거형) + have p.p.'가 와야 한다. 따라서 (c) would not have suffered가 정답이다.

어휘 | medical checkup phr. 건강 검진 high blood pressure phr. 고혈압 eating habit phr. 식습관 be to blame for phr. ~의 원인이다 decision n. 결정 condition n. 질병, 문제 suffer v. 고통받다

---

12 연결어 접속사 난이도 ●●○

Dale is watching *Get Out* for the fifth time already. He usually doesn't enjoy horror movies, _____ he likes this one since his favorite actor, Daniel Kaluuya, stars in it.	Dale은 벌써 다섯 번째 「겟 아웃」을 보고 있다. 그는 보통 공포 영화를 즐기지 않지만, 그가 매우 좋아하는 영화배우인 대니얼 컬루야가 이것에서 주연을 맡기 때문에 이 영화는 좋아한다.

> **지텔프 치트키**
>
> 보기를 통해 연결어 문제임을 알 수 있으므로, 첫 문장부터 읽으며 문맥을 파악한다.

해설 | 빈칸 앞에는 Dale이 보통 공포 영화를 즐기지 않는다는 내용이 있고, 빈칸 뒤에는 좋아하는 영화배우가 주연을 맡은 공포 영화는 좋아한다는 대조적인 내용이 있다. 따라서 '~지만'이라는 의미의 대조를 나타내는 등위 접속사 (b) but이 정답이다.

> 오답분석
>
> (a) once는 '일단 ~하면', (c) because는 '~하기 때문에', (d) so는 '그래서'라는 의미로, 문맥에 적합하지 않아 오답이다.

어휘 | favorite adj. 매우 좋아하는 star v. (영화 등에서) 주연을 맡다

01회
02회
03회
04회
05회
06회
07회
08회
09회
10회

13 시제 미래진행

난이도 ●●●

Mr. Porter has been asked to assist with selecting a candidate for the open position in the marketing department. When the interviews are conducted, he _____ the responses of the applicants.

Mr. Porter는 마케팅 부서 내 공석인 직위의 후보자를 선발하는 것을 도와 달라는 요청을 받았다. 인터뷰가 실시될 때, 그는 지원자들의 답변을 평가하고 있을 것이다.

지텔프 치트키

보기를 통해 시제 문제임을 알 수 있으므로, 시간 표현 관련 단서를 파악한다.

해설 | 현재 동사로 미래의 의미를 나타내는 시간의 부사절 'when + 현재 동사'(When ~ are conducted)가 있고, 문맥상 인터뷰가 실시되는 미래 시점에 Mr. Porter는 지원자들의 답변을 평가하고 있을 것이라는 의미가 되어야 자연스럽다. 따라서 미래진행 시제 (c) will be evaluating이 정답이다.

어휘 | select v. 선발하다, 고르다 candidate n. 후보자 open adj. (직위가) 공석인 position n. 직위, (일)자리 department n. 부서 conduct v. 실시하다, 수행하다 applicant n. 지원자 evaluate v. 평가하다

14 준동사 to 부정사를 목적어로 취하는 동사

난이도 ●●○

Students who commit plagiarism at Central University are subject to disciplinary action. This behavior may even result in suspension or expulsion. So, students should make sure _____ their sources of information on the last page of their essays.

Central 대학교에서 표절을 저지르는 학생들은 징계 처분 대상이다. 이 행위는 심지어 정학 또는 퇴학을 야기할 수도 있다. 그러므로, 학생들은 그들의 과제물의 마지막 장에 정보의 출처를 기재하는 것을 확실히 해야 한다.

지텔프 치트키

보기를 통해 준동사 문제임을 알 수 있으므로, 빈칸 주변에서 단서를 파악한다.

해설 | 빈칸 앞 동사구 make sure은 to 부정사를 목적어로 취하므로, to 부정사 (c) to list가 정답이다.

오답분석

(b) to have listed도 to 부정사이기는 하지만, 완료부정사(to have listed)로 쓰일 경우 '확실히 하는' 시점보다 '기재하는' 시점이 앞선다는 것을 나타내므로 문맥에 적합하지 않아 오답이다.

어휘 | commit v. 저지르다, 범하다 plagiarism n. 표절 be subject to phr. ~의 대상이다 disciplinary action phr. 징계 처분, 징계 조치 behavior n. 행위, 행동 suspension n. 정학 expulsion n. 퇴학, 제적 source n. 출처

15 가정법 가정법 과거

난이도 ●●●

A large number of politicians have decided to run in the mayoral election. However, recent polls show that the public is not well-informed about each candidate's positions. If only they could agree to participate in a debate, voters _____ more about them.

다수의 정치인들이 시장 선거에 출마하기로 결정했다. 그러나, 최근의 여론 조사들은 대중이 각 후보자의 입장에 대해 잘 알고 있지 않다는 것을 보여준다. 만약 그들이 토론에 참가하는 것에 동의할 수만 있다면, 유권자들은 그들에 대해 더 많이 알게 될 것이다.

빈칸 문장의 If를 통해 가정법 문제임을 알 수 있으므로, 가정법 시제 관련 단서를 파악한다.

해설 | If절에 과거 동사(could)가 있으므로, 주절에는 이와 짝을 이루어 가정법 과거를 만드는 'would(조동사 과거형) + 동사원형'이 와야 한다. 따라서 (b) would learn이 정답이다.

어휘 | a large number of phr. 다수의 politician n. 정치인 run v. 출마하다 mayoral adj. 시장(직)의 election n. 선거 poll n. 여론 조사 well-informed adj. 잘 알고 있는 position n. 입장, 태도 participate in phr. ~에 참가하다 debate n. 토론, 논쟁 voter n. 유권자, 투표자

---

16 준동사 to 부정사를 목적어로 취하는 동사 난이도 ●○○

The members of the Green Lines are excited about their upcoming performance at the Chicago Jazz Festival! They hope _____ a lot of attention by performing at such a prestigious cultural event.

Green Lines의 멤버들은 시카고 재즈 축제에서의 그들의 다가오는 공연에 대해 흥분해 있다! 그들은 그렇게 유명한 문화 행사에서 공연함으로써 많은 관심을 끌기를 바란다.

🔑 지텔프 치트키

보기를 통해 준동사 문제임을 알 수 있으므로, 빈칸 주변에서 단서를 파악한다.

해설 | 빈칸 앞 동사 hope는 to 부정사를 목적어로 취하므로, to 부정사 (a) to attract가 정답이다.

오답분석

(b) to have attracted도 to 부정사이기는 하지만, 완료부정사(to have attracted)로 쓰일 경우 '바라는' 시점보다 '(주의를) 끄는' 시점이 앞선다는 것을 나타내므로 문맥에 적합하지 않아 오답이다.

어휘 | upcoming adj. 다가오는 performance n. 공연 festival n. 축제 perform v. 공연하다 prestigious adj. 유명한, 명망 있는 cultural adj. 문화의 attract v. (주의 등을) 끌다

---

17 시제 현재완료진행 난이도 ●●○

Established in 1991, Westwood Financial has become one of the largest investment firms in Memphis. The company _____ new staff members every month for over three years straight now, and this practice is likely to continue.

1991년에 설립된 Westwood 금융은 멤피스에서 가장 큰 투자 회사들 중 한 곳이 되었다. 그 회사는 현재 3년이 넘는 기간 동안 계속해서 매달 신입 직원들을 채용해오고 있는 중이고, 이 관행은 계속될 것 같다.

🔑 지텔프 치트키

보기를 통해 시제 문제임을 알 수 있으므로, 시간 표현 관련 단서를 파악한다.

해설 | 현재완료진행 시제와 함께 쓰이는 시간 표현 'for + 기간 표현 + now'(for over three years straight now)가 있고, 문맥상 과거부터 현재까지 계속해서 매달 신입 직원들을 채용해오고 있는 중이라는 의미가 되어야 자연스럽다. 따라서 현재완료진행 시제 (d) has been hiring이 정답이다.

어휘 | establish v. 설립하다 investment n. 투자 firm n. 회사 straight adv. 계속해서 practice n. 관행, 관례 hire v. 채용하다, 고용하다

01회
02회
03회
04회
05회
06회
07회
08회
09회
10회

해커스 지텔프 실전모의고사 문법 10회 (Level 2)

18 조동사　　조동사 should

난이도 ●●●

Walter was unable to register for classes online last week because his student account had been deleted by mistake. It took five days for the university to reactivate it. This issue _____ have been dealt with much more quickly.

Walter는 그의 학생 계정이 실수로 삭제되었었기 때문에 지난주에 온라인으로 수강 신청을 할 수 없었다. 대학이 그것을 재활성화하는 데 5일이 걸렸다. 이 문제는 훨씬 더 빨리 처리되었어야 했다.

지텔프 치트키

보기를 통해 조동사 문제임을 알 수 있으므로, 첫 문장부터 읽으며 문맥을 파악한다.

해설 | 문맥상 계정 관련 문제가 과거에 훨씬 더 빨리 처리되었어야 했다는 의미가 되어야 자연스럽다. 따라서 'have p.p.'와 함께 쓰일 때 '~했어야 했다'라는 의미의 과거에 대한 후회/유감을 나타내는 조동사 (a) should가 정답이다.

오답분석
(b) 조동사 must는 'have p.p.'와 함께 쓰일 때 '~했음에 틀림없다'라는 의미의 과거에 대한 강한 확신을 나타내므로 문맥에 적합하지 않아 오답이다.

어휘 | register v. 신청하다, 등록하다　account n. 계정　delete v. 삭제하다　by mistake phr. 실수로　reactivate v. 재활성화하다　deal with phr. ~을 처리하다

19 가정법　　가정법 과거

난이도 ●●○

Over 300 meters long, Apophis is an asteroid whose orbit brings it incredibly close to Earth every few decades. Given this object's size, experts consider it a significant threat. If it were to strike our planet, life _____.

길이가 300미터가 넘는 아포피스는 몇십 년마다 그것이 지구에 엄청나게 가깝게 오도록 하는 궤도를 가진 소행성이다. 이 물체의 크기를 고려해 볼 때, 전문가들은 그것을 상당한 위험으로 여긴다. 만약 그것이 지구에 충돌한다면, 생명체는 전멸될 것이다.

지텔프 치트키

빈칸 문장의 If를 통해 가정법 문제임을 알 수 있으므로, 가정법 시제 관련 단서를 파악한다.

해설 | If절에 과거 동사(were to strike)가 있으므로, 주절에는 이와 짝을 이루어 가정법 과거를 만드는 'would(조동사 과거형) + 동사원형'이 와야 한다. 따라서 (d) would be exterminated가 정답이다.

어휘 | asteroid n. 소행성　orbit n. 궤도　incredibly adv. 엄청나게, 믿을 수 없을 정도로　decade n. 십 년　given prep. ~을 고려해 볼 때　object n. 물체　expert n. 전문가　threat n. 위협　strike v. 충돌하다, 부딪치다　planet n. 행성　exterminate v. 전멸시키다, 멸종시키다

20 조동사　　조동사 should 생략

난이도 ●●○

Many residents of Rocky Mountain College's dormitory have complained that the Internet service is slow and unreliable. These students are demanding that the school _____ the building's Wi-Fi system as soon as possible.

Rocky Mountain 대학 기숙사의 많은 거주자들은 인터넷 서비스가 느리고 신뢰할 수 없다고 불평해왔다. 이 학생들은 학교가 그 건물의 와이파이 시스템을 가능한 한 빠르게 업그레이드해야 한다고 요구하고 있다.

지텔프 치트키

보기 및 빈칸 문장의 that절을 통해 조동사 should 생략 문제임을 알 수 있으므로, 빈칸 주변에서 단서를 파악한다.

해설 | 주절에 요구를 나타내는 동사 demand가 있으므로 that절에는 '(should +) 동사원형'이 와야 한다. 따라서 동사원형 (c) upgrade가 정답이다.

어휘 | resident n. 거주자   dormitory n. 기숙사   complain v. 불평하다   unreliable adj. 신뢰할 수 없는, 믿을 수 없는

---

21 | 시제   과거완료진행

난이도 ●●○

Ms. Coyle asked Thomas why he looked so tired. He said that he was exhausted because he _____ the sales report for five hours until he finally decided to take a break.

Ms. Coyle은 Thomas에게 그가 왜 그렇게 피곤해 보이는지를 물었다. 그는 마침내 잠시 휴식을 취해야겠다고 결정했을 때까지 5시간 동안 판매 보고서를 검토해왔던 중이었기 때문에 지쳤다고 말했다.

━○ 지텔프 치트키

보기를 통해 시제 문제임을 알 수 있으므로, 시간 표현 관련 단서를 파악한다.

해설 | 과거완료진행 시제와 함께 쓰이는 시간 표현 'for + 기간 표현'(for five hours)과 'until + 과거 동사'(until ~ decided)가 있고, 문맥상 대과거(보고서 검토를 시작했던 시점)부터 과거(잠시 휴식을 취해야겠다고 결정했던 시점)까지 Thomas가 판매 보고서를 계속해서 검토해왔던 중이었다는 의미가 되어야 자연스럽다. 따라서 과거완료진행 시제 (a) had been reviewing이 정답이다.

어휘 | exhausted adj. 지친, 기진맥진한   review v. 검토하다

---

22 | 관계사   목적격 관계대명사 that

난이도 ●●○

Los Angeles has begun building two new subway stations as part of a $3.6 billion expansion of the city's transit system. The webpage _____ provides information on the new public transportation facilities.

로스앤젤레스는 시의 운송 시스템에 대한 36억 달러 규모의 확장의 일부로 두 곳의 새 지하철역을 짓기 시작했다. 시 정부가 제작한 웹페이지는 새로운 대중교통 시설에 대한 정보를 제공한다.

━○ 지텔프 치트키

보기를 통해 관계사 문제임을 알 수 있으므로, 선행사 관련 단서를 파악한다.

해설 | 사물 선행사 The webpage를 받으면서 보기의 관계절 내에서 동사 created의 목적어가 될 수 있는 목적격 관계대명사가 필요하므로, (c) that the city government created가 정답이다.

오답분석
(b) 관계대명사 which도 사물 선행사를 받을 수 있지만, 뒤에 불완전한 절이 와야 하므로 오답이다.

어휘 | expansion n. 확장   transit n. 운송, 수송   public transportation phr. 대중교통   facility n. 시설   create v. 제작하다, 만들어 내다

23 준동사 　동명사를 목적어로 취하는 동사 　　　　　난이도 ●●○

During a biology exam on Thursday, Professor Wood noticed that one of his students kept glancing toward her classmate's desk. When he asked the student about this, she denied _____ and said that she had been looking at the clock.

목요일에 있었던 생물학 시험 중에, Wood 교수는 그의 학생들 중 한 명이 반 친구의 책상 쪽을 계속해서 흘끗 보는 것을 알아차렸다. 그가 그 학생에게 이것에 대해 물어보았을 때, 그녀는 <u>부정행위를 한 것을</u> 부인했고 그녀가 시계를 봐오고 있었던 중이었다고 말했다.

🔑 지텔프 치트키

보기를 통해 준동사 문제임을 알 수 있으므로, 빈칸 주변에서 단서를 파악한다.

해설 | 빈칸 앞 동사 deny는 동명사를 목적어로 취하므로, 동명사 (d) cheating이 정답이다.

어휘 | biology n. 생물학　glance v. 흘끗 보다　classmate n. 반 친구　deny v. 부인하다, 부정하다　cheat v. 부정행위를 하다

24 가정법 　가정법 과거완료 　　　　　난이도 ●●○

In 1937, the *Hindenburg* exploded, killing 36 people. The explosion was caused by the large amount of hydrogen in the airship. Had the vessel not contained such a flammable gas, it is likely that fewer people _____ in the accident.

1937년에, 힌덴부르크호가 폭발했고, 36명의 목숨을 빼앗았다. 폭발은 그 비행선에 있던 많은 양의 수소에 의해 야기되었다. 그 선박에 그러한 가연성 가스가 들어 있지 않았었다면, 그 사고로 더 적은 사람들이 <u>사망했을</u> 가능성이 있다.

🔑 지텔프 치트키

빈칸 문장의 도치 구문을 통해 가정법 문제임을 알 수 있으므로, 가정법 시제 관련 단서를 파악한다.

해설 | if가 생략되어 도치된 절에 'had p.p.' 형태의 Had ~ not contained가 있으므로, 주절에는 이와 짝을 이루어 가정법 과거완료를 만드는 'would(조동사 과거형) + have p.p.'가 와야 한다. 따라서 (b) would have died가 정답이다. 참고로 'Had the vessel not contained ~'는 'If the vessel had not contained ~'로 바꿔 쓸 수 있다.

어휘 | explode v. 폭발하다　explosion n. 폭발　hydrogen n. 수소　airship n. 비행선　vessel n. 선박　contain v. 들어 있다, 함유하다　flammable adj. 가연성의, 불에 잘 타는　accident n. 사고

25 시제 　현재진행 　　　　　난이도 ●○○

Mr. Coleman will become the manager of Mason Accounting's first branch in California. As he will start his new position next month, he _____ for an apartment in the San Francisco area.

Mr. Coleman은 Mason 회계의 첫 번째 캘리포니아주 지점의 관리자가 될 것이다. 그가 다음 달에 그의 새로운 직위에서 일하기 시작할 것이기 때문에, 그는 <u>현재 샌프란시스코 지역에서 아파트를 찾고 있는 중이다.</u>

🔑 지텔프 치트키

보기에 currently가 있으므로, 지문이 현재진행 시제의 문맥이 맞는지 파악한다.

해설 | 보기에 현재진행 시제와 함께 쓰이는 시간 표현 currently가 있고, 문맥상 다음 달에 새로운 직위에서 일하기 시작할 것이기 때문에 말하고 있는 현재 시점에 샌프란시스코 지역에서 아파트를 찾고 있는 중이라는 의미가 되어야 자연스럽다. 따라서 현재진행 시제 (a) is currently searching이 정답이다.

01회　02회　03회　04회　05회　06회　07회　08회　09회　10회　해커스 지텔프 실전모의고사 문법 10회 (Level 2)

(c) 현재 시제는 반복되는 일이나 습관, 일반적인 사실을 나타내므로, 현재 시점에 한창 진행되는 중인 일을 표현하기에는 현재진행 시제보다 부적절하므로 오답이다.

어휘 | manager n. 관리자 accounting n. 회계 branch n. 지점

---

26 연결어   접속부사   난이도 ●●○

Fasting is when a person does not eat for a fixed period of time, and it has been promoted as a way to cleanse the body of harmful substances. _____, most medical experts agree that there is no evidence to support this claim.	단식은 사람이 일정 기간 동안 의도적으로 먹지 않는 경우이고, 그것은 몸에서 유해 물질을 정화하기 위한 방법으로 홍보되어오고 있다. 그러나, 대부분의 의학 전문가들은 이 주장을 뒷받침할 증거가 없다는 것에 동의한다.

━○ 지텔프 치트키

보기 및 빈칸 뒤의 콤마를 통해 접속부사 문제임을 알 수 있으므로, 첫 문장부터 읽으며 문맥을 파악한다.

해설 | 빈칸 앞 문장은 단식이 긍정적인 관점(몸에서 유해 물질을 정화하기 위한 방법)으로 홍보되어오고 있다는 내용이고, 빈칸 뒤 문장은 의학 전문가들은 앞에서 언급된 주장을 뒷받침할 증거가 없다는 것에 동의한다는 대조적인 내용이다. 따라서 '그러나'라는 의미의 대조를 나타내는 접속부사 (d) However가 정답이다.

(a) In other words는 '다시 말해서', (b) Similarly는 '비슷하게', (c) As a result는 '그 결과'라는 의미로, 문맥에 적합하지 않아 오답이다.

어휘 | fasting n. 단식, 금식 fixed adj. 일정한, 고정된 promote v. 홍보하다 cleanse A of B phr. A에게서 B를 정화하다 harmful adj. 유해한 substance n. 물질 evidence n. 증거 support v. 뒷받침하다, 지지하다 claim n. 주장

정답 및 문제 유형 분석표

01	(a) 시제	08	(d) 연결어	15	(c) 시제	21	(c) 가정법
02	(b) 가정법	09	(c) 준동사	16	(d) 가정법	22	(d) 준동사
03	(b) 조동사	10	(d) 시제	17	(a) 관계사	23	(a) 준동사
04	(b) 준동사	11	(a) 조동사	18	(c) 준동사	24	(b) 관계사
05	(d) 시제	12	(b) 가정법	19	(b) 시제	25	(c) 가정법
06	(d) 조동사	13	(d) 조동사	20	(d) 연결어	26	(c) 시제
07	(a) 가정법	14	(c) 준동사				

취약 유형 분석표

유형	맞힌 개수
시제	/ 6
가정법	/ 6
조동사	/ 4
준동사	/ 6
연결어	/ 2
관계사	/ 2
TOTAL	**26**

---

01 시제 현재완료진행

난이도 ●●○

Lisa has registered to compete in the New York Marathon, a long-distance footrace that attracts over 50,000 participants each year. She _____ regularly for the past four months to prepare for the event and hopes to finish in the top 1,000.

Lisa는 매년 50,000명이 넘는 참가자들을 유치하는 장거리 도보 경주인 뉴욕 마라톤에 참가하기 위해 등록했다. 그녀는 경기를 준비하기 위해 지난 넉 달 동안 규칙적으로 운동해오고 있는 중이고 상위 1,000위 안에 들기를 바란다.

지텔프 치트키

보기를 통해 시제 문제임을 알 수 있으므로, 시간 표현 관련 단서를 파악한다.

해설 | 현재완료진행 시제와 함께 쓰이는 시간 표현 'for the past + 기간 표현'(for the past four months)이 있고, 문맥상 경기를 준비하기 위해 지난 넉 달 동안 계속해서 규칙적으로 운동해오고 있는 중이라는 의미가 되어야 자연스럽다. 따라서 현재완료진행 시제 (a) has been working out이 정답이다.

어휘 | register v. 등록하다 compete in phr. ~에 참가하다 long-distance adj. 장거리의 footrace n. 도보 경주 attract v. 유치하다, 끌어들이다 participant n. 참가자 regularly adv. 규칙적으로 prepare for phr. ~을 준비하다 event n. 경기, 행사 finish v. ~위 안에 들다, 결승점에 닿다 work out phr. 운동하다

---

02 가정법 가정법 과거완료

난이도 ●●○

In 44 BC, Julius Caesar was stabbed to death by a group of Roman senators when he was alone and unarmed. If he had known of the plot to kill him, he _____ in public without bodyguards.

기원전 44년에, 율리우스 카이사르는 그가 혼자였고 무장하지 않았을 때 한 무리의 로마 상원 의원들에 의해 칼에 찔려 죽었다. 만약 그가 그를 죽이려는 음모에 관해 간접적으로 알았었다면, 그는 경호원 없이 사람들 앞에 나타나지 않았을 것이다.

01회
02회
03회
04회
05회
06회
07회
08회
09회
10회

해커스 지텔프 실전모의고사 문법 10회 (Level 2)

빈칸 문장의 If를 통해 가정법 문제임을 알 수 있으므로, 가정법 시제 관련 단서를 파악한다.

해설 | If절에 'had p.p.' 형태의 had known이 있으므로, 주절에는 이와 짝을 이루어 가정법 과거완료를 만드는 'would(조동사 과거형) + have p.p.'가 와야 한다. 따라서 (b) would not have appeared가 정답이다.

어휘 | stab A to death phr. A를 칼로 찔러 죽이다 senator n. 상원 의원 alone adj. 혼자인 unarmed adj. 무장하지 않은
know of phr. ~에 관해 간접적으로 알다 plot n. 음모 appear v. 나타나다

---

03 조동사   조동사 may   난이도 ●●●

Mr. Nelson received an excellent performance evaluation this year. He _____ be strict when dealing with his team members, but no one can deny he is an effective manager and all enjoy working with him anyway.

Mr. Nelson은 올해 우수한 성과 평가를 받았다. 그가 자신의 팀원들을 대할 때는 엄격할지도 모르지만, 그가 유능한 관리자라는 것과 어쨌든 모두가 그와 일하는 것을 즐긴다는 것은 아무도 부인할 수 없다.

지텔프 치트키

보기를 통해 조동사 문제임을 알 수 있으므로, 첫 문장부터 읽으며 문맥을 파악한다.

해설 | 문맥상 Mr. Nelson이 자신의 팀원들을 대할 때는 엄격할지도 모르지만 그럼에도 불구하고 그가 유능한 관리자라는 것과 어쨌든 모두가 그와 일하는 것을 즐긴다는 것은 아무도 부인할 수 없다는 의미가 되어야 자연스러우므로, '~할지도 모른다'를 뜻하면서 약한 추측을 나타내는 조동사 (b) may가 정답이다.

어휘 | receive v. 받다 excellent adj. 우수한, 뛰어난 performance n. 성과, 수행 evaluation n. 평가 strict adj. 엄격한
deal with phr. ~를 대하다 deny v. 부인하다, 부정하다 effective adj. 유능한

---

04 준동사   동명사를 목적어로 취하는 동사   난이도 ●●○

My brother promised to book a table for our family at the trendy new Spanish restaurant. When I saw him today, I asked him, "Did you make a reservation yet?" and he responded, "Soon." It bothers me that he always delays _____ things.

나의 남동생은 우리 가족을 위해 새로 생긴 멋진 스페인 식당에 자리를 예약하기로 약속했다. 내가 오늘 그를 봤을 때, 나는 그에게 "이제 예약했어?"라고 물었고, 그는 "곧 할 거야."라고 대답했다. 그가 항상 일하는 것을 미루는 것은 나를 성가시게 한다.

지텔프 치트키

보기를 통해 준동사 문제임을 알 수 있으므로, 빈칸 주변에서 단서를 파악한다.

해설 | 빈칸 앞 동사 delay는 동명사를 목적어로 취하므로, 동명사 (b) doing이 정답이다.

오답분석

(c) having done도 동명사이기는 하지만, 완료동명사(having done)로 쓰일 경우 '미루는' 시점보다 '일하는' 시점이 앞선다는 것을 나타내므로 문맥에 적합하지 않아 오답이다.

어휘 | book a table phr. 자리를 예약하다 trendy adj. 멋진, 최신 유행의 make a reservation phr. 예약하다 respond v. 대답하다
bother v. 성가시게 하다 delay v. 미루다

05 시제 미래완료진행 난이도 ●●○

Conductor Matt Polk had all members of the orchestra come to the concert hall to prepare for the performance next Wednesday. Today's practice will be much longer than usual. When it ends, the musicians _____ for over three hours straight.

지휘자 Matt Polk는 다음 주 수요일 공연을 준비하기 위해 모든 관현악 단원들을 콘서트장에 오게 했다. 오늘의 연습은 평소보다 훨씬 더 길 것이다. 그것이 끝날 때는, 그 연주자들은 3시간이 넘는 시간 동안 계속해서 리허설을 해오고 있는 중일 것이다.

지텔프 치트키

보기를 통해 시제 문제임을 알 수 있으므로, 시간 표현 관련 단서를 파악한다.

해설| 현재 동사로 미래의 의미를 나타내는 시간의 부사절 'when + 현재 동사'(When ~ ends)와 지속을 나타내는 'for + 기간 표현'(for over three hours straight)이 있고, 문맥상 공연 연습이 끝나는 미래 시점에 연주자들이 3시간이 넘는 시간 동안 계속해서 리허설을 해오고 있는 중일 것이라는 의미가 되어야 자연스럽다. 따라서 미래완료진행 시제 (d) will have been rehearsing이 정답이다.

오답분석
(b) 미래진행 시제는 특정 미래 시점에 한창 진행 중일 일을 나타내므로, 과거 또는 현재에 시작해서 특정 미래 시점까지 계속해서 진행되고 있을 일을 표현할 수 없어 오답이다.

어휘| conductor n. 지휘자 orchestra n. 관현악단 performance n. 공연 practice n. 연습 musician n. 연주자, 음악가 rehearse v. 리허설을 하다

06 조동사 조동사 should 생략 난이도 ●○○

This afternoon, Nathan received an e-mail from Pacific Bank stating that there had been multiple attempts to log in to his online account. It is critical that he _____ his password right away.

오늘 오후에, Nathan은 Pacific 은행으로부터 그의 온라인 계정에 로그인하려는 여러 번의 시도가 있었다는 것을 알리는 이메일을 받았다. 그의 비밀번호를 당장 바꿔야 하는 것이 중요하다.

지텔프 치트키

보기 및 빈칸 문장의 that절을 통해 조동사 should 생략 문제임을 알 수 있으므로, 빈칸 주변에서 단서를 파악한다.

해설| 주절에 주장을 나타내는 형용사 critical이 있으므로 that절에는 '(should +) 동사원형'이 와야 한다. 따라서 동사원형 (d) change가 정답이다.

어휘| state v. 알리다, 말하다 attempt n. 시도 critical adj. 중요한

07 가정법 가정법 과거 난이도 ●●○

The CEO of Highland Incorporated is considering a merger with Meyer Limited. He believes that if the two companies joined, they _____ the home appliance market. However, many employees are opposed to the plan because they are worried about job security.

Highland 주식회사의 최고 경영자는 Meyer 주식회사와의 합병을 고려하고 있는 중이다. 그는 만약 이두 회사가 합쳐진다면, 그것들이 가전제품 시장을 지배할 수 있을 것이라고 믿는다. 하지만, 많은 직원들은 고용 안정에 대해 걱정하기 때문에 그 계획에 반대한다.

⊶○ 지텔프 치트키

빈칸 문장의 if를 통해 가정법 문제임을 알 수 있으므로, 가정법 시제 관련 단서를 파악한다.

해설 | if절에 과거 동사(joined)가 있으므로, 주절에는 이와 짝을 이루어 가정법 과거를 만드는 'could(조동사 과거형) + 동사원형'이 와야 한다. 따라서 (a) could dominate가 정답이다.

어휘 | incorporated adj. 주식회사 merger n. 합병 limited adj. 주식회사, 유한 회사 join v. 합쳐지다, 함께하다 home appliance phr. 가전제품 employee n. 직원 be opposed to phr. ~에 반대하다 security n. 안정, 보장

---

08 연결어 　접속사　　　　　　　　　　　　　　　　난이도 ●●●

The Gulf Stream is an ocean current that transports warm water from the Caribbean Sea into the northern Atlantic Ocean, which has the effect of regulating climate worldwide. Global temperatures will likely remain stable _____ this process is interrupted.

멕시코 만류는 카리브해에서 북대서양으로 따뜻한 물을 이동시키는 해류인데, 이것은 전 세계적으로 기후를 조절하는 효과가 있다. 이 과정이 방해받지 않는 한 지구의 기온은 안정적으로 남아 있을 것 같다.

⊶○ 지텔프 치트키

보기를 통해 연결어 문제임을 알 수 있으므로, 첫 문장부터 읽으며 문맥을 파악한다.

해설 | 첫 문장에서 카리브해에서 북대서양으로 따뜻한 물을 이동시키는 멕시코 만류가 전 세계 기후를 조절하는 효과가 있다고 했으므로, '이 과정'(멕시코 만류가 따뜻한 물을 이동시키는 과정)이 방해받지 않아야 지구의 기온이 안정적으로 남아 있을 것임을 알 수 있다. 따라서 '~하지 않는 한'이라는 의미의 조건을 나타내는 부사절 접속사 (d) unless가 정답이다.

　오답분석
　(a) if는 '만약 ~하다면', (b) as long as는 '~하는 한', (c) so는 '그래서'라는 의미로, 문맥에 적합하지 않아 오답이다.

어휘 | Gulf Stream phr. 멕시코 만류 ocean current phr. 해류 transport v. 이동시키다 effect n. 효과, 영향 regulate v. 조절하다 climate n. 기후 worldwide adv. 전 세계적으로 temperature n. 기온 stable adj. 안정적인 interrupt v. 방해하다

---

09 준동사 　to 부정사를 목적어로 취하는 동사　　　　　　　난이도 ●●○

When Marvin arrived at his house, he realized that he had forgotten his keys at work. His office was already closed, so he couldn't go back to get them. Luckily, he managed _____ his apartment manager who let him in.

Marvin이 그의 집에 도착했을 때, 그는 그가 회사에 그의 열쇠를 놓고 왔다는 것을 깨달았다. 그의 사무실은 이미 닫혀서, 그는 그것들을 가지러 다시 갈 수 없었다. 다행히, 그는 그를 들여보내 주었던 아파트 관리인에게 가까스로 연락을 취했다.

⊶○ 지텔프 치트키

보기를 통해 준동사 문제임을 알 수 있으므로, 빈칸 주변에서 단서를 파악한다.

해설 | 빈칸 앞 동사 manage는 to 부정사를 목적어로 취하므로, to 부정사 (c) to contact가 정답이다.

　오답분석
　(a) to have contacted도 to 부정사이기는 하지만, 완료부정사(to have contacted)로 쓰일 경우 '가까스로 ~하는' 시점보다 '연락을 취하는' 시점이 앞선다는 것을 나타내므로 문맥에 적합하지 않아 오답이다.

어휘 | realize v. 깨닫다 forget v. (깜빡 잊고) 놓고 오다 manage to phr. 가까스로 ~하다 contact v. 연락을 취하다

10 시제 과거진행   난이도 ●●○

Fortunately, the emergency backup generator at Oakridge General Hospital was operational yesterday evening, as there was a power outage. Several doctors _____ surgery when the electricity suddenly failed, and the loss of electricity could have been devastating.

다행스럽게도, 정전이 있었던 어제저녁에, Oakridge 종합 병원의 비상용 예비 발전기를 사용할 수 있었다. 전기가 갑자기 끊어졌을 때 몇몇 의사들은 수술을 하고 있던 중이었고, 전기의 손실은 대단히 파괴적일 수도 있었다.

○ 지텔프 치트키

보기를 통해 시제 문제임을 알 수 있으므로, 시간 표현 관련 단서를 파악한다.

해설 | 과거진행 시제와 함께 쓰이는 시간 표현 'when + 과거 동사'(when ~ failed)가 있고, 문맥상 전기가 갑자기 끊어졌던 과거 시점(어제저녁)에 몇몇 의사들은 수술을 하고 있던 중이었다는 의미가 되어야 자연스럽다. 따라서 과거진행 시제 (d) were performing이 정답이다.

어휘 | fortunately adv. 다행스럽게도, 운 좋게도   emergency n. 비상   backup adj. 예비의, 대체의   generator n. 발전기   general hospital phr. 종합 병원   operational adj. 사용할 수 있는   power outage phr. 정전   surgery n. 수술   electricity n. 전기   fail v. (전기가) 끊어지다   devastating adj. 대단히 파괴적인, 엄청난

11 조동사 조동사 can   난이도 ●●○

Last semester, I took a computer class as an elective course and learned some useful repair tips. Now, I _____ fix my laptop when it's broken without calling the service center for help!

지난 학기에, 나는 선택 과목으로 컴퓨터 수업을 들었고 몇 가지 유용한 수리 정보를 배웠다. 이제, 나는 내 노트북이 고장 났을 때 도움을 청하기 위해 서비스 센터에 전화하지 않고 그것을 고칠 수 있다!

○ 지텔프 치트키

보기를 통해 조동사 문제임을 알 수 있으므로, 첫 문장부터 읽으며 문맥을 파악한다.

해설 | 문맥상 컴퓨터 수리 정보를 배웠기 때문에 이제는 자신의 노트북이 고장 났을 때 직접 고칠 수 있다는 의미가 되어야 자연스러우므로, '~할 수 있다'를 뜻하면서 능력을 나타내는 조동사 (a) can이 정답이다.

어휘 | semester n. 학기   elective course phr. 선택 과목   useful adj. 유용한   repair n. 수리, 수선   fix v. 고치다   broken adj. 고장 난

12 가정법 가정법 과거   난이도 ●●○

Why has it been so hard to find a qualified programmer for our company's upcoming software project? If a suitable candidate applied for the position, I _____ that person a contract immediately!

우리 회사의 곧 있을 소프트웨어 프로젝트에 적합한 프로그래머를 찾는 것이 왜 이렇게 힘든 것일까? 만약 적절한 후보자가 그 자리에 지원한다면, 나는 그 사람에게 즉시 계약을 제안할 텐데!

○ 지텔프 치트키

빈칸 문장의 If를 통해 가정법 문제임을 알 수 있으므로, 가정법 시제 관련 단서를 파악한다.

해설 | If절에 과거 동사(applied)가 있으므로, 주절에는 이와 짝을 이루어 가정법 과거를 만드는 'would(조동사 과거형) + 동사원형'이 와야 한다. 따라서 (b) would offer가 정답이다.

어휘 | qualified adj. 적합한, 적임의   suitable adj. 적절한   candidate n. 후보자   apply v. 지원하다   contract n. 계약(서)

13 조동사   조동사 should 생략 난이도 ●○○

A Tale of Two Cities, one of Charles Dickens's most popular works, was initially released in serial form, meaning that the individual chapters were published monthly. He insisted that his publisher _____ this method to increase interest in his work.

찰스 디킨스의 가장 인기 있는 작품들 중 하나인 『두 도시 이야기』는 처음에 연재 형식으로 공개되었고, 이는 각 편들이 월간으로 발행되었다는 것을 의미했다. 그는 출판사가 그의 작품에 대한 흥미를 높이기 위해 이 방법을 이용해야 한다고 주장했다.

─○ 지텔프 치트키

보기 및 빈칸 문장의 that절을 통해 조동사 should 생략 문제임을 알 수 있으므로, 빈칸 주변에서 단서를 파악한다.

해설 | 주절에 주장을 나타내는 동사 insist가 있으므로 that절에는 '(should +) 동사원형'이 와야 한다. 따라서 동사원형 (d) utilize가 정답이다.

어휘 | initially adv. 처음에   release v. 공개하다, 발표하다   serial adj. 연재되는   individual adj. 각, 개별적인   publish v. 발행하다, 출판하다   monthly adv. 월간으로, 한 달에 한 번   publisher n. 출판사   method n. 방법   utilize v. 이용하다, 활용하다

14 준동사   동명사를 목적어로 취하는 동사 난이도 ●●○

Craig has been sick with the flu all week and is concerned about completing a paper for his economics class—the deadline is tomorrow. His friend has suggested _____ an extension from the instructor due to medical reasons.

Craig는 일주일 내내 독감으로 아팠고 마감 기한이 내일인 그의 경제학 수업 과제를 끝마치는 것에 대해 걱정하고 있다. 그의 친구는 강사에게 건강상의 이유로 인한 기간 연장을 요청하는 것을 제안했다.

─○ 지텔프 치트키

보기를 통해 준동사 문제임을 알 수 있으므로, 빈칸 주변에서 단서를 파악한다.

해설 | 빈칸 앞 동사 suggest는 동명사를 목적어로 취하므로, 동명사 (c) requesting이 정답이다.

> **오답분석**
>
> (a) having requested도 동명사이기는 하지만, 완료동명사(having requested)로 쓰일 경우 '제안한' 시점보다 '요청한' 시점이 앞선다는 것을 나타내므로 문맥에 적합하지 않아 오답이다.

어휘 | flu n. 독감   complete v. 끝마치다, 완성하다   deadline n. 마감 기한   extension n. (기간의) 연장   instructor n. 강사, 교사   medical adj. 건강의, 의료의

15 시제   현재진행 난이도 ●●○

Freeport Fitness is known for its highly successful online marketing campaigns. At present, it _____ a series of YouTube videos with exercise tips from its most popular personal trainers to advertise its new classes.

Freeport Fitness는 그것의 매우 성공적인 온라인 마케팅 캠페인으로 알려져 있다. 현재, 그것은 새로운 수업들을 홍보하기 위해 가장 인기 있는 개인 트레이너들의 운동 비법들이 담긴 유튜브 영상 시리즈를 개발하고 있는 중이다.

─○ 지텔프 치트키

보기를 통해 시제 문제임을 알 수 있으므로, 시간 표현 관련 단서를 파악한다.

해설 | 현재진행 시제와 함께 쓰이는 시간 표현 At present가 있고, 문맥상 현재 새로운 수업들을 홍보하기 위해 트레이너들의 운동 비법들이 담긴

유튜브 영상 시리즈를 개발하고 있는 중이라는 의미가 되어야 자연스럽다. 따라서 현재진행 시제 (c) is developing이 정답이다.

어휘 | be known for phr. ~으로 알려져 있다 highly adv. 매우 successful adj. 성공적인 exercise n. 운동 personal adj. 개인의
advertise v. 홍보하다, 광고하다

---

16 가정법   가정법 과거완료   난이도 ●●○

Alice Paul was an American activist who had campaigned for over 10 years to get women permission to participate in national elections. If she had given up, American women _____ the right to vote in 1920.

앨리스 폴은 여성이 국가 선거에 참여하는 것을 허가받게 하기 위해 10년이 넘게 사회 운동을 벌여왔던 미국인 운동가였다. 만약 그녀가 포기했었다면, 미국 여성은 1920년에 투표권을 아마 얻지 못했을 것이다.

⊶◯ 지텔프 치트키

빈칸 문장의 If를 통해 가정법 문제임을 알 수 있으므로, 가정법 시제 관련 단서를 파악한다.

해설 | If절에 'had p.p.' 형태의 had given up이 있으므로, 주절에는 이와 짝을 이루어 가정법 과거완료를 만드는 'would(조동사 과거형) + have p.p.'가 와야 한다. 따라서 (d) would probably not have won이 정답이다.

어휘 | activist n. 운동가, 활동가 campaign v. (정치·사회적인) 운동을 벌이다 permission n. 허가 participate in phr. ~에 참여하다
national adj. 국가의 election n. 선거 give up phr. 포기하다 right to vote phr. 투표권

---

17 관계사   주격 관계대명사 which   난이도 ●●○

The marketing head of Zeta Electronics is pleased with the sales figures for his company's latest smartphone. The product, _____, has received glowing praise from several prominent technology websites for its long battery life.

Zeta 전자사의 마케팅 책임자는 자신의 회사의 최신 스마트폰의 매출액에 기뻐한다. 그 제품은, 5월에 출시되었는데, 여러 유명한 기술 웹사이트로부터 그것의 긴 배터리 수명에 대해 극찬을 받아왔다.

⊶◯ 지텔프 치트키

보기를 통해 관계사 문제임을 알 수 있으므로, 선행사 관련 단서를 파악한다.

해설 | 사물 선행사 The product를 받으면서 콤마(,) 뒤에 올 수 있는 주격 관계대명사가 필요하므로, (a) which was released in May가 정답이다.

> **오답분석**
> (b) 관계대명사 that도 사물 선행사를 받을 수 있지만, 콤마 뒤에 올 수 없으므로 오답이다.

어휘 | be pleased with phr. ~에 기뻐하다 sales figures phr. 매출액 latest adj. 최신의 glowing adj. 극찬하는, 열렬한 praise n. 칭찬
prominent adj. 유명한, 뛰어난 release v. 출시하다, 발표하다

Danton College has introduced a new registration policy. It requires students _____ for courses at least one week before the start of a semester. This is to ensure that professors know their class sizes well in advance.

Danton 대학은 새로운 등록 정책을 도입했다. 그것은 학생들에게 적어도 학기 시작 일주일 전에 수업을 신청할 것을 요구한다. 이것은 교수들이 사전에 그들의 수업 규모를 확실하게 잘 알도록 하기 위함이다.

지텔프 치트키

보기를 통해 준동사 문제임을 알 수 있으므로, 빈칸 주변에서 단서를 파악한다.

해설 | 빈칸 앞 동사 require는 'require + 목적어 + 목적격 보어'의 형태로 쓰일 때 to 부정사를 목적격 보어로 취하여, '−에게 ~할 것을 요구하다'라는 의미로 사용된다. 따라서 to 부정사 (c) to sign up이 정답이다.

어휘 | introduce v. 도입하다, 소개하다 registration n. 등록 require v. 요구하다 course n. 수업, 강좌 ensure v. 확실하게 하다 professor n. 교수 in advance phr. 사전에, 미리 sign up for phr. ~을 신청하다, 등록하다

Owen and Sarah have invited several friends and family members to a housewarming party tomorrow at 7 p.m. Owen _____ dinner when the guests arrive, so Sarah will serve them snacks and beverages.

Owen과 Sarah는 여러 친구들과 가족 구성원들을 내일 저녁 7시 집들이에 초대했다. 손님들이 도착할 때 Owen은 저녁을 여전히 준비하고 있는 중일 것이므로, Sarah가 그들에게 간식과 음료를 내줄 것이다.

지텔프 치트키

보기를 통해 시제 문제임을 알 수 있으므로, 시간 표현 관련 단서를 파악한다.

해설 | 현재 동사로 미래의 의미를 나타내는 시간의 부사절 'when + 현재 동사'(when ~ arrive)가 사용되었고, 문맥상 손님들이 도착하는 미래 시점에 Owen은 저녁을 여전히 준비하고 있는 중일 것이라는 의미가 되어야 자연스럽다. 따라서 미래진행 시제 (b) will still be preparing이 정답이다.

어휘 | invite v. 초대하다 housewarming party phr. 집들이 serve v. (음식을) 내주다, 차려 주다 beverage n. 음료

A squirrel buries nuts in various locations to save food for the winter, and these caches are well hidden and spread over a large area. _____, it can find them again easily by using physical landmarks.

다람쥐는 겨울 대비 식량을 확보해 두기 위해 다양한 장소에 나무 열매들을 묻어 두는데, 이러한 저장소들은 잘 숨겨져 있고 넓은 지역에 걸쳐 퍼져 있다. 그럼에도 불구하고, 그것은 물리적인 주요 지형지물을 이용하여 그것들(저장소들)을 다시 쉽게 찾을 수 있다.

지텔프 치트키

보기 및 빈칸 뒤의 콤마를 통해 접속부사 문제임을 알 수 있으므로, 첫 문장부터 읽으며 문맥을 파악한다.

해설 | 빈칸 앞 문장은 다람쥐가 나무 열매를 묻어 둔 저장소들이 넓은 지역에 걸쳐 퍼져 있다는 내용이고, 빈칸 뒤 문장은 (넓은 지역에 걸쳐 퍼져 있음에도 불구하고) 다람쥐가 물리적인 주요 지형지물을 이용하여 그것들(저장소들)을 다시 쉽게 찾을 수 있다는 내용이다. 따라서 '그럼에도 불구하고'라는 의미의 양보를 나타내는 접속부사 (d) Nevertheless가 정답이다.

01회
02회
03회
04회
05회
06회
07회
08회
09회
10회

해커스 지텔프 실전모의고사 문법 10회 (Level 2)

(a) Consequently는 '따라서', (b) Instead는 '대신에', (c) Likewise는 '비슷하게'라는 의미로, 문맥에 적합하지 않아 오답이다.

어휘 | squirrel n. 다람쥐 bury v. 묻다 nut n. 나무 열매, 견과 various adj. 다양한 location n. 장소, 위치 cache n. 저장소, 은닉처 hidden adj. 숨겨진 spread v. 퍼뜨리다 physical adj. 물리적인, 물질적인 landmark n. 주요 지형지물, 경계표

21 가정법 가정법 과거완료

난이도 ●●○

The Spirit of Houston was the proposed name of a 169-meter-tall statue that artist Doug Michels planned to build in Texas. If the project hadn't been canceled due to his unexpected death, he _____ the largest statue in the world.

「휴스턴의 영혼」은 예술가 더그 미헬스가 텍사스주에 짓기로 계획했던 169미터 높이의 조각상에 제안된 이름이었다. 만약 그 프로젝트가 그의 예기치 않은 죽음으로 인해 취소되지 않았었다면, 그는 세계에서 가장 큰 조각상을 건설했을 것이다.

지텔프 치트키

빈칸 문장의 If를 통해 가정법 문제임을 알 수 있으므로, 가정법 시제 관련 단서를 파악한다.

해설 | If절에 'had p.p.' 형태의 hadn't been canceled가 있으므로, 주절에는 이와 짝을 이루어 가정법 과거완료를 만드는 'would(조동사 과거형) + have p.p.'가 와야 한다. 따라서 (c) would have constructed가 정답이다.

어휘 | spirit n. 영혼 proposed adj. 제안된 statue n. 조각상 unexpected adj. 예기치 않은 death n. 죽음 construct v. 건설하다

22 준동사 to 부정사의 부사 역할

난이도 ●●○

Jogging is a good way for a person to burn calories and build muscles. As you perform this exercise, you should wear appropriate footwear _____ the chance of injuries to your feet or knees.

조깅은 사람이 열량을 소모하고 근육을 키우기에 좋은 방법이다. 당신이 이 운동을 할 때, 발이나 무릎의 부상 가능성을 줄이기 위해 당신은 적절한 신발을 신어야 한다.

지텔프 치트키

보기를 통해 준동사 문제임을 알 수 있으므로, 빈칸 주변에서 단서를 파악한다.

해설 | 빈칸 앞에 주어(you), 동사(should wear), 목적어(appropriate footwear)가 갖춰진 완전한 절이 있으므로, 빈칸 이하는 문장의 필수 성분이 아닌 수식어구이다. 따라서 목적을 나타내며 수식어구를 이끌 수 있는 to 부정사 (d) to reduce가 정답이다.

어휘 | burn calories phr. 열량을 소모하다 build muscle phr. 근육을 키우다 perform v. 행하다, 실시하다 exercise n. 운동 appropriate adj. 적절한 chance n. 가능성 injury n. 부상 knee n. 무릎 reduce v. 줄이다

23 준동사 동명사와 to 부정사 모두를 목적어로 취하는 동사   난이도 ●●●

The receptionist Dr. Edwards hired last month quit suddenly because she was offered a better position at another clinic. As she was an excellent employee, Dr. Edwards regrets not _____ her with adequate compensation.

Edwards 박사가 지난달에 고용했던 접수 담당자가 다른 병원에서 더 나은 자리를 제안받았기 때문에 갑자기 그만두었다. 그녀가 훌륭한 직원이었기 때문에, Edwards 박사는 그녀에게 적절한 보상을 제공하지 않은 것을 후회한다.

─○ 지텔프 치트키

보기를 통해 준동사 문제임을 알 수 있으므로, 빈칸 주변에서 단서를 파악한다.

해설 | 빈칸 앞 동사 regret은 동명사와 to 부정사 모두를 목적어로 취하므로, 문맥을 파악하여 정답을 선택해야 한다. 문맥상 접수 담당자에게 적절한 보상을 제공하지 않은 것을 후회한다는 의미가 되어야 자연스러우므로, 동사 regret과 함께 쓰일 때 '~한 것을 후회하다'라는 의미를 나타내는 동명사 (a) providing이 정답이다.

오답분석
(c) to provide는 동사 regret과 함께 쓰일 때 '~하게 되어 유감이다'라는 의미를 나타내어, 문맥에서 접수 담당자에게 적절한 보상을 제공하지 않게 되어 유감이라는 어색한 의미가 되므로 오답이다.

어휘 | receptionist n. 접수 담당자 hire v. 고용하다 quit v. 그만두다 suddenly adv. 갑자기 clinic n. 병원 excellent adj. 훌륭한 adequate adj. 적절한, 충분한 compensation n. 보상

24 관계사 주격 관계대명사 who   난이도 ●○○

Westbrook Books announced yesterday that a best-selling author would make an appearance at the store. Casey Ford, _____, will sign copies of her latest book in the shop on June 10.

Westbrook 서점은 베스트셀러 작가가 매장에 나타날 것이라고 어제 알렸다. Casey Ford는, 7권의 유명한 소설을 썼는데, 6월 10일에 매장에서 그녀의 최신 책들에 사인할 것이다.

─○ 지텔프 치트키

보기를 통해 관계사 문제임을 알 수 있으므로, 선행사 관련 단서를 파악한다.

해설 | 사람 선행사 Casey Ford를 받으면서 콤마(,) 뒤에 올 수 있는 주격 관계대명사가 필요하므로, (b) who has written seven popular novels가 정답이다.

오답분석
(a) 관계대명사 that도 사람 선행사를 받을 수 있지만, 콤마 뒤에 올 수 없으므로 오답이다.

어휘 | announce v. 알리다, 발표하다 author n. 작가 make an appearance phr. 나타나다, 얼굴을 비추다 copy n. (책·신문 등의) 한 부, 복사본 novel n. 소설

25 가정법 가정법 과거   난이도 ●●○

Bentley hopes to join the cinema club at Colorado University but it's for third- and fourth-year students only. If he were able to, he _____ the club this year.

Bentley는 Colorado 대학교의 영화 동호회에 가입하기를 바라지만 그것은 3, 4학년만을 위한 것이다. 만약 그가 할 수 있다면, 그는 올해 그 동호회에 가입할 것이다.

빈칸 문장의 If를 통해 가정법 문제임을 알 수 있으므로, 가정법 시제 관련 단서를 파악한다.

해설ㅣ If절에 과거 동사(were)가 있으므로, 주절에는 이와 짝을 이루어 가정법 과거를 만드는 'would(조동사 과거형) + 동사원형'이 와야 한다. 따라서 (c) would join이 정답이다.

어휘ㅣ be able to phr. ~할 수 있다

---

26 시제 과거완료진행

난이도 ●●○

Norfolk University completed the construction of a large underground parking garage last month. Prior to the opening of this facility, students and faculty _____ with each other for the few non-reserved spots on campus.

Norfolk 대학교는 지난달에 대형 지하 주차장의 건설을 끝마쳤다. 이 시설의 개방 이전에, 학생들과 교수진은 캠퍼스에 얼마 없는 자유석을 위해 서로 경쟁해오고 있던 중이었다.

보기를 통해 시제 문제임을 알 수 있으므로, 시간 표현 관련 단서를 파악한다.

해설ㅣ 과거완료진행 시제와 함께 쓰이는 시간 표현 'prior to + 과거 시점'(Prior to the opening)이 사용되었고, 문맥상 대과거(대형 지하 주차장이 없었던 시점)부터 과거(대형 지하 주차장이 개방된 시점)까지 학생들과 교수진은 계속해서 캠퍼스에 얼마 없는 자유석을 위해 서로 경쟁해오고 있던 중이었다는 의미가 되어야 자연스럽다. 따라서 과거완료진행 시제 (c) had been competing이 정답이다.

어휘ㅣ complete v. 끝마치다, 완성하다 construction n. 건설, 공사 underground adj. 지하의 parking garage phr. 주차장 facility n. 시설 faculty n. 교수진 non-reserved adj. 자유석의 spot n. 자리, 장소

03회 실전모의고사

정답 및 문제 유형 분석표

01	(c) 시제	**08**	(b) 준동사	**15**	(b) 가정법	**21**	(d) 시제
02	(d) 가정법	**09**	(d) 관계사	**16**	(a) 준동사	**22**	(c) 준동사
03	(a) 준동사	**10**	(a) 준동사	**17**	(b) 시제	**23**	(d) 연결어
04	(b) 조동사	**11**	(a) 가정법	**18**	(d) 조동사	**24**	(a) 가정법
05	(c) 시제	**12**	(b) 연결어	**19**	(c) 관계사	**25**	(c) 시제
06	(a) 가정법	**13**	(d) 시제	**20**	(b) 가정법	**26**	(d) 조동사
07	(d) 조동사	**14**	(d) 준동사				

취약 유형 분석표

유형	맞힌 개수
시제	/ 6
가정법	/ 6
조동사	/ 4
준동사	/ 6
연결어	/ 2
관계사	/ 2
TOTAL	**26**

---

01 시제 과거완료진행

난이도 ●●○

Before I applied to be an exchange student at a Paris university, I _____ French for two years. Therefore, I was able to meet the program's strict language requirement.

한 파리 대학교의 교환학생이 되는 것에 지원하기 전에, 나는 프랑스어를 2년 동안 공부해오고 있던 중이었다. 따라서, 나는 그 프로그램의 엄격한 언어 요건을 충족시킬 수 있었다.

지텔프 치트키

보기를 통해 시제 문제임을 알 수 있으므로, 시간 표현 관련 단서를 파악한다.

해설 | 과거완료진행 시제와 함께 쓰이는 시간 표현 'before + 과거 동사'(Before ~ applied)와 'for + 기간 표현'(for two years)이 있고, 문맥상 대과거(프랑스어 공부를 시작했던 시점)부터 과거(교환학생에 지원했던 시점)까지 2년 동안 계속해서 프랑스어를 공부해오고 있던 중이었다는 의미가 되어야 자연스럽다. 따라서 과거완료진행 시제 (c) had been studying이 정답이다.

어휘 | apply v. 지원하다 exchange student phr. 교환학생 meet v. 충족시키다 strict adj. 엄격한 requirement n. 요건

---

02 가정법 가정법 과거

난이도 ●●○

My best friend Phoebe is extremely angry. This is because David laughed at her for making a minor mistake while giving a presentation in their English literature class. If I were him, I _____ to Phoebe for my rude behavior.

나의 가장 친한 친구 Phoebe는 매우 화가 나 있다. 이것은 그녀가 영문학 수업에서 발표하는 도중에 사소한 실수를 한 것 때문에 David가 그녀를 비웃었기 때문이다. 만약 내가 그라면, 나는 나의 무례한 행동에 대해 Phoebe에게 사과할 것이다.

지텔프 치트키

빈칸 문장의 If를 통해 가정법 문제임을 알 수 있으므로, 가정법 시제 관련 단서를 파악한다.

해설 | If절에 과거 동사(were)가 있으므로, 주절에는 이와 짝을 이루어 가정법 과거를 만드는 'would(조동사 과거형) + 동사원형'이 와야 한다. 따라서 (d) would apologize가 정답이다.

어휘 | extremely adv. 매우, 극도로　laugh at phr. ~를 비웃다　minor adj. 사소한　mistake n. 실수　give a presentation phr. 발표하다 literature n. 문학　rude adj. 무례한　behavior n. 행동　apologize v. 사과하다

---

03 **준동사**　동명사를 목적어로 취하는 동사　　　　　　　　　　　　　　　난이도 ●●○

Residents of Houston, Texas have protested the municipal government's decision to allow a landfill to be constructed in a nearby national forest. They dislike _____ waste stored in the area because toxic chemicals may be released into local waterways.

텍사스주 휴스턴의 거주민들은 가까운 국유림에 쓰레기 매립지가 건설되도록 허가한 지방 정부의 결정에 항의해왔다. 그들은 독성 화학물질이 지역의 수로에 방출될지도 모르기 때문에 그 지역에 쓰레기가 축적되게 하는 것을 싫어한다.

─○ 지텔프 치트키

보기를 통해 준동사 문제임을 알 수 있으므로, 빈칸 주변에서 단서를 파악한다.

해설 | 빈칸 앞 동사 dislike는 동명사를 목적어로 취하므로, 동명사 (a) having이 정답이다.

오답분석

(b) having had도 동명사이기는 하지만, 완료동명사(having had)로 쓰일 경우 '싫어하는' 시점보다 '(축적)되게 하는' 시점이 앞선다는 것을 나타내므로 문맥에 적합하지 않아 오답이다.

어휘 | resident n. 거주민　protest v. 항의하다, 반대하다　municipal government phr. 지방 정부　landfill n. 쓰레기 매립지 construct v. 건설하다　national forest phr. 국유림　waste n. 쓰레기, 폐기물　store v. 축적하다, 비축하다 toxic chemical phr. 독성 화학물질　release v. 방출하다　waterway n. 수로

---

04 **조동사**　조동사 should 생략　　　　　　　　　　　　　　　　　　　난이도 ●●○

Over the past few years, a large number of young students have been injured by people driving recklessly. As a result, many parents urge that the city council _____ the speed limit on streets located near schools.

지난 몇 년 동안, 다수의 어린 학생들이 난폭 운전을 하는 사람들에 의해 다쳐왔다. 그 결과, 많은 부모들은 시 의회가 학교 근처에 위치한 도로의 제한 속도를 줄여야 한다고 강력히 촉구한다.

─○ 지텔프 치트키

보기 및 빈칸 문장의 that절을 통해 조동사 should 생략 문제임을 알 수 있으므로, 빈칸 주변에서 단서를 파악한다.

해설 | 주절에 요구를 나타내는 동사 urge가 있으므로 that절에는 '(should +) 동사원형'이 와야 한다. 따라서 동사원형 (b) reduce가 정답이다.

어휘 | injure v. 다치게 하다　drive recklessly phr. 난폭 운전을 하다　urge v. 강력히 촉구하다　city council phr. 시 의회 speed limit phr. 제한 속도　reduce v. 줄이다

A representative of Westwood Sports Arena reports that it is presently at full capacity. Just over 10,000 fans _____ the ongoing championship basketball game between the Detroit Lions and the Seattle Sharks.

Westwood 경기장의 대리인은 그것에 현재 최대 수용 인원이 차 있음을 전한다. 10,000명이 넘는 팬들이 디트로이트 Lions와 시애틀 Sharks 간에 진행 중인 농구 결승전을 <u>지금 보고 있는 중이다</u>.

── 지텔프 치트키

보기에 now가 있으므로, 지문이 현재진행 시제의 문맥이 맞는지 확인한다.

해설 | 보기에 현재진행 시제와 함께 쓰이는 시간 표현 now가 있고, 문맥상 말하는 시점에 벌어지고 있는 일을 표현하여 '결승전을 지금 보고 있는 중이다'라는 의미가 되어야 자연스럽다. 따라서 현재진행 시제 (c) <u>are now watching</u>이 정답이다.

오답분석

(b) 현재 시제는 반복되는 일이나 습관, 일반적인 사실을 나타내므로, 현재 시점에 한창 진행되는 중인 일을 표현하기에는 현재진행 시제보다 부적절하므로 오답이다.

어휘 | representative n. 대리인   sports arena phr. 경기장   report v. 전하다, 알리다   presently adv. 현재   capacity n. 수용 인원   ongoing adj. 진행 중인   championship game phr. 결승전, 선수권 대회

Even though Michael knew that his parents' anniversary party was on Saturday evening, he was too lazy to go shopping for a gift. Had he purchased a present, he _____ their feelings.

Michael이 그의 부모님의 기념일 파티가 토요일 저녁에 있는 것을 알았음에도 불구하고, 그는 너무 게을러서 선물을 사러 쇼핑을 가지 못했다. 그가 선물을 샀다면, 그는 그들의 기분을 <u>상하게 하지 않았을 것이다</u>.

── 지텔프 치트키

빈칸 문장의 도치 구문을 통해 가정법 문제임을 알 수 있으므로, 가정법 시제 관련 단서를 파악한다.

해설 | if가 생략되어 도치된 절에 'had p.p.' 형태의 Had ~ purchased가 있으므로, 주절에는 이와 짝을 이루어 가정법 과거완료를 만드는 'would(조동사 과거형) + have p.p.'가 와야 한다. 따라서 (a) <u>would not have hurt</u>가 정답이다. 참고로 'Had he purchased a present'는 'If he had purchased a present'로 바꿔 쓸 수 있다.

어휘 | anniversary n. 기념일   lazy adj. 게으른   hurt v. (감정을) 상하게 하다

The hot, dry conditions this summer have significantly increased the risk of forest fires throughout the country. Therefore, campers _____ take extra care to ensure that their campfires are fully extinguished before leaving a campground.

이번 여름의 덥고, 건조한 날씨는 전국적으로 산불의 위험을 상당히 증가시켰다. 따라서, 야영객들은 야영지를 떠나기 전에 그들의 모닥불이 완전히 꺼졌는지를 확실하게 하기 위해 각별한 주의를 기울<u>여야 한다</u>.

── 지텔프 치트키

보기를 통해 조동사 문제임을 알 수 있으므로, 첫 문장부터 읽으며 문맥을 파악한다.

해설 | 문맥상 모닥불이 완전히 꺼졌는지를 확실하게 하기 위해 각별한 주의를 기울여야 하는 야영객들의 의무에 대해 이야기하는 내용이 되어야 자연스러우므로, '~해야 한다'를 뜻하면서 의무를 나타내는 조동사 (d) must가 정답이다.

어휘 | condition n. 날씨, 환경 significantly adv. 상당히 risk n. 위험 camper n. 야영객 extra adj. 각별한, 별도의 ensure v. 확실하게 하다 campfire n. (야영장의) 모닥불 extinguish v. 끄다, 소화하다 campground n. 야영지

---

08 준동사 to 부정사의 부사 역할 난이도 ●●○

The producers of the TV show *Black Mirror* have often attracted new viewers in unconventional ways. For example, they created a series of innovative online advertisements _____ the public's awareness of the program.

TV 프로그램 「블랙 미러」의 제작자들은 종종 독특한 방법으로 새로운 시청자들을 끌어들여 왔다. 예를 들어, 그 프로그램에 대한 대중의 인지도를 높이기 위해 그들은 혁신적인 온라인 광고 시리즈를 만들었다.

━○ 지텔프 치트키

보기를 통해 준동사 문제임을 알 수 있으므로, 빈칸 주변에서 단서를 파악한다.

해설 | 빈칸 앞에 주어(they), 동사(created), 목적어(a series)가 갖춰진 완전한 절이 있으므로, 부사구(of ~ advertisements) 다음에 위치한 빈칸 이하는 문장의 필수 성분이 아닌 수식어구이다. 따라서 목적을 나타내며 수식어구를 이끌 수 있는 to 부정사 (b) to increase가 정답이다.

어휘 | producer n. 제작자 attract v. 끌어들이다 viewer n. 시청자 unconventional adj. 독특한, 인습에 얽매이지 않는 create v. 만들다 innovative adj. 혁신적인 advertisement n. 광고 awareness n. 인지도

---

09 관계사 주격 관계대명사 who 난이도 ●●○

New employees tend to perform better if they receive detailed and specific instructions regarding their duties. This indicates that managers _____ will have a more efficient staff.

신입사원들은 그들의 직무와 관련하여 상세하고 구체적인 지시를 받으면 직무를 더 잘 수행하는 경향이 있다. 이것은 신입사원들을 교육하는 것에 주력하는 관리자들이 더 효율적인 직원을 두게 될 것임을 나타낸다.

━○ 지텔프 치트키

보기를 통해 관계사 문제임을 알 수 있으므로, 선행사 관련 단서를 파악한다.

해설 | 사람 선행사 managers를 받으면서 보기의 관계절 내에서 주어 역할을 할 수 있는 주격 관계대명사가 필요하므로, (d) who focus on training recruits가 정답이다.

어휘 | tend to phr. ~하는 경향이 있다 perform v. (직무를) 수행하다 detailed adj. 상세한 specific adj. 구체적인 instruction n. 지시 duty n. 직무 indicate v. 나타내다 efficient adj. 효율적인 focus on phr. ~에 주력하다 recruit n. 신입사원

Many new smartphones come with numerous applications preinstalled by the manufacturer or distributor. Most experts recommend _____ the ones that you do not use so that the device's battery life is not negatively affected.

다수의 신규 스마트폰에는 제조사 혹은 유통회사에 의해 미리 설치된 많은 애플리케이션이 딸려 있다. 대부분의 전문가들은 기기의 배터리 수명이 부정적으로 영향받지 않도록 당신이 사용하지 않는 것들의 <u>기능을 억제할 것</u>을 권장한다.

지텔프 치트키

보기를 통해 준동사 문제임을 알 수 있으므로, 빈칸 주변에서 단서를 파악한다.

해설 | 빈칸 앞 동사 recommend는 동명사를 목적어로 취하므로, 동명사 (a) <u>disabling</u>이 정답이다.

> 오답분석
>
> (d) having disabled도 동명사이기는 하지만, 완료동명사(having disabled)로 쓰일 경우 '권장하는' 시점보다 '기능을 억제하는' 시점이 앞선다는 것을 나타내므로 문맥에 적합하지 않아 오답이다.

어휘 | come with phr. ~이 딸려 있다 preinstall v. 미리 설치하다 manufacturer n. 제조사, 제조업자 distributor n. 유통회사 expert n. 전문가 device n. 기기, 장치 negatively adv. 부정적으로 disable v. 기능을 억제하다, 작동 못하게 하다

Due to budget constraints, Green Appliances will not make its products available for purchase in China this year. If the company were to expand into the Chinese market, it _____ a considerable growth in sales revenues.

예산 제약 때문에, Green 가전제품은 올해 중국에서 그것의 제품이 구매 가능하도록 만들지 않을 것이다. 만약 그 회사가 중국 시장으로 확장한다면, 그것은 판매 수익에서 상당한 증가를 <u>경험할 것이다</u>.

지텔프 치트키

빈칸 문장의 If를 통해 가정법 문제임을 알 수 있으므로, 가정법 시제 관련 단서를 파악한다.

해설 | If절에 과거 동사(were to expand)가 있으므로, 주절에는 이와 짝을 이루어 가정법 과거를 만드는 'would(조동사 과거형) + 동사원형'이 와야 한다. 따라서 (a) <u>would experience</u>가 정답이다.

어휘 | budget n. 예산 constraint n. 제약 appliance n. 가전제품 available adj. 이용 가능한 purchase n. 구매 expand v. 확장하다, 확대하다 considerable adj. 상당한 revenue n. 수익, 세입

In San Francisco, the number of injuries related to the use of electric scooters has increased by 222 percent over the last four years. _____, experts are calling for the government to make the use of helmets mandatory.

샌프란시스코에서, 전동 스쿠터의 이용과 관련된 부상의 수는 지난 4년 동안 222퍼센트 증가했다. <u>그 결과</u>, 전문가들은 정부가 헬멧 사용을 의무화할 것을 요구하고 있다.

지텔프 치트키

보기 및 빈칸 뒤의 콤마를 통해 접속부사 문제임을 알 수 있으므로, 첫 문장부터 읽으며 문맥을 파악한다.

해설 | 문맥상 전동 스쿠터의 이용과 관련된 부상의 수가 크게 증가한 것이 원인이 되어, 그 결과로서 전문가들이 헬멧 사용을 의무화할 것을 정부에

요구하고 있다는 의미가 되어야 자연스럽다. 따라서 '그 결과'라는 의미의 결과를 나타내는 접속부사 (b) As a result가 정답이다.

오답분석
(a) Besides는 '게다가', (c) For instance는 '예를 들어', (d) Conversely는 '반대로'라는 의미로, 문맥에 적합하지 않아 오답이다.

어휘 | injury n. 부상 call v. 요구하다 mandatory adj. 의무의, 의무적인

---

13 시제   미래완료진행   난이도 ●●○

Nancy's term paper for her history class has taken longer than expected to finish because she is struggling to find suitable sources. By the time she submits the assignment, she _____ on it for over two months.

Nancy의 역사 수업 학기 말 리포트는 그녀가 적절한 자료를 찾느라 어려움을 겪고 있기 때문에 끝내는 데 예상보다 오래 걸리고 있다. 그녀가 과제를 제출할 무렵이면, 그녀는 그것을 두 달이 넘는 기간 동안 작업해 오고 있는 중일 것이다.

─○ 지텔프 치트키
보기를 통해 시제 문제임을 알 수 있으므로, 시간 표현 관련 단서를 파악한다.

해설 | 현재 동사로 미래의 의미를 나타내는 시간의 부사절 'by the time + 현재 동사'(By the time ~ submits)와 지속을 나타내는 'for + 기간 표현'(for over two months)이 있고, 문맥상 미래 시점에 Nancy가 과제를 제출할 무렵이면 그녀는 그것을 두 달이 넘는 기간 동안 계속해서 작업해오고 있는 중일 것이라는 의미가 되어야 자연스럽다. 따라서 미래완료진행 시제 (d) will have been working이 정답이다.

오답분석
(c) 미래 시제는 미래에 대한 단순한 약속, 제안, 예측을 나타내므로, 과거 또는 현재에 시작해서 특정 미래 시점까지 계속해서 진행되고 있을 일을 표현할 수 없어 오답이다.

어휘 | term paper phr. 학기 말 리포트 struggle v. 어려움을 겪다 suitable adj. 적절한, 적당한 source n. 자료, 출처 submit v. 제출하다 assignment n. 과제

---

14 준동사   to 부정사를 목적격 보어로 취하는 동사   난이도 ●●○

Mark was recently diagnosed with asthma, a disease that causes chest pain and breathing problems. His doctor asked him _____ going outside on days when the air quality is particularly bad.

Mark는 최근에 가슴 통증과 호흡 문제를 일으키는 질병인 천식을 진단받았다. 그의 의사는 그에게 대기의 질이 특히 나쁜 날에는 밖에 나가는 것을 피할 것을 요청했다.

─○ 지텔프 치트키
보기를 통해 준동사 문제임을 알 수 있으므로, 빈칸 주변에서 단서를 파악한다.

해설 | 빈칸 앞 동사 ask는 'ask + 목적어 + 목적격 보어'의 형태로 쓰일 때 to 부정사를 목적격 보어로 취하여, '-에게 ~할 것을 요청하다'라는 의미로 사용된다. 따라서 to 부정사 (d) to avoid가 정답이다.

어휘 | be diagnosed with phr. ~을 진단받다 asthma n. 천식 disease n. 질병 chest n. 가슴 pain n. 통증 breathing n. 호흡 quality n. 질 particularly adv. 특히

15 가정법   가정법 과거완료   난이도 ●●○

Mr. Hill got to the Parkview Dental Clinic 20 minutes late this morning because he had taken the wrong bus. If he hadn't confused the bus numbers, he _____ on time for his appointment.

Mr. Hill은 오늘 아침에 잘못된 버스를 타서 Parkview 치과에 20분 늦게 도착했다. 만약 그가 버스 번호를 혼동하지 않았었다면, 그는 약속 시간을 어기지 않고 <u>도착했을 것이다</u>.

지텔프 치트키

빈칸 문장의 If를 통해 가정법 문제임을 알 수 있으므로, 가정법 시제 관련 단서를 파악한다.

해설 | If절에 'had p.p.' 형태의 hadn't confused가 있으므로, 주절에는 이와 짝을 이루어 가정법 과거완료를 만드는 'would(조동사 과거형) + have p.p.'가 와야 한다. 따라서 (b) <u>would have arrived</u>가 정답이다.

어휘 | confuse v. 혼동하다   on time phr. 시간을 어기지 않고, 제시간에   appointment n. 약속

---

16 준동사   to 부정사를 목적어로 취하는 동사   난이도 ●○○

My older brother and I are very excited! We are taking a trip to London during our two-week vacation next summer and plan _____ Buckingham Palace and several other historic structures while we are there.

나의 형과 나는 매우 흥분해 있다! 우리는 내년 여름의 2주간의 휴가 동안 런던으로 여행을 갈 것이고 우리가 그곳에 있는 동안 버킹엄 궁전과 여러 다른 역사적 건축물들을 <u>관광할</u> 계획이다.

지텔프 치트키

보기를 통해 준동사 문제임을 알 수 있으므로, 빈칸 주변에서 단서를 파악한다.

해설 | 빈칸 앞 동사 plan은 to 부정사를 목적어로 취하므로, to 부정사 (a) <u>to tour</u>가 정답이다.

> **오답분석**
>
> (d) to have toured도 to 부정사이기는 하지만, 완료부정사(to have toured)로 쓰일 경우 '계획하는' 시점보다 '관광하는' 시점이 앞선다는 것을 나타내므로 문맥에 적합하지 않아 오답이다.

어휘 | take a trip phr. 여행을 가다   vacation n. 휴가, 방학   palace n. 궁전   historic adj. 역사적인   structure n. 건축물   tour v. 관광하다

---

17 시제   미래진행   난이도 ●●○

Dante will throw a special party to celebrate his younger sister's recent promotion. When she arrives at his apartment, all of the guests _____ behind the furniture. They will then jump up and shout "congratulations" to surprise her.

Dante는 그의 여동생의 최근 승진을 축하하기 위해 특별한 파티를 열 것이다. 그녀가 그의 아파트에 도착할 때, 모든 손님들이 가구 뒤에 숨어 있을 것이다. 그 다음에 그들은 벌떡 일어서서 그녀를 놀라게 하기 위해 "축하해요"라고 외칠 것이다.

지텔프 치트키

보기를 통해 시제 문제임을 알 수 있으므로, 시간 표현 관련 단서를 파악한다.

해설 | 현재 동사로 미래의 의미를 나타내는 시간의 부사절 'when + 현재 동사'(When ~ arrives)가 있고, 첫 번째 문장과 세 번째 문장에 미래 동사 will이 사용되었으므로 여동생을 놀라게 할 시점이 미래임을 알 수 있다. 따라서 Dante의 여동생이 아파트에 도착하는 미래 시점에 모

든 손님들이 가구 뒤에 숨어 있을 것이라는 의미를 만드는 미래진행 시제 (b) will be hiding이 정답이다.

어휘 | throw a party phr. 파티를 열다 celebrate v. 축하하다, 기념하다 promotion n. 승진 shout v. 외치다, 큰 소리로 말하다
surprise v. 놀라게 하다

---

18 조동사   조동사 should 생략

난이도 ●●○

Air pollution caused by car exhaust and factory emissions has become a major problem because it is responsible for a wide variety of health problems, such as pneumonia. Therefore, the National Environmental Agency requires that a solution _____ as soon as possible.

자동차 배기가스와 공장 배출물로 인해 야기되는 대기 오염은 폐렴과 같은 매우 다양한 건강 문제의 원인이 되기 때문에 심각한 문제가 되어 왔다. 그러므로, 국립환경청은 가능한 한 빨리 해결책이 마련되어야 한다고 요구한다.

지텔프 치트키

보기 및 빈칸 문장의 that절을 통해 조동사 should 생략 문제임을 알 수 있으므로, 빈칸 주변에서 단서를 파악한다.

해설 | 주절에 요구를 나타내는 동사 require가 있으므로 that절에는 '(should +) 동사원형'이 와야 한다. 따라서 동사원형 (d) be developed 가 정답이다.

어휘 | air pollution phr. 대기 오염 car exhaust phr. (자동차) 배기가스 emission n. 배출물, 배기가스
be responsible for phr. ~의 원인이 되다, ~에 책임이 있다 pneumonia n. 폐렴 solution n. 해결책
as soon as possible phr. 가능한 한 빨리

---

19 관계사   주격 관계대명사 which

난이도 ●●○

The Hobbit is a fantasy novel written by J. R. R. Tolkien that was published in 1937. This work of fiction, _____, is popular with readers around the world. In addition, it was the basis for a highly successful film series.

『호빗』은 1937년에 출간된 J. R. R. 톨킨에 의해 쓰인 판타지 소설이다. 이 소설 작품은, 50개 언어로 번역되어 왔는데, 전 세계 독자들에게 인기가 있다. 게다가, 그것은 매우 성공적인 영화 시리즈의 토대이다.

지텔프 치트키

보기를 통해 관계사 문제임을 알 수 있으므로, 선행사 관련 단서를 파악한다.

해설 | 사물 선행사 This work of fiction을 받으면서 콤마(,) 뒤에 올 수 있는 주격 관계대명사가 필요하므로, (c) which has been translated into 50 languages가 정답이다.

오답분석
(b) 관계대명사 that도 사물 선행사를 받을 수 있지만, 콤마 뒤에 올 수 없으므로 오답이다.

어휘 | publish v. 출간하다 work n. 작품 fiction n. 소설 reader n. 독자 basis n. 토대, 근거 highly adv. 매우
successful adj. 성공적인 translate v. 번역하다

20   가정법   가정법 과거   난이도 ●●○

Although Greg works a lot of extra hours, his coworkers do not feel bad for him. If he were to spend less time surfing the Internet during work hours, he _____ to stay late at the office every day!

Greg이 많은 추가 시간을 일함에도 불구하고, 그의 동료들은 그가 안됐다고 느끼지 않는다. 만약 그가 근무 시간 동안 인터넷 서핑을 하는 데 시간을 덜 쓴다면, 그는 매일 사무실에 늦게 남아 있을 <u>필요가 없을</u> 것이다!

⊶◯ 지텔프 치트키

빈칸 문장의 If를 통해 가정법 문제임을 알 수 있으므로, 가정법 시제 관련 단서를 파악한다.

해설 | If절에 과거 동사(were to spend)가 있으므로, 주절에는 이와 짝을 이루어 가정법 과거를 만드는 'would(조동사 과거형) + 동사원형'이 와야 한다. 따라서 (b) <u>would not need</u>가 정답이다.

어휘 | extra adj. 추가의   coworker n. 동료   feel bad phr. 안됐다, 유감이다   spend time -ing phr. ~하는 데 시간을 쓰다
surf the Internet phr. 인터넷 서핑을 하다

---

21   시제   과거진행   난이도 ●●○

On Tuesday afternoon, Leah witnessed a serious traffic accident at the corner of Oak Street and Center Avenue. When the collision between a car and a motorcycle occurred, she _____ at a bus stop near the intersection.

화요일 오후에, Leah는 Oak가와 Center가 모퉁이에서 심각한 교통사고를 목격했다. 자동차와 오토바이 사이에 그 충돌 사고가 일어났을 때, 그녀는 교차로 근처에 있는 버스 정류장에 <u>서 있는 중이었다</u>.

⊶◯ 지텔프 치트키

보기를 통해 시제 문제임을 알 수 있으므로, 시간 표현 관련 단서를 파악한다.

해설 | 과거진행 시제와 함께 쓰이는 시간 표현 'when + 과거 동사'(When ~ occurred)가 있고, 문맥상 자동차와 오토바이 사이에 충돌 사고가 일어났던 과거 시점에 Leah는 근처 버스 정류장에 서 있는 중이었다는 의미가 되어야 자연스럽다. 따라서 과거진행 시제 (d) <u>was standing</u>이 정답이다.

어휘 | witness v. 목격하다   traffic accident phr. 교통사고   corner n. (도로가 급히 꺾이는) 모퉁이   collision n. 충돌 (사고)
motorcycle n. 오토바이   occur v. 일어나다, 발생하다   intersection n. 교차로

---

22   준동사   동명사를 목적어로 취하는 동사   난이도 ●●●

My parents recently moved into a house that is located in the countryside. As my father adores _____ time in the garden, he intends to grow a variety of flowers and vegetables in the backyard.

나의 부모님은 최근에 시골에 위치한 집으로 이사하셨다. 나의 아버지는 정원에서 시간을 <u>보내는 것을</u> 아주 좋아하시기 때문에, 그는 뒷마당에서 다양한 꽃과 채소를 재배하려고 생각하신다.

⊶◯ 지텔프 치트키

보기를 통해 준동사 문제임을 알 수 있으므로, 빈칸 주변에서 단서를 파악한다.

해설 | 빈칸 앞 동사 adore는 동명사를 목적어로 취하므로, 동명사 (c) <u>spending</u>이 정답이다.

오답분석

어휘 | countryside n. 시골 adore v. 아주 좋아하다 garden n. 정원 intend v. 생각하다, 의도하다 backyard n. 뒷마당

---

23 연결어   접속사

난이도 ●●●

Near-Earth objects are asteroids that pass close to our planet, and some of them are large enough to pose a serious threat to human civilization. In order to avoid a disaster, governments must develop a plan _____ one appears likely to strike Earth.

근지구천체들은 지구를 가까이 지나가는 소행성들이고, 그것들 중 몇몇은 인간 문명에 심각한 위협이 될 만큼 충분히 크다. 참사를 피하기 위해, 근지구천체가 지구에 충돌할 것처럼 보일 경우에 대비하여 정부들은 계획을 세워야 한다.

━○ 지텔프 치트키

보기를 통해 연결어 문제임을 알 수 있으므로, 첫 문장부터 읽으며 문맥을 파악한다.

해설 | 첫 번째 문장에서는 인간 문명에 심각한 위협이 될 수 있는 근지구천체를 언급하고, 두 번째 문장에서는 그로 인한 참사를 피하기 위해 정부들이 해야 할 일을 설명하고 있다. 따라서 근지구천체가 지구에 충돌할 것처럼 보일 경우에 대비하여 정부들이 계획을 세워야 한다는 의미가 되어야 자연스러우므로, '~할 경우에 대비하여'라는 의미의 조건을 나타내는 부사절 접속사 (d) in case가 정답이다.

오답분석

(a) so that은 '~할 수 있도록', (b) even if는 '~하더라도', (c) except that은 '~을 제외하고'라는 의미로, 문맥에 적합하지 않아 오답이다.

어휘 | Near-Earth object phr. 근지구천체(지구처럼 태양에 근접하는 천체) asteroid n. 소행성 planet n. 행성 pose a threat phr. 위협이 되다 civilization n. 문명 disaster n. 참사, 재앙 appear v. (~할 것처럼) 보이다, ~인 것 같다 likely adj. ~할 것 같은 strike v. 충돌하다, 치다

---

24 가정법   가정법 과거완료

난이도 ●●●

Once you have finished a job interview, take a few minutes to evaluate your own performance. Think carefully about your answers to the questions. Ask yourself, "If I _____ the interview, would I have considered my responses to be impressive?"

일단 취직 면접을 끝내면, 당신 자신의 행동을 평가하는 데 몇 분을 할애하라. 질문들에 대한 당신의 답변에 대해 주의 깊게 생각하라. 자신에게 "만약 내가 면접을 실시했었다면, 나는 나의 대답들을 인상 깊다고 생각했을 것인가?"라고 물어 보아라.

━○ 지텔프 치트키

빈칸 문장의 If를 통해 가정법 문제임을 알 수 있으므로, 가정법 시제 관련 단서를 파악한다.

해설 | 주절에 'would(조동사 과거형) + have p.p.' 형태의 would ~ have considered가 있으므로, If절에는 이와 짝을 이루어 가정법 과거완료를 만드는 과거완료 동사가 와야 한다. 따라서 (a) had conducted가 정답이다.

어휘 | evaluate v. 평가하다 performance n. 행동, 성과 carefully adv. 주의 깊게 consider v. 생각하다, 고려하다 impressive adj. 인상 깊은 conduct v. 실시하다, 지도하다

Doctors Without Borders provides free medical care in developing countries. It does not receive funds from governments. Since it was founded in 1971, it _____ private donations for almost its entire budget. This guarantees it can act independently.

국경없는의사회는 개발 도상국에서 무료 의료를 제공한다. 그것은 정부로부터 자금을 받지 않는다. 그것이 1971년에 설립되었던 이래로, 그것은 거의 전 예산에 대해 개인 기부를 <u>이용해오고 있는 중이다</u>. 이는 그것이 독립적으로 행동할 수 있도록 보장한다.

━○ 지텔프 치트키

보기를 통해 시제 문제임을 알 수 있으므로, 시간 표현 관련 단서를 파악한다.

해설 ┃ 현재완료진행 시제와 함께 쓰이는 시간 표현 'since + 과거 동사/시점'(Since ~ was founded in 1971)이 있고, 문맥상 과거 시점인 1971년부터 현재까지 계속해서 국경없는의사회가 거의 전 예산에 대해 개인 기부를 이용해오고 있는 중이라는 의미가 되어야 자연스럽다. 따라서 현재완료진행 시제 (c) <u>has been using</u>이 정답이다.

어휘 ┃ Doctors Without Borders phr. 국경없는의사회 medical care phr. 의료, 진료 developing country phr. 개발 도상국 fund n. 자금 found v. 설립하다 private adj. 개인의 donation n. 기부 entire adj. 전체의 budget n. 예산 guarantee v. 보장하다 independently adv. 독립적으로

Researchers have successfully developed a computer algorithm to distinguish between harmful and beneficial insects on agricultural lands. When combined with sensors, it _____ provide farmers with accurate information about which fields are infested, so they know where to apply pesticides.

연구원들은 농지에 있는 유해한 곤충과 유익한 곤충을 구별하기 위한 컴퓨터 알고리즘을 성공적으로 개발해 왔다. 센서와 결합되면, 그것은 농부들에게 어떤 밭이 해충으로 들끓는지에 대한 정확한 정보를 제공<u>할 수 있어서</u>, 그들(농부들)은 어디에 살충제를 써야 하는지를 안다.

━○ 지텔프 치트키

보기를 통해 조동사 문제임을 알 수 있으므로, 첫 문장부터 읽으며 문맥을 파악한다.

해설 ┃ 문맥상 연구원들이 개발해 온 컴퓨터 알고리즘의 목적과 기능을 설명하면서, 그것이 센서와 결합되면 농부들에게 어떤 밭이 해충으로 들끓는지에 대한 정확한 정보를 제공할 수 있다고 말하는 내용이 되어야 자연스러우므로, '~할 수 있다'를 뜻하면서 능력을 나타내는 조동사 (d) <u>can</u>이 정답이다.

어휘 ┃ researcher n. 연구원 develop v. 개발하다 distinguish v. 구별하다 harmful adj. 유해한 beneficial adj. 유익한 insect n. 곤충 agricultural adj. 농사의, 농업의 combine v. 결합시키다 provide A with B phr. A에게 B를 제공하다 accurate adj. 정확한 field n. 밭, 들판 infest v. (해충으로) 들끓다 apply v. 쓰다, 사용하다 pesticide n. 살충제

정답 및 문제 유형 분석표

01	(d) 가정법	08	(c) 조동사	15	(d) 시제	21	(a) 조동사
02	(a) 시제	09	(b) 시제	16	(d) 준동사	22	(d) 준동사
03	(b) 연결어	10	(d) 가정법	17	(b) 조동사	23	(c) 연결어
04	(d) 준동사	11	(c) 관계사	18	(d) 가정법	24	(d) 가정법
05	(a) 가정법	12	(b) 시제	19	(d) 관계사	25	(a) 조동사
06	(d) 시제	13	(a) 준동사	20	(b) 시제	26	(c) 가정법
07	(b) 준동사	14	(c) 조동사				

취약 유형 분석표

유형	맞힌 개수
시제	/ 6
가정법	/ 6
조동사	/ 5
준동사	/ 5
연결어	/ 2
관계사	/ 2
TOTAL	**26**

---

01 가정법 가정법 과거완료

난이도 ●●○

Greenville High School's choir was heavily criticized for its terrible singing during the Christmas festival. Most students felt that if the music teacher, Mr. Thompson, had led the choir, it _____ far better.

Greenville 고등학교의 합창단은 크리스마스 축제 동안 형편없는 가창에 대해 심하게 비판받았다. 대부분의 학생들은 만약 음악 선생님인 Mr. Thompson이 그 합창단을 이끌었다면, 그것은 훨씬 더 잘 공연했을 것이라고 생각했다.

지텔프 치트키

빈칸 문장의 if를 통해 가정법 문제임을 알 수 있으므로, 가정법 시제 관련 단서를 파악한다.

해설 | if절에 'had p.p.' 형태의 had led가 있으므로, 주절에는 이와 짝을 이루어 가정법 과거완료를 만드는 'would(조동사 과거형) + have p.p.'가 와야 한다. 따라서 (d) would have performed가 정답이다.

어휘 | choir n. 합창단 heavily adv. 심하게 criticize v. 비판하다 terrible adj. 형편없는, 끔찍한 perform v. 공연하다

---

02 시제 과거진행

난이도 ●●○

It was sad that my son could not have Thanksgiving dinner with his grandparents. When they arrived at our house for dinner last night, he _____ because he had been called to the hospital where he worked to deal with an emergency.

나의 아들이 그의 조부모님과 추수감사절 저녁 식사를 함께할 수 없었던 것은 슬펐다. 그들이 저녁을 먹기 위해 어제저녁에 우리 집에 도착했을 때, 그는 응급상황에 대처하기 위해 그가 일하는 병원으로 소환당해서 막 떠나고 있는 중이었다.

지텔프 치트키

보기를 통해 시제 문제임을 알 수 있으므로, 시간 표현 관련 단서를 파악한다.

해설 | 과거진행 시제와 함께 쓰이는 시간 표현 'when + 과거 동사/시점'(When ~ arrived ~ last night)이 있고, 문맥상 과거 시점인 어제저녁에 조부모님이 집에 도착했을 때 아들은 집을 막 떠나고 있는 중이었다는 의미가 되어야 자연스럽다. 따라서 과거진행 시제 (a) was just leaving이 정답이다.

어휘 | Thanksgiving n. 추수감사절 deal with phr. ~에 대처하다, ~을 처리하다 emergency n. 응급상황, 비상사태

---

03 연결어   전치사
난이도 ●●○

Some car manufacturers have begun testing semiautonomous self-driving cars. _____ the rapid advances made in this field, they expect it will take several more years to develop vehicles that can function without a human driver.

몇몇 자동차 제조사들은 반자율의 자율주행차를 테스트하기 시작했다. 이 분야에서 이뤄진 빠른 발전에도 불구하고, 그들은 인간 운전자 없이 기능할 수 있는 차량을 개발하려면 몇 년은 더 걸릴 것으로 예상한다.

━○ 지텔프 치트키

보기를 통해 연결어 문제임을 알 수 있으므로, 첫 문장부터 읽으며 문맥을 파악한다.

해설 | 빈칸 뒤에 the rapid advances made in this field라는 명사구가 있으므로 빈칸은 전치사 자리이다. 문맥상 자율주행차 분야에서 빠른 발전을 이뤘지만 (그럼에도 불구하고) 인간 운전자 없이 기능할 수 있는 차량을 개발하려면 몇 년은 더 걸릴 것으로 예상한다는 의미가 되어야 자연스럽다. 따라서 '~에도 불구하고'라는 의미의 양보를 나타내는 전치사 (b) Despite가 정답이다.

> **오답분석**
> (a) In addition to는 '~에 더해', (c) Instead of는 '~ 대신에', (d) Owing to는 '~ 때문에'라는 의미로, 문맥에 적합하지 않아 오답이다.

어휘 | manufacturer n. 제조사 semiautonomous adj. 반자율의, 반자치적인 self-driving car phr. 자율주행차 rapid adj. 빠른 advance n. 발전, 진보 vehicle n. 차량 function v. 기능하다, 작용하다

---

04 준동사   to 부정사의 형용사 역할
난이도 ●●○

Pilates has become increasingly popular among young people these days because it is an excellent way _____ the overall flexibility of the body. It incorporates movements that stretch all of the major muscle groups.

필라테스는 몸의 전반적인 유연성을 향상시키는 뛰어난 방법이기 때문에 요즘 젊은 사람들 사이에서 더욱더 인기를 얻고 있다. 그것은 모든 주요 근육군을 잡아당겨 펴는 움직임을 포함한다.

━○ 지텔프 치트키

보기를 통해 준동사 문제임을 알 수 있으므로, 빈칸 주변에서 단서를 파악한다.

해설 | 빈칸 앞에 명사(an excellent way)가 있고 문맥상 '유연성을 향상시키는 뛰어난 방법'이라는 의미가 되어야 자연스러우므로, 빈칸은 명사를 수식하는 형용사 자리이다. 따라서 명사를 꾸며주는 형용사적 수식어구를 이끌 수 있는 to 부정사 (d) to improve가 정답이다.

어휘 | increasingly adv. 더욱더, 점점 excellent adj. 뛰어난, 훌륭한 overall adj. 전반적인 flexibility n. 유연성 incorporate v. 포함하다 movement n. 움직임, 운동 stretch v. 잡아당겨 펴다, 늘이다 muscle n. 근육

The executives of Norton Advertising decided not to offer Jenny the team leader position. If Jenny had gotten a better score on her annual evaluation, there is a significant chance that she _____ the promotion.

Norton 광고사의 임원들은 Jenny에게 팀장직을 제안하지 않기로 결정했다. 만약 Jenny가 그녀의 연례 평가에서 더 좋은 점수를 받았었다면, 그녀가 승진했을 상당한 가능성이 있다.

─○ 지텔프 치트키

빈칸 문장의 If를 통해 가정법 문제임을 알 수 있으므로, 가정법 시제 관련 단서를 파악한다.

해설 | If절에 'had p.p.' 형태의 had gotten이 있으므로, 주절에는 이와 짝을 이루어 가정법 과거완료를 만드는 'would(조동사 과거형) + have p.p.'가 와야 한다. 따라서 (a) would have received가 정답이다.

어휘 | executive n. 임원, 대표　score n. 점수　annual adj. 연례의　evaluation n. 평가　significant adj. 상당한, 현저한　receive a promotion phr. 승진하다

---

06 **시제**　　미래완료진행　　　　　　　　　　　　　　　　　　　　　　　　난이도 ●●○

While pursuing a master's degree in chemistry, Leon took a part-time position to help pay for his education costs. By the end of this semester, he _____ as a teaching assistant for a full year.

화학 석사 과정을 밟는 동안, Leon은 그의 교육비를 내는 데 보태기 위해 아르바이트 업무를 했다. 이번 학기 말 즈음에는, 그는 만 1년 동안 조교로서 일해오고 있는 중일 것이다.

─○ 지텔프 치트키

보기를 통해 시제 문제임을 알 수 있으므로, 시간 표현 관련 단서를 파악한다.

해설 | 미래완료진행 시제와 함께 쓰이는 시간 표현 'by + 미래 시점'(By the end of this semester)과 'for + 기간 표현'(for a full year)이 있고, 문맥상 미래 시점인 이번 학기 말 즈음에는 Leon이 만 1년 동안 계속해서 조교로서 일해오고 있는 중일 것이라는 의미가 되어야 자연스럽다. 따라서 미래완료진행 시제 (d) will have been working이 정답이다.

[오답분석]
(a) 미래진행 시제는 특정 미래 시점에 한창 진행 중일 일을 나타내므로, 과거 또는 현재에 시작해서 특정 미래 시점까지 계속해서 진행되고 있을 일을 표현할 수 없어 오답이다.

어휘 | pursue v. (과정을) 밟다, 추구하다　master's degree phr. 석사 과정, 석사 학위　chemistry n. 화학　teaching assistant phr. 조교

---

07 **준동사**　　to 부정사의 진주어 역할　　　　　　　　　　　　　　　　　　난이도 ●●●

One of the reasons why *Squid Game* has been a sensation around the world is the support of Netflix. The series was subtitled into 31 languages and dubbed into 13, so it is possible for international audiences _____ the show without understanding Korean.

「오징어 게임」이 전 세계에서 돌풍이었던 이유 중 한 가지는 넷플릭스의 지원이다. 그 시리즈는 31개 언어로 자막이 달렸고 13개 언어로 더빙되어서, 국제적인 시청자들이 한국어를 이해하지 않고도 그 프로그램을 즐기는 것이 가능하다.

─○ 지텔프 치트키

보기를 통해 준동사 문제임을 알 수 있으므로, 빈칸 주변에서 단서를 파악한다.

해설 | 빈칸 문장의 주어 자리에 가주어 it이 있고 문맥상 '그 프로그램을 즐기는 것이 가능하다'라는 의미가 되어야 자연스러우므로, 빈칸에는 동사 is의 진주어인 '즐기는 것'이 와야 한다. 따라서 진주어 자리에 올 수 있는 to 부정사 (b) to enjoy가 정답이다. 참고로 'for + 명사'(for international audiences)는 to 부정사의 의미상 주어이다.

어휘 | sensation n. 돌풍(을 일으키는 것), 큰 이야깃거리 support n. 지원 subtitle v. 자막을 달다 dub v. 더빙하다
international adj. 국제적인 audience n. 시청자

---

08 조동사   조동사 should 생략

난이도 ●●○

Genghis Khan was a Mongol ruler who conquered much of Asia and the Middle East. Before he died, he ordered that his followers _____ his third son, Ögedei, as the heir to his empire.	칭기즈 칸은 아시아와 중동의 많은 부분을 정복했던 몽골의 통치자였다. 그가 죽기 전에, 그는 그의 추종자들에게 자신의 셋째 아들인 오고타이를 제국의 후계자로 인정해야 한다고 명령했다.

●─○ 지텔프 치트키

보기 및 빈칸 문장의 that절을 통해 조동사 should 생략 문제임을 알 수 있으므로, 빈칸 주변에서 단서를 파악한다.

해설 | 주절에 명령을 나타내는 동사 order가 있으므로 that절에는 '(should +) 동사원형'이 와야 한다. 따라서 동사원형 (c) acknowledge가 정답이다.

어휘 | ruler n. 통치자, 지배자 conquer v. 정복하다 order v. 명령하다, 지시하다 follower n. 추종자, 신봉자 heir n. 후계자, 계승자
empire n. 제국 acknowledge v. 인정하다

---

09 시제   미래진행

난이도 ●●○

Zoe is excited about preparing a traditional Vietnamese dish for her friend's potluck dinner. As she makes the food later this afternoon, she _____ the old family recipe from her grandmother very carefully.	Zoe는 그녀의 친구가 여는 팟럭 저녁 식사를 위해 전통 베트남 요리를 준비하는 것에 들떠 있다. 그녀는 오늘 오후 늦게 그 음식을 만들 때, 그녀의 할머니로부터의 오래된 가족 요리법을 매우 신중히 따르고 있는 중일 것이다.

●─○ 지텔프 치트키

보기를 통해 시제 문제임을 알 수 있으므로, 시간 표현 관련 단서를 파악한다.

해설 | 현재 동사로 미래의 의미를 나타내는 시간의 부사절 'As + 현재 동사'(As ~ makes)와 미래진행 시제와 함께 쓰이는 시간 표현 later this afternoon이 있고, 문맥상 Zoe가 미래 시점인 오늘 오후 늦게 베트남 음식을 만들 때 오래된 가족 요리법을 따르고 있는 중일 것이라는 의미가 되어야 자연스럽다. 따라서 미래진행 시제 (b) will be following이 정답이다.

어휘 | traditional adj. 전통적인 Vietnamese adj. 베트남의 dish n. 요리 potluck n. 팟럭(각자 음식을 조금씩 가져와서 나눠 먹는 식사)
recipe n. 요리법, 조리법 carefully adv. 신중히

10 가정법   가정법 과거

난이도 ●●○

Many people feel disillusioned with politics because a large number of corruption scandals involving elected officials and their family members have occurred. If politicians were to behave in an ethical manner, voters _____ them more easily.

많은 사람들은 선출된 관리들과 그들의 가족 구성원들이 연루된 다수의 부패 스캔들이 발생해왔기 때문에 정치에 환멸을 느낀다. 만약 정치인들이 윤리적인 태도로 행동한다면, 유권자들은 그들을 더 쉽게 신뢰할 수 있을 것이다.

지텔프 치트키

빈칸 문장의 If를 통해 가정법 문제임을 알 수 있으므로, 가정법 시제 관련 단서를 파악한다.

해설 | If절에 과거 동사(were to behave)가 있으므로, 주절에는 이와 짝을 이루어 가정법 과거를 만드는 'could(조동사 과거형) + 동사원형'이 와야 한다. 따라서 (d) could trust가 정답이다.

어휘 | disillusioned adj. 환멸을 느낀 politics n. 정치 corruption n. 부패 scandal n. 스캔들, 추문 involve v. 연루되다 elected adj. 선출된 official n. 관리 occur v. 발생하다, 일어나다 politician n. 정치인 behave v. 행동하다 ethical adj. 윤리적인, 도덕적인 manner n. 태도, 방식 voter n. 유권자, 투표자

11 관계사   주격 관계대명사 that

난이도 ●●○

Globetek is an online retailer for people looking to purchase affordable electronic devices. All of the products _____ come with an extended warranty and can be shipped anywhere in the world at no additional charge.

Globetek사는 가격이 적당한 전자기기를 구매하기를 바라는 사람들을 위한 온라인 유통업체이다. 이 회사에 의해 판매되는 모든 제품들은 연장된 보증서가 딸려 있고 추가 비용 없이 전 세계 어디로든 배송될 수 있다.

지텔프 치트키

보기를 통해 관계사 문제임을 알 수 있으므로, 선행사 관련 단서를 파악한다.

해설 | 사물 선행사 All of the products를 받으면서 보기의 관계절 내에서 동사 are sold의 주어가 될 수 있는 주격 관계대명사가 필요하므로, (c) that are sold by this company가 정답이다.

어휘 | retailer n. 유통업체 look to phr. ~하기를 바라다 purchase v. 구매하다 affordable adj. (가격이) 적당한 device n. 기기 come with phr. ~이 딸려 있다 extended adj. (기한이) 연장된 warranty n. 보증서 ship v. 배송하다 additional adj. 추가의 charge n. 비용, 요금

12 시제   현재진행

난이도 ●●○

Mary's ambition as an actor has always been to appear in a Broadway musical. At the moment, she _____ for several auditions and feels confident that she will get a role in the near future.

배우로서 Mary의 야망은 항상 브로드웨이 뮤지컬에 출연하는 것이었다. 바로 지금, 그녀는 몇몇 오디션을 준비하는 중이고 그녀가 가까운 미래에 배역을 맡을 것이라고 확신한다.

지텔프 치트키

보기를 통해 시제 문제임을 알 수 있으므로, 시간 표현 관련 단서를 파악한다.

해설 | 현재진행 시제와 함께 쓰이는 시간 표현 At the moment이 있고, 문맥상 말하고 있는 시점인 바로 지금 Mary는 몇몇 오디션을 준비하는 중이라는 의미가 되어야 자연스럽다. 따라서 현재진행 시제 (b) is preparing이 정답이다.

어휘 | ambition n. 야망 appear v. 출연하다, 나타나다 at the moment phr. 바로 지금 confident adj. 확신하는, 자신감 있는

---

13 준동사 동명사를 목적어로 취하는 동사

난이도 ●○○

Although Steven's hobby used to be photography, he has recently become interested in film editing. He especially enjoys _____ short, humorous videos to post on social media sites like TikTok.

한때 Steven의 취미가 사진 촬영이었기는 하지만, 그는 최근에 영화 편집에 흥미를 갖게 되었다. 그는 특히 틱톡과 같은 소셜 미디어 사이트에 올리기 위한 짧고, 재미있는 영상을 <u>제작하는 것</u>을 즐긴다.

지텔프 치트키

보기를 통해 준동사 문제임을 알 수 있으므로, 빈칸 주변에서 단서를 파악한다.

해설 | 빈칸 앞 동사 enjoy는 동명사를 목적어로 취하므로, 동명사 (a) creating이 정답이다.

오답분석

(c) having created도 동명사이기는 하지만, 완료동명사(having created)로 쓰일 경우 '즐기는' 시점보다 '제작하는' 시점이 앞선다는 것을 나타내므로 일반적인 취미를 서술하는 문맥에 적합하지 않아 오답이다.

어휘 | used to be phr. 한때 ~이었다 editing n. 편집 humorous adj. 재미있는, 유머러스한 post v. (웹사이트에) 올리다, 게시하다

---

14 조동사 조동사 should 생략

난이도 ●○○

Professional baseball player Grant Williams was injured during a game last year, and, consequently, his performance has significantly declined. It is best that the management of the Boston Flyers _____ him with a new player.

프로 야구 선수 Grant Williams는 작년 경기 도중에 부상을 입었고, 그 결과, 그의 성적은 상당히 떨어졌다. 보스턴 Flyers의 운영진이 그를 새로운 선수로 <u>교체해야 하는</u> 것이 최선이다.

지텔프 치트키

보기 및 빈칸 문장의 that절을 통해 조동사 should 생략 문제임을 알 수 있으므로, 빈칸 주변에서 단서를 파악한다.

해설 | 주절에 주장을 나타내는 형용사 best가 있으므로 that절에는 '(should +) 동사원형'이 와야 한다. 따라서 동사원형 (c) replace가 정답이다.

어휘 | professional adj. 프로의, 전문적인 consequently adv. 그 결과, 따라서 decline v. 떨어지다 management n. 운영진, 경영진 replace v. 교체하다, 대체하다

15 시제 과거완료진행

Andrew was extremely annoyed to have sprained his ankle. It happened on the day his new surf board was delivered! Before he hurt himself yesterday, he _____ for over two weeks for the board to arrive.

Andrew는 그의 발목을 삐어서 매우 짜증이 났다. 그 것은 그의 새 서핑 보드가 배달된 날에 일어났다! 그가 어제 다치기 전에, 그는 보드가 도착하기를 2주가 넘 는 기간 동안 <u>기다려오고 있던 중이었다</u>.

─○ 지텔프 치트키

보기를 통해 시제 문제임을 알 수 있으므로, 시간 표현 관련 단서를 파악한다.

해설 | 과거완료진행 시제와 함께 쓰이는 시간 표현 'before + 과거 동사/시점'(Before ~ hurt ~ yesterday)과 'for + 기간 표현'(for over two weeks)이 있고, 문맥상 Andrew가 대과거(보드를 주문했던 시점)부터 과거(발목을 삔 시점)까지 보드가 도착하기를 2주가 넘는 기간 동 안 계속해서 기다려오고 있던 중이었다는 의미가 되어야 자연스럽다. 따라서 과거완료진행 시제 (d) <u>had been waiting</u>이 정답이다.

오답분석

(a) 과거진행 시제는 특정 과거 시점에 한창 진행 중이었던 일을 나타내므로, 대과거에 시작해서 특정 과거 시점까지 계속해서 진행되고 있 었던 일을 표현할 수 없어 오답이다.

어휘 | extremely adv. 매우, 극도로 annoyed adj. 짜증이 난, 약이 오른 sprain v. 삐다, 접지르다 ankle n. 발목
happen v. 일어나다, 발생하다 deliver v. 배달하다

16 준동사 동명사의 보어 역할

Since finishing law school, my cousin has spent over three months studying to take the New York Bar Exam. Her goal is _____ a lawyer that specializes in labor law so that she can protect the rights of workers.

로스쿨을 마친 이래로, 나의 사촌은 뉴욕 변호사 시험 을 보기 위해 석 달 넘게 공부하면서 보냈다. 그녀의 목표는 그녀가 노동자들의 권리를 보호할 수 있도록 노동법을 전문으로 하는 변호사가 <u>되는 것</u>이다.

─○ 지텔프 치트키

보기를 통해 준동사 문제임을 알 수 있으므로, 빈칸 주변에서 단서를 파악한다.

해설 | 주어(Her goal)와 be 동사(is) 다음에 온 빈칸은 보어 자리이다. be 동사의 보어 자리에는 명사나 형용사 역할을 하는 것이 올 수 있으므 로, '되는 것'이라는 의미를 만드는 동명사 (d) <u>becoming</u>이 정답이다.

어휘 | cousin n. 사촌 bar exam phr. 변호사 시험 lawyer n. 변호사 specialize in phr. ~을 전문으로 하다 labor law phr. 노동법
protect v. 보호하다 right n. 권리

17 조동사 조동사 might

On Tuesday, Susan visited a medical clinic due to her arm being covered with hives. The doctor said that she _____ have come into contact with something she was allergic to. He then prescribed some ointment for Susan to apply to her skin.

화요일에, Susan은 두드러기로 뒤덮인 그녀의 팔 때 문에 병원에 방문했다. 의사는 그녀가 알레르기가 있 는 어떤 것과 접촉했을지도 모른다고 말했다. 그러고 나서 그는 Susan에게 피부에 바를 약간의 연고를 처 방했다.

해설 | 문맥상 두드러기의 확실한 원인을 모르는 상태에서 의사가 Susan이 알레르기가 있는 어떤 것과 접촉했을지도 모른다고 추측하는 내용이 되어야 자연스럽다. 따라서 'have p.p.'와 함께 쓰일 때 '~했을지도 모른다'라는 의미의 과거에 대한 약한 추측을 나타내는 조동사 (b) might 가 정답이다.

어휘 | be covered with phr. ~으로 뒤덮이다 hives n. 두드러기, 발진 come into contact with phr. ~과 접촉하다
be allergic to phr. ~에 알레르기가 있다 prescribe v. 처방하다 ointment n. 연고 apply v. 바르다, 적용하다 skin n. 피부

---

18 가정법 가정법 과거   난이도 ●●○

Dominic is very nervous about the presentation he has been asked to provide for a representative of one of his firm's biggest clients, Pole Automotive. If he were allowed, he _____ the meeting to give himself more time to prepare.

Dominic은 그의 회사의 가장 큰 고객들 중 하나인 Pole 자동차의 대표를 위해 제공하도록 그가 요청받은 발표에 대해 매우 긴장해 있다. 만약 그에게 허용된다면, 그는 자신에게 준비할 시간을 더 주기 위해 그 회의를 미룰 것이다.

해설 | If절에 과거 동사(were allowed)가 있으므로, 주절에는 이와 짝을 이루어 가정법 과거를 만드는 'would(조동사 과거형) + 동사원형'이 와야 한다. 따라서 (d) would postpone이 정답이다.

어휘 | nervous adj. 긴장한 representative n. 대표 firm n. 회사 client n. 고객 automotive adj. 자동차의 postpone v. 미루다

---

19 관계사 주격 관계대명사 who   난이도 ●●○

At a press conference on Sunday, Wendy Lewis surprised the entire world by announcing her intention to retire. The professional golfer, _____, will play her last game at a tournament in Seattle on August 15.

일요일에 기자 회견에서, 그녀의 은퇴 의사를 발표함으로써 Wendy Lewis는 전 세계를 놀라게 했다. 그 프로 골퍼는, 여러 전국 선수권에서 우승해왔는데, 8월 15일에 시애틀에서 있을 선수권 쟁탈전에서 그녀의 마지막 경기를 할 것이다.

해설 | 사람 선행사 The professional golfer를 받으면서 콤마(,) 뒤에 올 수 있는 주격 관계대명사가 필요하므로, (d) who has won several national titles가 정답이다.

[오답분석]
(a) 관계대명사 that도 사람 선행사를 받을 수 있지만, 콤마 뒤에 올 수 없으므로 오답이다.

어휘 | press conference phr. 기자 회견 surprise v. 놀라게 하다 entire adj. 전체의 announce v. 발표하다 intention n. 의사, 의도
retire v. 은퇴하다 professional golfer phr. 프로 골퍼 tournament n. 선수권 쟁탈전 title n. 선수권, 타이틀

01회
02회
03회
04회
05회
06회
07회
08회
09회
10회

20 시제 현재완료진행

난이도 ●●○

Global warming and rising sea levels are threats to all forms of life on our planet. So, environmentalists _____ governments to take action to address these problems ever since they were first identified.

지구 온난화와 상승하는 해수면은 지구에 있는 모든 형태의 생명체에 위협이다. 따라서, 환경 운동가들은 이러한 문제들이 처음 발견되었던 때 이래로 계속 그 것들을 다루기 위해 정부가 조치를 취하도록 장려해 오고 있는 중이다.

○ 지텔프 치트키

보기를 통해 시제 문제임을 알 수 있으므로, 시간 표현 관련 단서를 파악한다.

해설 | 현재완료진행 시제와 함께 쓰이는 시간 표현 'ever since + 과거 동사'(ever since ~ were ~ identified)가 있고, 문맥상 환경 운동가들은 지구 온난화와 해수면 상승 문제가 처음 발견되었던 과거 시점 이래로 현재까지 계속해서 정부가 조치를 취하도록 장려해오고 있는 중이라는 의미가 되어야 자연스럽다. 따라서 현재완료진행 시제 (b) have been encouraging이 정답이다.

어휘 | global warming phr. 지구 온난화 sea level phr. 해수면 threat n. 위협 environmentalist n. 환경 운동가 take action phr. 조치를 취하다 address v. 다루다, 처리하다 identify v. 발견하다, 확인하다 encourage v. 장려하다, 고무하다

21 조동사 조동사 should 생략

난이도 ●●○

When an endoscopy is performed, a camera passes down the throat and into the stomach. As the presence of food can cause complications, doctors request that patients _____ anything for eight hours prior to the procedure.

내시경 검사가 행해질 때, 카메라는 목을 지나서 위까지 내려간다. 음식이 있는 것은 합병증을 유발할 수 있기 때문에, 의사들은 환자들이 처치 전에 8시간 동안 아무것도 먹지 말아야 한다고 요청한다.

○ 지텔프 치트키

보기 및 빈칸 문장의 that절을 통해 조동사 should 생략 문제임을 알 수 있으므로, 빈칸 주변에서 단서를 파악한다.

해설 | 주절에 요구를 나타내는 동사 request가 있으므로 that절에는 '(should +) 동사원형'이 와야 한다. 따라서 동사원형 (a) not eat이 정답이다.

어휘 | endoscopy n. 내시경 검사 throat n. 목 stomach n. 위, 복부 presence n. 있음, 존재 complication n. 합병증 patient n. 환자 procedure n. (의학적) 처치, 수술

22 준동사 동명사를 목적어로 취하는 동사

난이도 ●●○

Just two months after making his New Year's resolution, Samuel is already having a hard time sticking to it. He wants to quit _____ his nails, but he still does it whenever he feels anxious.

새해 결심을 한 지 고작 두 달 만에, Samuel은 그것을 계속하는 것에 이미 어려움을 겪는 중이다. 그는 자신의 손톱을 물어뜯는 것을 그만두고 싶어 하지만, 그는 여전히 불안함을 느낄 때마다 그것을 한다.

○ 지텔프 치트키

보기를 통해 준동사 문제임을 알 수 있으므로, 빈칸 주변에서 단서를 파악한다.

해설 | 빈칸 앞 동사 quit은 동명사를 목적어로 취하므로, 동명사 (d) chewing이 정답이다.

어휘 | resolution n. 결심 stick to phr. ~을 계속하다 quit v. 그만두다 nail n. 손톱 anxious adj. 불안한 chew v. 물어뜯다, 깨물다

---

23 연결어 접속사   난이도 ●●●

Until recently, most experts agreed about when North America was populated. They believed humans first arrived on the continent about 13,000 years ago. However, this theory is being reconsidered _____ footprints that are over 23,000 years old were discovered in the United States.	최근까지, 대부분의 전문가들은 북미에 사람이 거주했던 시기에 대해 의견을 같이했다. 그들은 인간이 약 만 3천 년 전에 그 대륙에 처음 도착했다고 믿었다. 하지만, 이 이론은 미국에서 2만 3천 년도 더 된 발자국이 발견되었기 때문에 재고되고 있는 중이다.

━O 지텔프 치트키

보기를 통해 연결어 문제임을 알 수 있으므로, 첫 문장부터 읽으며 문맥을 파악한다.

해설 | 문맥상 최근까지 대부분의 전문가들이 의견을 같이했던 '이 이론'(인간이 약 만 3천 년 전에 북미 대륙에 처음 도착했다는 이론)을 반박하는 증거(2만 3천 년도 더 된 발자국)가 발견되었기 때문에 해당 이론이 재고되고 있는 중이라는 의미가 되어야 자연스럽다. 따라서 '~이기 때문에'라는 의미의 이유를 나타내는 부사절 접속사 (c) because가 정답이다.

오답분석

(a) while은 '~이긴 하지만', (b) whereas는 '~인 반면', (d) although는 '~에도 불구하고'라는 의미로, 문맥에 적합하지 않아 오답이다.

어휘 | agree v. 의견을 같이하다 populate v. 사람을 거주시키다 continent n. 대륙 theory n. 이론 reconsider v. 재고하다 footprint n. 발자국

---

24 가정법 가정법 과거   난이도 ●●○

Jacques is having fun during his trip to Liverpool, but he is struggling to make friends. If he _____ English better, he would find it easier to communicate with the people living in the city.	Jacques는 그의 리버풀 여행 동안 즐거운 시간을 보내고 있지만, 친구를 만드는 데 어려움을 겪고 있다. 만약 그가 영어를 더 잘 구사할 수 있다면, 그는 그 도시에 살고 있는 사람들과 의사소통하는 것을 더 쉽게 여길 것이다.

━O 지텔프 치트키

빈칸 문장의 If를 통해 가정법 문제임을 알 수 있으므로, 가정법 시제 관련 단서를 파악한다.

해설 | 주절에 'would(조동사 과거형) + 동사원형' 형태의 would find가 있으므로, If절에는 이와 짝을 이루어 가정법 과거를 만드는 과거 동사가 와야 한다. 따라서 (d) could speak가 정답이다.

어휘 | have fun phr. 즐거운 시간을 보내다 struggle v. 어려움을 겪다, 애쓰다 communicate v. 의사소통하다

25 조동사 · 조동사 would

난이도 ●●●

Artists know that how a painting is lit significantly affects its appearance. For example, Pablo Picasso decided that he _____ use candles when displaying some of his works. He felt that the flickering light enhanced the mystical qualities of these paintings.

예술가들은 그림이 빛을 받는 방식이 그것의 외관에 상당히 영향을 미친다는 것을 안다. 예를 들어, 파블로 피카소는 몇몇 그의 작품들을 전시할 때 양초를 사용할 것으로 결정했다. 그는 그 깜박거리는 빛이 이 그림들의 신비주의적인 특성을 강화한다고 생각했다.

지텔프 치트키

보기를 통해 조동사 문제임을 알 수 있으므로, 첫 문장부터 읽으며 문맥을 파악한다.

해설 | 문맥상 파블로 피카소가 자신의 몇몇 작품들을 전시할 때 양초를 사용할 것으로 결정했다는 의미가 되어야 자연스러우므로, '~할 것이다'를 뜻하면서 의지를 나타내는 조동사 will의 과거형 (a) would가 정답이다.

오답분석

(c) 조동사 will은 주절의 과거 동사 decided와 시제가 일치하지 않으므로 오답이다.

어휘 | light v. (빛을) 비추다; n. 빛 **significantly** adv. 상당히 **affect** v. 영향을 미치다 **appearance** n. 외관, 모습 **candle** n. 양초 **display** v. 전시하다 **flickering** adj. 깜박거리는 **enhance** v. 강화하다, 높이다 **mystical** adj. 신비주의적인 **quality** n. 특성, 질

26 가정법 · 가정법 과거완료

난이도 ●●●

Did you hear that Darren moved abroad last week? I was shocked. I didn't have a clue that he was leaving! Had he told me the news before he left, I _____ a small gift and letter to him.

Darren이 지난주에 해외로 이주했다는 것을 들었어? 나는 충격을 받았어. 나는 그가 떠날 줄은 짐작도 못했어! 그가 떠나기 전에 나에게 그 소식을 전했었다면, 나는 그에게 작은 선물과 편지를 주었을 텐데.

지텔프 치트키

빈칸 문장의 도치 구문을 통해 가정법 문제임을 알 수 있으므로, 가정법 시제 관련 단서를 파악한다.

해설 | if가 생략되어 도치된 절에 'had p.p.' 형태의 Had ~ told가 있으므로, 주절에는 이와 짝을 이루어 가정법 과거완료를 만드는 'would(조동사 과거형) + have p.p.'가 와야 한다. 따라서 (c) would have given이 정답이다. 참고로 'Had he told me the news ~'는 'If he had told me the news ~'로 바꿔 쓸 수 있다.

어휘 | abroad adv. 해외로 **not have a clue** phr. 짐작도 못하다, 전혀 모르다

05회 실전모의고사

정답 및 문제 유형 분석표

01	(c) 준동사	08	(b) 관계사	15	(c) 가정법	21	(d) 조동사
02	(d) 시제	09	(d) 준동사	16	(d) 준동사	22	(c) 조동사
03	(a) 조동사	10	(c) 시제	17	(c) 연결어	23	(d) 시제
04	(b) 가정법	11	(b) 가정법	18	(a) 시제	24	(a) 준동사
05	(a) 시제	12	(d) 연결어	19	(b) 준동사	25	(d) 가정법
06	(c) 준동사	13	(c) 조동사	20	(d) 가정법	26	(b) 관계사
07	(c) 가정법	14	(d) 시제				

취약 유형 분석표

유형	맞힌 개수
시제	/ 6
가정법	/ 6
조동사	/ 4
준동사	/ 6
연결어	/ 2
관계사	/ 2
TOTAL	**26**

---

01 준동사   to 부정사의 관용적 표현

난이도 ●●○

I'm going on a business trip to Istanbul next month. Although I'll be very busy, I'm determined _____ the Hagia Sophia during my time there. I've wanted to see this historic structure for many years.

나는 다음 달에 이스탄불로 출장을 갈 예정이다. 내가 매우 바쁠 것이기는 하지만, 나는 그곳에서의 나의 시간 동안 아야 소피아에 방문하기로 결심한다. 나는 이 역사적인 건축물을 수년간 보고 싶어 해왔다.

지텔프 치트키

보기를 통해 준동사 문제임을 알 수 있으므로, 빈칸 주변에서 단서를 파악한다.

해설 | 동사 determine은 'be determined + to 부정사'의 형태로 쓰여 '~하기로 결심하다'라는 관용적 의미를 나타낸다. 따라서 to 부정사 (c) to visit가 정답이다.

어휘 | business trip phr. 출장   structure n. 건축물, 구조물

---

02 시제   미래완료진행

난이도 ●●●

Some members of the National Cycling Association are participating in a cross-country bicycle trip. If they reach Chicago next week as planned, they _____ for over two months.

전국 사이클링 협회의 몇몇 회원들은 국토를 횡단하는 자전거 여행에 참여하고 있다. 만약 그들이 계획된 대로 다음 주에 시카고에 도착하면, 그들은 두 달이 넘는 기간 동안 이미 여행해오고 있는 중일 것이다.

지텔프 치트키

보기를 통해 시제 문제임을 알 수 있으므로, 시간 표현 관련 단서를 파악한다.

---

152 본 교재 인강·무료 지텔프 문법 총정리강의   HackersIngang.com

해설 | 현재 동사로 미래의 의미를 나타내는 조건의 부사절 'if + 현재 동사'(If ~ reach)가 사용되었고, 미래완료진행 시제와 함께 쓰이는 시간 표현 next week와 'for + 기간 표현'(for over two months)이 있다. 또한, 문맥상 다음 주 시카고에 도착하는 미래 시점에 회원들은 두 달이 넘는 기간 동안 계속해서 여행해오고 있는 중일 것이라는 의미가 되어야 자연스럽다. 따라서 미래완료진행 시제 (d) will have already been traveling이 정답이다. 참고로, if는 미래진행 시제나 미래완료진행 시제 문제에서 간혹 조건의 부사절을 이끄는 접속사로 사용되기도 한다.

> **오답분석**
> (a) 미래진행 시제는 특정 미래 시점에 한창 진행 중일 일을 나타내므로, 과거 또는 현재에 시작해서 특정 미래 시점까지 계속해서 진행되고 있을 일을 표현할 수 없어 오답이다.

어휘 | cycling n. 사이클링, 자전거 타기 cross-country adj. 국토를 횡단하는 reach v. 도착하다, 이르다

---

03 | 조동사   조동사 may   난이도 ●●○

A recent study shows that online learning leads to an education gap among different groups of students. It _____ seem that all children benefit equally from this approach, but those from high-income families have a tendency to perform better.

최근의 한 연구는 온라인 학습이 서로 다른 그룹의 학생들 간 교육 격차로 이어진다는 것을 보여준다. 이 학습법으로부터 모든 아이들이 똑같이 도움을 받는 것처럼 보일지도 모르지만, 고소득 가정의 아이들이 더 잘 수행하는 경향이 있다.

○ 지텔프 치트키
보기를 통해 조동사 문제임을 알 수 있으므로, 첫 문장부터 읽으며 문맥을 파악한다.

해설 | 문맥상 최근 연구가 사람들이 온라인 학습에 대해 막연히 하는 추측(온라인 학습법으로부터 모든 아이들이 똑같이 도움을 받는다는 것)과는 대조적인 연구 결과(온라인 학습이 서로 다른 그룹의 학생들 간 교육 격차로 이어진다는 것)를 도출했다는 내용이 되어야 자연스러우므로, '~할지도 모른다'를 뜻하면서 약한 추측을 나타내는 조동사 (a) may가 정답이다.

어휘 | learning n. 학습 gap n. 격차 seem v. ~인 것처럼 보이다, ~인 듯하다 benefit from phr. ~으로부터 도움을 받다, 이익을 얻다 equally adv. 똑같이 approach n. 학습법, 접근법 high-income adj. 고소득의 have a tendency to phr. ~하는 경향이 있다

---

04 | 가정법   가정법 과거   난이도 ●●○

These days, many retail outlets have made the transition from cashiers to self-checkout kiosks. Unfortunately, this development is inconvenient for the elderly, who are often uncomfortable with new technologies. If stores provided more detailed instructions, their older customers _____ the kiosks more easily.

요즘, 많은 소매점들이 계산원에서 셀프 계산대 키오스크로 변화하고 있다. 유감스럽게도, 이 발전은 고령자들에게 곤란한데, 그들은 보통 새로운 기술을 불편해한다. 만약 상점들이 더 상세한 설명을 제공한다면, 그들의 고령 고객들은 키오스크를 더 쉽게 사용할 수 있을 것이다.

○ 지텔프 치트키
빈칸 문장의 If를 통해 가정법 문제임을 알 수 있으므로, 가정법 시제 관련 단서를 파악한다.

해설 | If절에 과거 동사(provided)가 있으므로, 주절에는 이와 짝을 이루어 가정법 과거를 만드는 'could(조동사 과거형) + 동사원형'이 와야 한다. 따라서 (b) could use가 정답이다.

어휘 | retail outlet phr. 소매점 transition n. 변화, 변천 cashier n. 계산원 self-checkout adj. 셀프 계산대의 unfortunately adv. 유감스럽게도 development n. 발전 inconvenient adj. 곤란한, 불편한 the elderly phr. 고령자들, 노인들 uncomfortable adj. 불편한, 거북한 detailed adj. 상세한 instruction n. 설명, 지시

In 1610, the Italian astronomer Galileo found conclusive evidence that the planets orbited the Sun. This was important because Europeans _____ this for decades, ever since 1543 when Copernicus proposed that the Sun was at the center of the solar system.

1610년에, 이탈리아의 천문학자 갈릴레오는 행성들이 태양의 궤도를 돈다는 결정적인 증거를 발견했다. 코페르니쿠스가 태양이 태양계의 중심에 있다고 제시했던 1543년 이래로 줄곧, 몇십 년 동안 유럽인들이 이에 대해 <u>논쟁해오던 중이었기</u> 때문에 이것은 중요했다.

지텔프 치트키

보기를 통해 시제 문제임을 알 수 있으므로, 시간 표현 관련 단서를 파악한다.

해설 | 과거완료진행 시제와 함께 쓰이는 시간 표현 'for + 기간 표현'(for decades)과 'ever since + 과거 시점'(ever since 1543)이 있고, 문맥상 대과거(1543년에 코페르니쿠스가 태양이 태양계의 중심에 있다고 제시했던 시점)부터 과거(1610년에 갈릴레오가 결정적인 증거를 발견했던 시점)까지 몇십 년 동안 유럽인들이 이에 대해 계속해서 논쟁해오던 중이었다는 의미가 되어야 자연스럽다. 따라서 과거완료진행 시제 (a) had been debating이 정답이다.

어휘 | astronomer n. 천문학자   conclusive adj. 결정적인   evidence n. 증거   planet n. 행성   orbit v. 궤도를 돌다   decade n. 십 년   propose v. 제시하다, 제안하다   solar system phr. 태양계   debate v. 논쟁하다

Clara was caught by her parents sneaking into the house at 1 a.m. last night. They are very angry because she evaded _____ their questions about what she was doing out so late at night.

Clara는 어젯밤 새벽 1시에 집에 몰래 들어가다가 부모님께 걸렸다. 그들은 그녀가 그렇게 늦은 밤에 밖에서 무엇을 하고 있었는지에 대한 그들의 질문에 <u>대답하는 것을</u> 피했기 때문에 매우 화가 나 있다.

지텔프 치트키

보기를 통해 준동사 문제임을 알 수 있으므로, 빈칸 주변에서 단서를 파악한다.

해설 | 빈칸 앞 동사 evade는 동명사를 목적어로 취하므로, 동명사 (c) answering이 정답이다.

[오답분석]
(a) having answered도 동명사이기는 하지만, 완료동명사(having answered)로 쓰일 경우 '피하는' 시점보다 '대답하는' 시점이 앞선다는 것을 나타내므로 문맥에 적합하지 않아 오답이다.

어휘 | sneak into phr. ~에 몰래 들어가다   evade v. 피하다, 회피하다

Theodore's friend told him about an open graphic designer position at Western Media. However, he chose to remain at his current company. Had he applied for the job and been accepted, he _____ a much higher salary.

Theodore의 친구는 그에게 공석인 Western 미디어의 그래픽 디자이너 직위에 대해 말해 주었다. 하지만, 그는 그의 현재 회사에 남는 것을 선택했다. 그가 그 직위에 지원하여 입사했었다면, 그는 훨씬 더 높은 급여를 <u>받았을 것이다.</u>

지텔프 치트키

빈칸 문장의 도치 구문을 통해 가정법 문제임을 알 수 있으므로, 가정법 시제 관련 단서를 파악한다.

해설 | if가 생략되어 도치된 절에 'had p.p.' 형태의 Had ~ applied와 Had ~ been accepted가 있으므로, 주절에는 이와 짝을 이루어 가정법 과거완료를 만드는 'would(조동사 과거형) + have p.p.'가 와야 한다. 따라서 (c) would have received가 정답이다. 참고로 'Had he applied for the job and been accepted'는 'If he had applied for the job and been accepted'로 바꿔 쓸 수 있다.

어휘 | open adj. (직위가) 공석인 remain v. 남다 current adj. 현재의, 지금의 accept v. 입사시키다, 정식으로 받아들이다

---

08 관계사   목적격 관계대명사 whom   난이도 ●●○

Last Saturday evening, I attended an alumni meeting with my former university classmates. It was unfortunate that Carina, _____, could not participate in this special event because she was on a trip to Barcelona.

지난 토요일 저녁에, 나는 나의 과거 대학교 동창생들과의 동창회에 참석했다. Carina는, 그녀를 내가 많이 그리워하는데, 바르셀로나로 여행을 갔기 때문에 이 특별한 행사에 참석할 수 없었다는 것이 유감스러웠다.

지텔프 치트키

보기를 통해 관계사 문제임을 알 수 있으므로, 선행사 관련 단서를 파악한다.

해설 | 사람 선행사 Carina를 받으면서 보기의 관계절 내에서 동사 miss의 목적어가 될 수 있는 목적격 관계대명사가 필요하므로, (b) whom I miss a lot이 정답이다.

오답분석

(c) 관계대명사 that도 목적격으로 쓰여 사람 선행사를 받을 수 있지만, 콤마 뒤에 올 수 없으므로 오답이다.

어휘 | attend v. 참석하다 alumni meeting phr. 동창회 former adj. 과거의 classmate n. 동창생, 반 친구 unfortunate adj. 유감스러운

---

09 준동사   동명사를 목적어로 취하는 동사   난이도 ●●○

On Wednesday afternoon, Mr. Tanner accidentally deleted all of the data in his company's customer database. As a result, he has to re-enter all of the information! He anticipates _____ at least four hours on this project.

수요일 오후에, Mr. Tanner는 잘못하여 그의 회사 고객 데이터베이스에 있는 모든 데이터를 삭제했다. 그 결과, 그는 모든 정보를 다시 입력해야 한다! 그는 이 과제에 적어도 4시간을 쓸 것을 예상한다.

지텔프 치트키

보기를 통해 준동사 문제임을 알 수 있으므로, 빈칸 주변에서 단서를 파악한다.

해설 | 빈칸 앞 동사 anticipate는 동명사를 목적어로 취하므로, 동명사 (d) spending이 정답이다.

오답분석

(a) having spent도 동명사이기는 하지만, 완료동명사(having spent)로 쓰일 경우 '예상하는' 시점보다 '(시간을) 쓰는' 시점이 앞선다는 것을 나타내므로 문맥에 적합하지 않아 오답이다.

어휘 | accidentally adv. 잘못하여, 우연히 anticipate v. 예상하다, 예측하다

10 시제 　현재완료진행　　　　　　　　　　　　　　　　　　　난이도 ●●●

The problem of wealth inequality has existed in every time period. While humans _____ with this dilemma throughout history, it is unlikely to be resolved in the near future.

부의 불평등 문제는 모든 시기에 존재해왔다. 인간이 역사 동안 내내 이 딜레마에 대처해오고 있는 중이지만, 그것은 가까운 미래에 해결될 것 같지 않다.

🔑 지텔프 치트키

보기를 통해 시제 문제임을 알 수 있으므로, 시간 표현 관련 단서를 파악한다.

해설 | 현재완료진행 시제와 함께 쓰이는 시간 표현 'throughout + 시점'(throughout history)이 있고, 문맥상 인간은 역사 동안 내내 부의 불평등이라는 딜레마에 계속해서 대처해오고 있는 중이라는 의미가 되어야 자연스럽다. 따라서 현재완료진행 시제 (c) have been dealing이 정답이다.

어휘 | wealth n. 부 　inequality n. 불평등 　exist v. 존재하다 　throughout prep. ~ 동안 내내 　unlikely adj. ~할 것 같지 않은 resolve v. 해결하다 　deal with phr. ~에 대처하다

11 가정법 　가정법 과거　　　　　　　　　　　　　　　　　　　　난이도 ●●○

Felix worries that he won't do well in the National Math Competition that will be held in November because he hasn't had time to prepare. If he were to win, he _____ his parents happy.

Felix는 그가 준비할 시간이 없었기 때문에 11월에 열릴 전국 수학 경연에서 잘하지 못할 것을 걱정한다. 만약 그가 우승한다면, 그는 그의 부모님을 기쁘게 만들 것이다.

🔑 지텔프 치트키

빈칸 문장의 If를 통해 가정법 문제임을 알 수 있으므로, 가정법 시제 관련 단서를 파악한다.

해설 | If절에 과거 동사(were to win)가 있으므로, 주절에는 이와 짝을 이루어 가정법 과거를 만드는 'would(조동사 과거형) + 동사원형'이 와야 한다. 따라서 (b) would make가 정답이다.

어휘 | competition n. 경연, 대회, 경쟁 　hold v. 열다, 개최하다

12 연결어 　접속부사　　　　　　　　　　　　　　　　　　　　　난이도 ●○○

If you are having problems finding a part-time job, you should try to make your résumé more attractive to potential employers. _____, you can highlight any certificates you have acquired that may be relevant to the advertised position.

만약 당신이 아르바이트 일을 찾는 데 어려움을 겪고 있다면, 당신의 이력서가 잠재적인 고용주들에게 더 매력적이도록 만들기 위해 노력해야 한다. 예를 들어, 당신은 광고된 일자리와 관련 있을지도 모르는 당신이 취득한 어떤 자격증이라도 강조할 수 있다.

🔑 지텔프 치트키

보기 및 빈칸 뒤의 콤마를 통해 접속부사 문제임을 알 수 있으므로, 첫 문장부터 읽으며 문맥을 파악한다.

해설 | 빈칸 앞 문장은 이력서가 고용주들에게 더 매력적이도록 만들기 위해 노력해야 한다는 일반론적인 내용이고, 빈칸 뒤 문장은 관련 있는 자격증을 이력서에서 강조할 수 있다는 구체적인 내용으로서 이력서를 더 매력적이게 만들 수 있는 예를 들고 있다. 따라서 '예를 들어'라는 의미의 예시를 나타내는 접속부사 (d) For example이 정답이다.

(a) By the way는 '그런데', (b) As a result는 '그 결과', (c) By contrast는 '그에 반해서'라는 의미로, 문맥에 적합하지 않아 오답이다.

어휘 | résumé n. 이력서 attractive adj. 매력적인 potential adj. 잠재적인 employer n. 고용주 highlight v. 강조하다
certificate n. 자격증 acquire v. 취득하다 relevant adj. 관련 있는 advertise v. 광고하다

---

13 조동사   조동사 should 생략   난이도 ●●●

Diana was upset that it took over two weeks for Polson Office Supply to approve a refund for the products she had sent back. The return policy clearly stipulates that the process _____ within seven business days, so she called to point out this.

Diana는 Polson 사무용품점이 그녀가 돌려보냈던 제품의 환불을 승인하는 데 2주가 넘게 걸려서 화가 났다. 반품 정책은 그 절차가 7영업일 안에 <u>완료되어야 한다</u>고 분명히 규정하고, 그녀는 이것을 지적하기 위해 전화했다.

○ 지텔프 치트키

보기 및 빈칸 문장의 that절을 통해 조동사 should 생략 문제임을 알 수 있으므로, 빈칸 주변에서 단서를 파악한다.

해설 | 주절에 명령을 나타내는 동사 stipulate가 있으므로 that절에는 '(should +) 동사원형'이 와야 한다. 따라서 동사원형 (c) be completed 가 정답이다.

어휘 | upset adj. 화가 난, 언짢은 office supply phr. 사무용품 approve v. 승인하다 refund n. 환불 return n. 반품, 반송 policy n. 정책
stipulate v. 규정하다 business day phr. 영업일 point out phr. 지적하다, 언급하다 complete v. 완료하다

---

14 시제   과거진행   난이도 ●●○

Nancy failed to get a ticket for the premiere of director Steven Spielberg's latest film. When she arrived at the theater yesterday evening, a very large number of people _____ in line to buy tickets.

Nancy는 스티븐 스필버그 감독의 최신 개봉 영화표를 구하지 못했다. 그녀가 어제저녁에 영화관에 도착했을 때, 아주 많은 사람들이 표를 사기 위해 줄을 서서 <u>이미 기다리고 있는 중이었다</u>.

○ 지텔프 치트키

보기를 통해 시제 문제임을 알 수 있으므로, 시간 표현 관련 단서를 파악한다.

해설 | 과거진행 시제와 함께 쓰이는 시간 표현 'when + 과거 동사/시점'(When ~ arrived ~ yesterday evening)이 있고, 문맥상 Nancy가 과거 시점인 어제저녁에 영화관에 도착했을 때 아주 많은 사람들이 표를 사기 위해 줄을 서서 이미 기다리고 있는 중이었다는 의미가 되어야 자연스럽다. 따라서 과거진행 시제 (d) were already waiting이 정답이다.

어휘 | fail v. 하지 못하다, 실패하다 premiere n. 개봉, 초연 director n. 감독 latest adj. 최신의 theater n. 영화관
wait in line phr. 줄을 서서 기다리다

15 가정법 가정법 과거완료 난이도 ●●○

Jordan and several other members of the football team quit because they felt the coach was way too strict. If the coach had been more flexible about the rules, they _____ the team.

Jordan과 축구팀의 다른 몇몇 팀원들은 코치가 너무 엄격하다고 생각했기 때문에 그만두었다. 만약 그 코치가 규칙에 대해 더 융통성 있었다면, 그들은 그 팀을 떠나지 않았을 것이다.

지텔프 치트키

빈칸 문장의 If를 통해 가정법 문제임을 알 수 있으므로, 가정법 시제 관련 단서를 파악한다.

해설 | If절에 'had p.p.' 형태의 had been이 있으므로, 주절에는 이와 짝을 이루어 가정법 과거완료를 만드는 'would(조동사 과거형) + have p.p.'가 와야 한다. 따라서 (c) would not have left가 정답이다.

어휘 | quit v. 그만두다 strict adj. 엄격한 flexible adj. 융통성 있는, 유순한 rule n. 규칙

16 준동사 to 부정사를 목적격 보어로 취하는 동사 난이도 ●●●

GT Mobile has launched an advertising campaign to stress the benefits of its 5G data packages. It will hopefully induce existing customers _____ their accounts to more expensive options, thereby increasing profits for the company.

GT Mobile사는 당사의 5G 데이터 패키지의 혜택을 강조하기 위한 광고 운동을 개시했다. 그것은 바라건대 기존 고객들에게 그들의 계정을 더 비싼 선택지로 업그레이드하도록 유도할 것이며, 그렇게 함으로써 회사의 이익을 증대시킬 것이다.

지텔프 치트키

보기를 통해 준동사 문제임을 알 수 있으므로, 빈칸 주변에서 단서를 파악한다.

해설 | 빈칸 앞 동사 induce는 'induce + 목적어 + 목적격 보어'의 형태로 쓰일 때 to 부정사를 목적격 보어로 취하여, '-에게 ~하도록 유도하다'라는 의미로 사용된다. 따라서 to 부정사 (d) to upgrade가 정답이다.

어휘 | launch v. 개시하다, 출시하다 advertising n. 광고 stress v. 강조하다 benefit n. 혜택 hopefully adv. 바라건대 existing adj. 기존의 customer n. 고객 account n. 계정 expensive adj. 비싼 option n. 선택지 thereby adv. 그렇게 함으로써 profit n. 이익 upgrade v. 업그레이드하다, 등급을 올리다

17 연결어 접속사 난이도 ●●○

Adam always tries to please his girlfriend, even when she suggests doing something he dislikes. For instance, he often goes to theatrical performances with her _____ he finds them boring.

Adam은 그의 여자친구가 그가 싫어하는 것을 하자고 제안할 때조차도 그녀를 기쁘게 하려고 항상 노력한다. 예를 들어, 그는 연극 공연이 지루하다고 여김에도 불구하고 자주 그녀와 그것을 보러 간다.

지텔프 치트키

보기를 통해 연결어 문제임을 알 수 있으므로, 첫 문장부터 읽으며 문맥을 파악한다.

해설 | 문맥상 Adam은 연극 공연이 지루하다고 여기지만 여자친구를 기쁘게 하기 위해 자주 보러 간다는 의미가 되어야 자연스럽다. 따라서 '~에도 불구하고'라는 의미의 양보를 나타내는 부사절 접속사 (c) although가 정답이다.

(a) because와 (b) since는 '~하기 때문에', (d) unless는 '~하지 않는 한'이라는 의미로, 문맥에 적합하지 않아 오답이다.

어휘 | please v. 기쁘게 하다 dislike v. 싫어하다 theatrical adj. 연극의 boring adj. 지루한

---

18 시제   미래진행   난이도 ●●○

Professor Brody has been selected to present the award for best documentary at Western University's annual student film contest. During the awards ceremony tomorrow evening, he _____ the various nominees in this category.

Brody 교수는 Western 대학교의 연례 학생 영화 대회에서 최고의 다큐멘터리상을 주도록 선정되었다. 내일 저녁 시상식 중에, 그는 이 부문의 다양한 후보들을 소개하고 있는 중일 것이다.

🔑 지텔프 치트키

보기를 통해 시제 문제임을 알 수 있으므로, 시간 표현 관련 단서를 파악한다.

해설 | 미래진행 시제와 함께 쓰이는 시간 표현 tomorrow evening이 있고, 문맥상 미래 시점인 내일 저녁의 시상식 중에 Brody 교수는 후보들을 소개하고 있는 중일 것이라는 의미가 되어야 자연스럽다. 따라서 미래진행 시제 (a) will be introducing이 정답이다.

어휘 | select v. 선정하다, 선발하다 present v. 주다, 수여하다 award n. 상 annual adj. 연례의, 매년의 contest n. 대회, 경쟁 ceremony n. 식, 의식 nominee n. 후보, 지명된 사람 category n. 부문, 종류

---

19 준동사   동명사를 목적어로 취하는 동사   난이도 ●○○

Antoni Gaudi was a Spanish architect known for his use of complex geometrical shapes. After he finished _____ a hotel in 1908, he focused exclusively on religious structures. These included the Sagrada Família, a cathedral that is now a UNESCO World Heritage Site.

안토니 가우디는 그의 복잡한 기하학적 형태의 사용으로 알려진 스페인 건축가였다. 그가 1908년에 한 호텔을 디자인하는 것을 끝낸 후에, 그는 전적으로 종교적 건축물들에 초점을 맞췄다. 이것들은 현재 유네스코 세계 문화유산인 대성당 사그라다 파밀리아를 포함했다.

🔑 지텔프 치트키

보기를 통해 준동사 문제임을 알 수 있으므로, 빈칸 주변에서 단서를 파악한다.

해설 | 빈칸 앞 동사 finish는 동명사를 목적어로 취하므로, 동명사 (b) designing이 정답이다.

어휘 | architect n. 건축가 complex adj. 복잡한 geometrical adj. 기하학적인 exclusively adv. 전적으로, 독점적으로 religious adj. 종교적인 structure n. 건축물, 구조물 include v. 포함하다 cathedral n. 대성당 heritage n. 유산

20

가정법　　가정법 과거완료　　　　　　　　　　　　　　　　　　　　　　난이도 ●●○

Even though Jake and Allen are brothers, they do not have a close relationship and are rarely seen together. Had they spent more time playing together as children, they _____ a stronger bond.

Jake와 Allen이 형제임에도 불구하고, 그들은 친밀한 관계를 가지고 있지 않고 함께 목격되는 일도 거의 없다. 어렸을 때 같이 노는 데 시간을 더 보냈었다면, 그들은 더 강한 유대를 발달시켰을 것이다.

🔑 지텔프 치트키

빈칸 문장의 도치 구문을 통해 가정법 문제임을 알 수 있으므로, 가정법 시제 관련 단서를 파악한다.

해설 | if가 생략되어 도치된 절에 'had p.p.' 형태의 Had ~ spent가 있으므로, 주절에는 이와 짝을 이루어 가정법 과거완료를 만드는 'would (조동사 과거형) + have p.p.'가 와야 한다. 따라서 (d) would have developed가 정답이다. 참고로 'Had they spent more time ~'은 'If they had spent more time ~'으로 바꿔 쓸 수 있다.

어휘 | close adj. 친밀한, 가까운　relationship n. 관계　rarely adv. 거의 ~하지 않는　bond n. 유대

21

조동사　　조동사 should　　　　　　　　　　　　　　　　　　　　　　난이도 ●○○

All people have the right to enter public buildings, such as libraries and schools. Therefore, the government _____ build wheelchair ramps at the entrances of these structures. This is necessary to ensure that the disabled are not prevented from accessing essential services.

모든 사람들은 도서관과 학교와 같은 공공건물에 들어갈 권리를 가진다. 그러므로, 정부는 이러한 건축물들의 입구에 휠체어 경로를 지어야 한다. 이것은 장애인들이 필수적인 서비스를 이용하는 것을 막지 않도록 보장하기 위해 필요하다.

🔑 지텔프 치트키

보기를 통해 조동사 문제임을 알 수 있으므로, 첫 문장부터 읽으며 문맥을 파악한다.

해설 | 문맥상 모든 사람들은 천부적으로 공공건물에 들어갈 권리를 가지기 때문에, 정부가 당위적으로 공공건물의 입구에 휠체어 경로를 지어야 한다는 의미가 되어야 자연스러우므로, '~해야 한다'를 뜻하면서 당위성을 나타내는 조동사 (d) should가 정답이다.

어휘 | right n. 권리　public adj. 공공의　ramp n. 경로　entrance n. 입구　ensure v. 보장하다　disabled adj. (신체의) 장애가 있는　prevent v. 막다, 못하게 하다　access v. 이용하다, 접근하다　essential adj. 필수적인

22

조동사　　조동사 should 생략　　　　　　　　　　　　　　　　　　　　　난이도 ●●○

Westport Cleaning Supplies recently released a product that caused some customers to become ill. To avoid this problem in the future, the CEO commanded that every single employee rigidly _____ all health and safety regulations.

Westport 청소용품점은 최근에 몇몇 고객들을 아프게 했던 제품을 출시했다. 장래에 이 문제를 방지하기 위해, 최고경영자는 모든 직원 개개인이 전체 건강 및 안전 규정을 엄격히 따라야 한다고 명령했다.

🔑 지텔프 치트키

보기 및 빈칸 문장의 that절을 통해 조동사 should 생략 문제임을 알 수 있으므로, 빈칸 주변에서 단서를 파악한다.

해설 | 주절에 명령을 나타내는 동사 command가 있으므로 that절에는 '(should +) 동사원형'이 와야 한다. 따라서 동사원형 (c) follow가 정답이다.

어휘 | cleaning supplies phr. 청소용품 release v. 출시하다 ill adj. 아픈, 병 든 avoid v. 방지하다, 피하다 command v. 명령하다
rigidly adv. 엄격히 safety n. 안전 regulation n. 규정

---

23 시제　　현재진행

난이도 ●○○

Ethan is frustrated because he cannot sleep during his flight from New York to Los Angeles. Two babies in the row behind him _____ right now, and their parents are not capable of making them stop.

Ethan은 뉴욕에서 로스앤젤레스로 가는 비행 내내 잘 수 없기 때문에 낙담하고 있다. 그의 뒷줄에 나란히 있는 두 명의 아기가 바로 지금 울고 있는 중이고, 부모는 그들을 멈추게 만들 수 없다.

🔑 지텔프 치트키

보기를 통해 시제 문제임을 알 수 있으므로, 시간 표현 관련 단서를 파악한다.

해설 | 현재진행 시제와 함께 쓰이는 시간 표현 right now가 있고, 문맥상 말하고 있는 현재 시점에 Ethan의 뒷줄에 있는 두 명의 아기가 울고 있는 중이라는 의미가 되어야 자연스럽다. 따라서 현재진행 시제 (d) are crying이 정답이다.

어휘 | frustrated adj. 낙담한, 실망한 flight n. 비행 in a row phr. 나란히, 한 줄로 be capable of phr. ~할 수 있다

---

24 준동사　　to 부정사의 관용적 표현

난이도 ●○○

Michelle rarely engages in any recreational activities when she visits resorts in Southeast Asia during her vacations. Instead, she tends _____ by the pool, drinking a cold beverage and reading a book.

Michelle은 그녀의 휴가 동안 동남아시아에 있는 리조트에 방문할 때 어떤 오락 활동에도 거의 참여하지 않는다. 대신에, 그녀는 시원한 음료를 마시고 책을 읽으며, 수영장 옆에서 휴식을 취하는 경향이 있다.

🔑 지텔프 치트키

보기를 통해 준동사 문제임을 알 수 있으므로, 빈칸 주변에서 단서를 파악한다.

해설 | 빈칸 앞 동사 tend는 'tend + to 부정사'의 형태로 쓰여 '~하는 경향이 있다'라는 관용적 의미를 나타낸다. 따라서 to 부정사 (a) to relax가 정답이다.

어휘 | engage in phr. ~에 참여하다 recreational adj. 오락의 beverage n. 음료

---

25 가정법　　혼합가정법

난이도 ●●●

I brought a Spanish phrase book with me to Mexico because I don't speak the language. Had I remembered to put it in my bag before I left for the restaurant, I _____ it to order food now.

나는 스페인어를 못하기 때문에 멕시코에 스페인어 표현 책을 가져왔다. 식당으로 떠나기 전에 내가 가방에 그것을 넣는 것을 기억했었다면, 나는 지금 음식을 주문하기 위해 그것을 사용하고 있을 것이다.

🔑 지텔프 치트키

빈칸 문장의 도치 구문을 통해 가정법 문제임을 알 수 있으므로, 가정법 시제 관련 단서를 파악한다.

if가 생략되어 도치된 절에 'had p.p.' 형태의 Had ~ remembered가 있으므로 보통의 경우라면 주절에는 이와 짝을 이루어 가정법 과거 완료를 만드는 'would(조동사 과거형) + have p.p.'가 와야 한다. 그러나 주절에 현재 시간 표현 now가 있으므로, 과거 시점에 있었던 일 이 현재까지 영향을 미치는 상황에서 현재 상황을 반대로 가정하고 있음을 알 수 있다. 따라서 주절에는 가정법 과거를 만드는 'would(조동 사 과거형) + 동사원형'이 와야 하므로 (d) would be using이 정답이다. 참고로, 지텔프에는 간혹 혼합가정법이 출제되기도 하는데, 이 경 우 보통 주절에 now와 같은 현재 시간 표현이 포함되어 있다.

어휘 | bring v. 가져오다, 데려오다 order v. 주문하다

---

26 관계사 소유격 관계대명사 whose 난이도 ●●○

Online platforms that provide media content typically employ a technology known as a recommendation engine. This data-filtering software utilizes algorithms to make suggestions to users. To illustrate, a person _____ will likely be prompted to view an upcoming soccer or basketball game.

미디어 콘텐츠를 제공하는 온라인 플랫폼은 일반적 으로 추천 검색 엔진으로 알려진 기술을 이용한다. 이 데이터 여과 소프트웨어는 이용자들에게 제안을 하기 위해 알고리즘을 활용한다. 설명하자면, <u>그 혹은 그녀 의 검색 기록이 많은 스포츠 프로그램을 포함한</u> 사람 은 아마 곧 있을 축구 경기나 농구 경기를 보도록 유 도될 것이다.

지텔프 치트키

보기를 통해 관계사 문제임을 알 수 있으므로, 선행사 관련 단서를 파악한다.

해설 | 사람 선행사 a person을 받으면서 보기의 관계절 내에서 search history의 소유격 his/her을 대신할 수 있는 소유격 관계대명사가 필요 하므로, (b) whose search history includes many sports programs가 정답이다.

어휘 | platform n. 플랫폼, 기반 typically adv. 일반적으로, 보통 employ v. 이용하다, 쓰다 recommendation n. 추천 make a suggestion phr. 제안을 하다 illustrate v. 설명하다 prompt v. 유도하다, 촉발하다

정답 및 문제 유형 분석표

01	(d) 연결어	08	(d) 가정법	15	(b) 조동사	21	(c) 조동사
02	(d) 시제	09	(a) 조동사	16	(d) 가정법	22	(d) 시제
03	(a) 가정법	10	(c) 조동사	17	(a) 준동사	23	(b) 준동사
04	(c) 준동사	11	(d) 준동사	18	(a) 관계사	24	(d) 조동사
05	(b) 시제	12	(d) 준동사	19	(b) 가정법	25	(a) 가정법
06	(c) 가정법	13	(b) 연결어	20	(a) 관계사	26	(b) 시제
07	(b) 시제	14	(a) 시제				

취약 유형 분석표

유형	맞힌 개수
시제	/ 6
가정법	/ 6
조동사	/ 5
준동사	/ 5
연결어	/ 2
관계사	/ 2
TOTAL	**26**

---

01 연결어 접속사

난이도 ●●○

Investment consultant Scarlett Lopez led two seminars at the annual Financial Services Conference in Scottsdale. One was about retirement planning _____ the other dealt with personal income tax issues.

투자 상담가 Scarlett Lopez는 스코츠데일에서의 연례 금융 서비스 학회에서 두 개의 세미나를 이끌었다. 하나는 은퇴 설계에 관한 것이었던 <u>한편</u> 다른 하나는 개인 소득세 문제를 다루었다.

지텔프 치트키

보기를 통해 연결어 문제임을 알 수 있으므로, 첫 문장부터 읽으며 문맥을 파악한다.

해설 | 문맥상 두 개의 세미나를 비교하면서 '하나'(One)는 은퇴 설계에 관한 것이었고, '다른 하나'(the other)는 개인 소득세 문제를 다루었다고 설명하는 내용이 되어야 자연스럽다. 따라서 '~하는 한편'이라는 의미의 두 개 사이의 비교를 나타내는 부사절 접속사 (d) while이 정답이다.

　오답분석

　(a) until은 '~할 때까지', (b) when은 '~할 때', (c) if는 '만약 ~하다면'이라는 의미로, 문맥에 적합하지 않아 오답이다.

어휘 | investment n. 투자　consultant n. 상담가　annual adj. 연례의　financial adj. 금융의　conference n. 학회, 회의　retirement n. 은퇴　deal with phr. ~을 다루다　personal adj. 개인의　income tax phr. 소득세

---

02 시제 현재진행

난이도 ●○○

Lithium-metal batteries have a large capacity and can be recharged very quickly, which make them well-suited for use in electric vehicles. Accordingly, many car companies _____ this technology nowadays for inclusion in future models.

리튬 금속 배터리는 큰 용량을 가지고 있고 매우 빠르게 충전될 수 있는데, 이는 그것을 전기 자동차에 사용하기에 적절하게 만든다. 그에 따라, 많은 자동차 회사들이 요즘 미래 모델에 이 기술을 포함시키기 위해 <u>연구하고 있는 중이다</u>.

보기를 통해 시제 문제임을 알 수 있으므로, 시간 표현 관련 단서를 파악한다.

해설 | 현재진행 시제와 함께 쓰이는 시간 표현 nowadays가 있고, 문맥상 많은 자동차 회사들이 요즘 리튬 금속 배터리 기술을 연구하고 있는 중이라는 의미가 되어야 자연스럽다. 따라서 현재진행 시제 (d) are researching이 정답이다.

어휘 | lithium n. 리튬(알칼리 금속 원소) metal n. 금속 capacity n. 용량 recharge v. 충전하다 well-suited adj. 적절한, 편리한 electric adj. 전기의 vehicle n. 자동차, 차량 accordingly adv. 그에 따라 inclusion n. 포함 research v. 연구하다

---

03 가정법 가정법 과거완료   난이도 ●●○

Sylvia did not get much sleep last night because she is allergic to the clams in the soup she ate with her dinner. If she had carefully checked the ingredients list on the package, she _____ food poisoning.

Sylvia는 그녀가 저녁 식사를 할 때 먹었던 수프에 든 조개에 알레르기가 있기 때문에 어젯밤에 잠을 많이 자지 못했다. 만약 그녀가 포장지에 있는 재료 목록을 꼼꼼히 확인했었다면, 그녀는 식중독에 아마 걸리지 않았을 것이다.

○ 지텔프 치트키

빈칸 문장의 If를 통해 가정법 문제임을 알 수 있으므로, 가정법 시제 관련 단서를 파악한다.

해설 | If절에 'had p.p.' 형태의 had ~ checked가 있으므로, 주절에는 이와 짝을 이루어 가정법 과거완료를 만드는 'would(조동사 과거형) + have p.p.'가 와야 한다. 따라서 (a) probably would not have gotten이 정답이다.

어휘 | be allergic to phr. ~에 알레르기가 있다 clam n. 조개 ingredient n. 재료, 성분 food poisoning phr. 식중독

---

04 준동사 동명사의 관용적 표현   난이도 ●●○

Why do you hesitate to ask for help when you are in trouble? Do you feel that you will be a nuisance? Talking about your problems with another person can make you feel better, so it may be worth _____.

당신이 어려움에 처할 때 도움을 청하는 것을 왜 망설이세요? 당신이 귀찮은 사람이 될 것이라고 생각하세요? 당신의 문제에 대해 다른 사람과 이야기하는 것은 당신의 기분이 나아지게 만들 수 있으니, 그것은 시도할 가치가 있을지도 몰라요.

○ 지텔프 치트키

보기를 통해 준동사 문제임을 알 수 있으므로, 빈칸 주변에서 단서를 파악한다.

해설 | 빈칸 앞 형용사 worth는 'worth + 동명사'의 형태로 쓰여 '~할 가치가 있다'라는 관용적 의미를 나타낸다. 따라서 동명사 (c) trying이 정답이다.

어휘 | hesitate v. 망설이다, 주저하다 trouble n. 어려움, 곤란 nuisance n. 귀찮은 사람, 성가신 것

05 시제 현재완료진행

난이도 ●●●

Last year, Kyla watched a documentary about poverty in her country and realized that many people were experiencing financial hardship. From that point on, she _____ volunteer work with a local charitable organization.

작년에, Kyla는 그녀의 나라의 가난에 대한 다큐멘터리를 보았고 많은 사람들이 경제적 어려움을 겪고 있다는 것을 깨달았다. 그때부터, 그녀는 지역의 자선 단체에서 봉사활동을 해오고 있는 중이다.

지텔프 치트키

보기를 통해 시제 문제임을 알 수 있으므로, 시간 표현 관련 단서를 파악한다.

해설 | 현재완료진행 시제와 함께 쓰이는 시간 표현 From that point on이 있고, 문맥상 과거에 다큐멘터리를 보고 자국의 많은 사람들이 경제적 어려움을 겪고 있다는 것을 깨달았던 시점부터 현재 시점까지 계속해서 자선 단체에서 봉사활동을 해오고 있는 중이라는 의미가 되어야 자연스럽다. 따라서 현재완료진행 시제 (b) has been doing이 정답이다.

오답분석

(a) 현재진행 시제는 특정 현재 시점에 한창 진행 중인 일을 나타내므로, 과거에 시작해서 현재 시점까지 계속해서 진행되고 있는 일을 표현할 수 없어 오답이다.

어휘 | poverty n. 가난 realize v. 깨닫다 hardship n. 어려움 from that point on phr. 그때부터, 그때 이후로 volunteer work phr. 봉사활동 local adj. 지역의, 현지의 charitable organization phr. 자선 단체

06 가정법 가정법 과거

난이도 ●●○

Ms. Warren's children have decided to surprise her by cleaning the house before she returns from work, but they are just making a bigger mess. She _____ them to stop if she were at home now.

Ms. Warren의 아이들은 그녀가 직장에서 돌아오기 전에 집을 청소해서 그녀를 깜짝 놀라게 하기로 결심했지만, 그들은 그저 더 큰 난장판을 만들고 있다. 만약 그녀가 지금 집에 있다면 그녀는 그들에게 멈추라고 말할 것이다.

지텔프 치트키

빈칸 문장의 if를 통해 가정법 문제임을 알 수 있으므로, 가정법 시제 관련 단서를 파악한다.

해설 | if절에 과거 동사(were)가 있으므로, 주절에는 이와 짝을 이루어 가정법 과거를 만드는 'would(조동사 과거형) + 동사원형'이 와야 한다. 따라서 (c) would tell이 정답이다.

어휘 | clean v. 청소하다 return v. 돌아오다 mess n. 난장판, 엉망진창

07 시제 미래완료진행

난이도 ●●○

My mother and I took the Christmas tree out of the garage and now are setting it up in our living room. By the time my father gets home from work, we _____ decorations for over an hour already!

나의 어머니와 나는 크리스마스트리를 차고 밖으로 꺼냈고 지금 그것을 우리 거실에 설치하고 있다. 나의 아버지가 회사에서 집에 오실 무렵, 우리는 이미 한 시간이 넘는 시간 동안 장식을 걸어오고 있는 중일 것이다!

보기를 통해 시제 문제임을 알 수 있으므로, 시간 표현 관련 단서를 파악한다.

해설 | 현재 동사로 미래의 의미를 나타내는 시간의 부사절 'by the time + 현재 동사'(By the time ~ gets)와 지속을 나타내는 'for + 기간 표현'(for over an hour)이 사용되었고, 문맥상 말하고 있는 현재 시점부터 아버지가 집에 오시는 미래 시점까지 한 시간이 넘는 시간 동안 계속해서 장식을 걸어오고 있는 중일 것이라는 의미가 되어야 자연스럽다. 따라서 미래완료진행 시제 (b) will have been putting up이 정답이다.

오답분석

(d) 미래진행 시제는 특정 미래 시점에 한창 진행 중일 일을 나타내므로, 과거 또는 현재에 시작해서 특정 미래 시점까지 계속해서 진행되고 있을 일을 표현할 수 없어 오답이다.

어휘 | garage n. 차고 set up phr. 설치하다, 놓다 living room phr. 거실 decoration n. 장식 put up phr. 걸다, 올리다

---

08 가정법   가정법 과거   난이도 ●●○

The morning dew is crucial for many animals in arid environments. They rely on it for most of their water needs. If the dew were to suddenly stop forming, many species _____ the possibility of extinction.

아침 이슬은 건조한 환경에 사는 많은 동물들에게 매우 중요하다. 그것들(동물들)은 물 수요의 대부분을 위해 그것(아침 이슬)에 의존한다. 만약 그 이슬이 갑자기 맺히기를 멈춘다면, 많은 종들은 멸종의 가능성에 직면할 것이다.

🔑─○ 지텔프 치트키

빈칸 문장의 If를 통해 가정법 문제임을 알 수 있으므로, 가정법 시제 관련 단서를 파악한다.

해설 | If절에 과거 동사(were to ~ stop)가 있으므로, 주절에는 이와 짝을 이루어 가정법 과거를 만드는 'would(조동사 과거형) + 동사원형'이 와야 한다. 따라서 (d) would face가 정답이다.

어휘 | morning dew phr. 아침 이슬 crucial adj. 매우 중요한, 필수적인 arid adj. 건조한 rely on phr. ~에 의존하다 suddenly adv. 갑자기 species n. 종 possibility n. 가능성 extinction n. 멸종 face v. 직면하다

---

09 조동사   조동사 should 생략   난이도 ●○○

Ms. Adams is concerned because her son has difficulty focusing in class due to attention deficit hyperactivity disorder. To address this issue, his doctor strongly recommends that he _____ for sessions with a behavioral therapist as soon as possible.

Ms. Adams는 그녀의 아들이 주의력 결핍 및 과잉 행동 장애로 인해 수업 시간에 집중하는 데 어려움을 겪고 있어서 걱정한다. 이 문제를 해결하기 위해, 그의 의사는 가능한 한 빨리 그가 행동 치료사와의 수업에 등록되어야 한다고 강하게 권고한다.

🔑─○ 지텔프 치트키

보기 및 빈칸 문장의 that절을 통해 조동사 should 생략 문제임을 알 수 있으므로, 빈칸 주변에서 단서를 파악한다.

해설 | 주절에 제안을 나타내는 동사 recommend가 있으므로 that 절에는 '(should +) 동사원형'이 와야 한다. 따라서 동사원형 (a) be signed up이 정답이다.

어휘 | concerned adj. 걱정하는 have difficulty -ing phr. ~하는 데 어려움을 겪다 focus v. 집중하다 attention deficit hyperactivity disorder phr. 주의력 결핍 및 과잉 행동 장애(ADHD) address v. 해결하다, 다루다 strongly adv. 강하게 recommend v. 권고하다, 추천하다 session n. 수업, 시간 behavioral adj. 행동의 therapist n. 치료사

01회
02회
03회
04회
05회
06회
07회
08회
09회
10회

해커스 지텔프 실전모의고사 문법 10회 (Level 2)

10 조동사　　조동사 will

난이도 ●●○

Wade confessed to Caroline that he is in love with Anne and asked her to keep his secret. Caroline is deeply moved that she is the one Wade trusts, so she has agreed to his request and _____ not share his secret with anyone.

> Wade는 Caroline에게 그가 Anne과 사랑에 빠졌다고 고백했고 그녀에게 그의 비밀을 지켜달라고 부탁했다. Caroline은 그녀가 Wade가 믿는 사람이라는 것에 깊이 감동해서, 그의 요청에 응했고 누구와도 그의 비밀을 공유하지 않을 것이다.

─○ 지텔프 치트키

보기를 통해 조동사 문제임을 알 수 있으므로, 첫 문장부터 읽으며 문맥을 파악한다.

해설 | 문맥상 Wade가 그의 비밀을 털어놓을 만큼 자신을 믿는다는 사실에 감동한 Caroline이 누구와도 Wade의 비밀을 공유하지 않을 것이라고 다짐하는 내용이 되어야 자연스러우므로, '~할 것이다'를 뜻하면서 의지를 나타내는 조동사 (c) will이 정답이다.

어휘 | confess v. 고백하다　be in love with phr. ~와 사랑에 빠지다　deeply adv. 깊이　move v. 감동시키다　trust v. 믿다　request n. 요청

11 준동사　　동명사를 목적어로 취하는 동사

난이도 ●●●

At the request of his supervisor, Mr. Demian reviewed all the pages of the company's new online site and tested the buttons to check whether they were working. Once he finished, he reported _____ some errors that needed to be corrected.

> 관리자의 요청에 의하여, Mr. Demian은 회사의 새로운 온라인 사이트의 모든 페이지를 검토했으며 그것들이 작동하고 있는지의 여부를 확인하기 위해 버튼을 시험했다. 끝마친 후에, 그는 수정될 필요가 있는 몇몇 오류들을 발견한 것을 보고했다.

─○ 지텔프 치트키

보기를 통해 준동사 문제임을 알 수 있으므로, 빈칸 주변에서 단서를 파악한다.

해설 | 빈칸 앞 동사 report는 동명사를 목적어로 취하므로, 동명사 (d) finding이 정답이다.

어휘 | supervisor n. 관리자　review v. 검토하다　report v. 보고하다, 신고하다　correct v. 수정하다, 고치다

12 준동사　　to 부정사의 부사 역할

난이도 ●●○

Mr. Jenkins had a disagreement with his wife yesterday about how much money they should spend each month on entertainment. He tried to reconcile with her this morning by presenting a compromised budget, only _____ her angrier.

> Mr. Jenkins는 매월 오락에 돈을 얼마나 사용해야 하는지에 대해 어제 그의 부인과 다투었다. 그는 오늘 아침에 타협된 예산을 제시하여 그녀와 화해하려고 했으나, 그녀를 더 화나게 할 뿐이었다.

─○ 지텔프 치트키

보기를 통해 준동사 문제임을 알 수 있으므로, 빈칸 주변에서 단서를 파악한다.

해설 | 빈칸 앞에 주어(He), 동사(tried to reconcile)가 갖춰진 완전한 절이 있으므로, 부사구(with her this morning by presenting a compromised budget) 뒤에 나오는 빈칸 이하는 문장의 필수 성분이 아닌 수식어구이다. 따라서 결과를 나타내며 수식어구를 이끌 수 있는 to 부정사 (d) to make가 정답이다. 참고로 'only + to 부정사'가 함께 쓰이는 경우, '(결국) ~할 뿐이었다'라는 의미로 결과를 나타낸다.

어휘 | **have a disagreement with** phr. ~와 다투다 **entertainment** n. 오락 **reconcile with** phr. ~와 화해하다 **present** v. 제시하다 **compromise** v. 타협하다, 절충하다 **budget** n. 예산

---

13 연결어 접속부사

난이도 ●●○

Leanne's parents are nervous about her traveling alone in Europe for a month, but she has decided to go on the trip anyway. _____, she is an adult now, so she can take care of herself.

Leanne의 부모님은 그녀가 한 달 동안 혼자서 유럽을 여행하는 것에 대해 걱정을 많이 하지만, 그녀는 그래도 그 여행을 가기로 결정했다. 어쨌든, 그녀는 이제 성인이므로, 자기 자신을 돌볼 수 있다.

━○ 지텔프 치트키

보기 및 빈칸 뒤의 콤마를 통해 접속부사 문제임을 알 수 있으므로, 첫 문장부터 읽으며 문맥을 파악한다.

해설 | 문맥상 Leanne의 부모님은 그녀가 혼자 여행하는 것에 대해 걱정하지만 그래도 그녀는 그 여행을 가기로 결정했고, 어쨌든 그녀는 이제 성인이므로 자기 자신을 돌볼 수 있다는 의미가 되어야 자연스럽다. 따라서 '어쨌든', '결국에는'이라는 의미의 이유에 대한 첨언을 나타내는 접속부사 (b) After all이 정답이다.

오답분석

(a) Formerly는 '이전에', (c) Nonetheless는 '그런데도', (d) Likewise는 '비슷하게'라는 의미로, 문맥에 적합하지 않아 오답이다.

어휘 | **nervous** adj. 걱정을 많이 하는 **alone** adv. 혼자서 **adult** n. 성인 **take care of** phr. ~를 돌보다

---

14 시제 미래진행

난이도 ●●○

I sent a message asking the delivery person to leave the package in front of my door because I will not be home this afternoon. By 2 p.m., I _____ my apartment to go to a hospital.

나는 오늘 오후에 집에 없을 것이기 때문에 배달원에게 소포를 문 앞에 두고 가 달라고 부탁하는 문자를 보냈다. 오후 2시 즈음에는, 나는 병원에 가기 위해 나의 아파트를 떠나고 있는 중일 것이다.

━○ 지텔프 치트키

보기를 통해 시제 문제임을 알 수 있으므로, 시간 표현 관련 단서를 파악한다.

해설 | 첫 번째 문장에 미래 동사 will과 미래진행 시제와 함께 쓰이는 시간 표현 this afternoon이 있고, 빈칸 문장에 'by + 미래 시점'(By 2 p.m.)이 사용되었다. 또한, 문맥상 미래 시점인 오늘 오후에 나는 집에 없을 것이고, 오후 2시 즈음에는 아파트를 떠나고 있는 중일 것이라는 의미가 되어야 자연스럽다. 따라서 미래진행 시제 (a) will be leaving이 정답이다.

어휘 | **delivery person** phr. 배달원 **leave** v. 두고 가다, 출발하다 **package** n. 소포, 상자

01회
02회
03회
04회
05회
06회
07회
08회
09회
10회

해커스 지텔프 실전모의고사 문법 10회 (Level 2)

15 조동사   조동사 might

난이도 ●●●

Aiden's friends from university invited him to a reunion next Saturday. Aiden really wants to go, but he has a previous engagement with his partner. He is worried that his partner _____ be disappointed if he cancels it.

Aiden의 대학교 친구들은 다음 주 토요일의 동창회에 그를 초대했다. Aiden은 정말로 가고 싶으나, 그는 그의 애인과의 선약이 있다. 그는 만약 그가 그것을 취소하면 그의 애인이 실망할지도 몰라서 걱정하고 있다.

⟿○ 지텔프 치트키

보기를 통해 조동사 문제임을 알 수 있으므로, 첫 문장부터 읽으며 문맥을 파악한다.

해설 | 문맥상 Aiden은 자신이 애인과의 선약을 취소하면 애인이 실망할지도 몰라서 걱정하고 있다는 의미가 되어야 자연스럽고, Aiden이 아직 애인에게 선약 취소에 대해 말하지 않은 상황에서 애인의 감정을 추측하고 있으므로 '~할지도 모른다'를 뜻하면서 약한 추측을 나타내는 조동사 (b) might가 정답이다.

어휘 | invite v. 초대하다   reunion n. 동창회, 모임   previous engagement phr. 선약   partner n. 애인, 동반자   disappointed adj. 실망한   cancel v. 취소하다

16 가정법   가정법 과거완료

난이도 ●●○

On April 15, 2019, a fire broke out in the Notre-Dame cathedral, a historic religious structure located in Paris. Had the security guard on duty detected the blaze earlier, the building _____ such extensive damage.

2019년 4월 15일에, 파리에 위치해 있는 역사적인 종교 건축물인 노트르담 대성당에 화재가 발생했다. 근무 중인 경비원이 그 화재를 더 일찍 발견했었다면, 그 건물은 그렇게 광범위한 피해를 입지 않았을 것이다.

⟿○ 지텔프 치트키

빈칸 문장의 도치 구문을 통해 가정법 문제임을 알 수 있으므로, 가정법 시제 관련 단서를 파악한다.

해설 | if가 생략되어 도치된 절에 'had p.p.' 형태의 Had ~ detected가 있으므로, 주절에는 이와 짝을 이루어 가정법 과거완료를 만드는 'would (조동사 과거형) + have p.p.'가 와야 한다. 따라서 (d) would not have suffered가 정답이다. 참고로 'Had the security guard on duty detected ~'는 'If the security guard on duty had detected ~'로 바꿔 쓸 수 있다.

어휘 | break out phr. 발생하다   cathedral n. 대성당   religious adj. 종교적인   structure n. 건축물, 구조물   locate v. 위치시키다   security guard phr. 경비원   on duty phr. 근무 중인   detect v. 발견하다   blaze n. 화재   extensive adj. 광범위한, 대규모의   damage n. 피해   suffer v. 입다, 받다

17 준동사   동명사를 목적어로 취하는 동사

난이도 ●●○

The mayor of San Diego ordered the construction of new bicycle lanes throughout the downtown area. This measure is being taken in response to several incidents in which cyclists narrowly escaped _____ by vehicles on busy streets.

샌디에이고의 시장은 도심 지역 도처에 새로운 자전거 전용 도로의 건설을 지시했다. 이 조치는 자전거를 타는 사람들이 붐비는 거리에서 자동차에 치이는 것을 간신히 피했던 여러 사고들에 대응하여 취해지고 있다.

⟿○ 지텔프 치트키

보기를 통해 준동사 문제임을 알 수 있으므로, 빈칸 주변에서 단서를 파악한다.

해설 | 빈칸 앞 동사 escape는 동명사를 목적어로 취하므로, 동명사 (a) <u>being hit</u>이 정답이다.

어휘 | mayor n. 시장 order v. 지시하다, 명령하다 construction n. 건설 bicycle lane phr. 자전거 전용 도로 throughout prep. ~의 도처에
measure n. 조치, 정책 in response to phr. ~에 대응하여 incident n. 사고 cyclist n. 자전거를 타는 사람
narrowly adv. 간신히, 가까스로 escape v. 피하다, 탈출하다 vehicle n. 자동차, 차량 busy adj. 붐비는, 혼잡한

---

18 관계사   관계부사 when   난이도 ●●○

Some innovative devices are not practical because the technologies they need to be fully functional are not available. For example, in 1994, _____, it did not have continual Internet access as Wi-Fi had not been invented yet.

몇몇 혁신적인 기기들은 그것들이 완전히 가동되기 위해 필요한 기술들이 이용 가능하지 않기 때문에 실용적이지 않다. 예를 들어, 1994년에, 첫 스마트폰이 출시되었던 때에, 그것은 와이파이가 아직 발명되지 않았었기 때문에 끊임이 없는 인터넷 접속을 제공하지 않았다.

📋○ 지텔프 치트키

보기를 통해 관계사 문제임을 알 수 있으므로, 선행사 관련 단서를 파악한다.

해설 | 시간 선행사 1994를 받으면서 보기의 주어(the first smartphone)와 동사(was released)를 갖춘 완전한 절을 이끌 수 있는 관계부사가 필요하므로, (a) <u>when the first smartphone was released</u>가 정답이다.

어휘 | innovative adj. 혁신적인 practical adj. 실용적인 fully adv. 완전히, 충분히 functional adj. 가동되는 available adj. 이용 가능한
continual adj. 끊임이 없는, 계속적인 access n. 접속 invent v. 발명하다 release v. 출시하다, 발표하다

---

19 가정법   가정법 과거   난이도 ●●○

Despite the threat posed by global warming, many industrialized nations have not taken steps to reduce their output of greenhouse gases. If these countries made an effort to limit their emissions, global temperatures _____ to fall.

지구 온난화에 의해 제기된 위협에도 불구하고, 많은 선진국들은 그들의 온실가스 생산량을 줄이려는 조치를 취하지 않아 왔다. 만약 이 나라들이 그들의 배출을 제한하기 위해 노력한다면, 전 세계 온도는 떨어지기 시작할 것이다.

📋○ 지텔프 치트키

빈칸 문장의 If를 통해 가정법 문제임을 알 수 있으므로, 가정법 시제 관련 단서를 파악한다.

해설 | If절에 과거 동사(made)가 있으므로, 주절에는 이와 짝을 이루어 가정법 과거를 만드는 'would(조동사 과거형) + 동사원형'이 와야 한다. 따라서 (b) <u>would begin</u>이 정답이다.

어휘 | threat n. 위협 pose v. 제기하다 global warming phr. 지구 온난화 industrialized nation phr. 선진국 take a step phr. 조치를 취하다
reduce v. 줄이다 output n. 생산량 greenhouse gas phr. 온실가스 make an effort phr. 노력하다, 애쓰다 limit v. 제한하다
emission n. 배출(물) temperature n. 온도

20 관계사   목적격 관계대명사 that   난이도 ●●○

Jenna has a scrapbook in which she keeps mementos from important events in her life. She recently dried some flowers _____ and added them to the scrapbook to remember her 10th wedding anniversary.

Jenna는 그녀 인생의 중요한 사건들에서 나온 기념품을 간직하는 스크랩북을 가지고 있다. 그녀는 최근에 그녀의 남편으로부터 받았었던 꽃 몇 송이를 말렸고 그녀의 열 번째 결혼기념일을 기억하기 위해 그것들을 스크랩북에 넣었다.

─○ 지텔프 치트키

보기를 통해 관계사 문제임을 알 수 있으므로, 선행사 관련 단서를 파악한다.

해설 | 사물 선행사 some flowers를 받으면서 보기의 관계절 내에서 동사 had received의 목적어가 될 수 있는 목적격 관계대명사가 필요하므로, (a) <u>that she had received from her husband</u>가 정답이다.

어휘 | memento n. 기념품   recently adv. 최근에   dry v. 말리다   wedding anniversary phr. 결혼기념일

21 조동사   조동사 should 생략   난이도 ●●○

Cindy is tense because she has to deliver a speech in front of a large group at the marketing seminar. Her professor advised that she _____ in a calm voice to create the impression that she is at ease.

Cindy는 마케팅 세미나에서 큰 집단 앞에서 연설해야 하기 때문에 긴장해 있다. 그녀의 교수는 그녀가 여유 있다는 인상을 형성하기 위해 그녀가 침착한 목소리로 말해야 한다고 조언했다.

─○ 지텔프 치트키

보기 및 빈칸 문장의 that절을 통해 조동사 should 생략 문제임을 알 수 있으므로, 빈칸 주변에서 단서를 파악한다.

해설 | 주절에 제안을 나타내는 동사 advise가 있으므로 that절에는 '(should +) 동사원형'이 와야 한다. 따라서 동사원형 (c) <u>speak</u>가 정답이다.

어휘 | tense adj. 긴장한   deliver a speech phr. 연설하다   advise v. 조언하다, 충고하다   calm adj. 침착한   create v. 형성하다, 불러일으키다   impression n. 인상   at ease phr. 여유 있는, 마음이 편안한

22 시제   과거완료진행   난이도 ●●○

Video games are commonly thought to have a harmful effect on children. Up until 2018, experts _____ for years that they encouraged aggressiveness in children. However, in 2019, the American Psychological Association announced that this assertion is groundless.

비디오 게임은 아이들에게 해로운 영향을 미치는 것으로 흔히 생각된다. 2018년에 이르기까지, 전문가들은 수년 동안 그것들이 아이들의 공격성을 조장한다고 주장해오고 있던 중이었다. 그러나, 2019년에, 미국 심리학 협회는 이 주장이 근거 없다고 발표했다.

─○ 지텔프 치트키

보기를 통해 시제 문제임을 알 수 있으므로, 시간 표현 관련 단서를 파악한다.

해설 | 과거완료진행 시제와 함께 쓰이는 시간 표현 'up until + 과거 시점'(Up until 2018)과 'for + 기간 표현'(for years)이 있고, 문맥상 대과거(2018년 이전 시점)부터 과거(2019년에 미국 심리학 협회의 발표가 있던 시점)까지 전문가들은 수년 동안 계속해서 비디오 게임이 아이들의 공격성을 조장한다고 주장해오고 있던 중이었다는 의미가 되어야 자연스럽다. 따라서 과거완료진행 시제 (d) <u>had been claiming</u>이 정답이다.

어휘 | commonly adv. 흔히, 보통 harmful adj. 해로운, 유해한 effect n. 영향 up until prep. ~에 이르기까지 expert n. 전문가
encourage v. 조장하다, 촉진하다 aggressiveness n. 공격성 psychological adj. 심리학의 association n. 협회
announce v. 발표하다 assertion n. 주장 groundless adj. 근거 없는 claim v. 주장하다

23 준동사   to 부정사를 목적어로 취하는 동사   난이도 ●●○

The increasing number of homeless people in Los Angeles has prompted many residents to demand that the city take action. In response, the mayor intends _____ nearly $1 billion on shelters and other services.

로스앤젤레스에서의 노숙자의 증가하는 수는 많은 주민들이 시가 조치를 취해야 한다고 요구하는 것을 촉발해왔다. 이에 대응하여, 시장은 쉼터 및 기타 서비스에 대략 10억 달러를 <u>쓰려고</u> 계획한다.

지텔프 치트키

보기를 통해 준동사 문제임을 알 수 있으므로, 빈칸 주변에서 단서를 파악한다.

해설 | 빈칸 앞 동사 intend는 to 부정사를 목적어로 취하므로, to 부정사 (b) <u>to spend</u>가 정답이다.

오답분석

(a) to have spent도 to 부정사이기는 하지만, 완료부정사(to have spent)로 쓰일 경우 '계획하는' 시점보다 '(돈을) 쓴' 시점이 앞선다는 것을 나타내므로 문맥에 적합하지 않아 오답이다.

어휘 | homeless people phr. 노숙자 prompt v. 촉발하다 resident n. 주민 demand v. 요구하다 take action phr. 조치를 취하다
intend v. 계획하다, 의도하다 billion n. 10억 shelter n. 쉼터, 대피처

24 조동사   조동사 should 생략   난이도 ●●●

Professor Nelson heard some students at the back of the classroom whispering while he was explaining a difficult concept. So, he asked that everyone _____ quiet during the lecture to avoid distracting the others.

Nelson 교수는 그가 어려운 개념을 설명하고 있는 동안 교실 뒤에 있는 몇몇 학생들이 속삭이는 것을 들었다. 그래서, 그는 다른 사람들을 산만하게 하지 않도록 하기 위해 모두에게 강의 중에는 <u>계속</u> 조용히 <u>해야 한</u>다고 요청했다.

지텔프 치트키

보기 및 빈칸 문장의 that절을 통해 조동사 should 생략 문제임을 알 수 있으므로, 빈칸 주변에서 단서를 파악한다.

해설 | 주절에 요구를 나타내는 동사 ask가 있으므로 that절에는 '(should +) 동사원형'이 와야 한다. 따라서 동사원형 (d) <u>keep</u>이 정답이다.

어휘 | whisper v. 속삭이다 explain v. 설명하다 concept n. 개념 quiet adj. 조용한 lecture n. 강의 avoid v. ~하지 않도록 하다, 피하다
distract v. 산만하게 하다, 집중이 안 되게 하다

25 가정법   가정법 과거완료

Raymond was let down because the laptop model he wanted to buy sold out quickly on the day it was released. If he _____ a preorder for the device, he would have been able to purchase one without a delay.

Raymond는 그가 사고 싶어 했던 노트북 모델이 출시된 날에 빠르게 품절되어서 실망했다. 만약 그가 그 기기를 선주문했었다면, 그는 지연 없이 하나를 구매할 수 있었을 것이다.

○ 지텔프 치트키

빈칸 문장의 If를 통해 가정법 문제임을 알 수 있으므로, 가정법 시제 관련 단서를 파악한다.

해설 | 주절에 'would(조동사 과거형) + have p.p.' 형태의 would have been이 있으므로, If절에는 이와 짝을 이루어 가정법 과거완료를 만드는 과거완료 동사가 와야 한다. 따라서 (a) had placed가 정답이다.

어휘 | let down phr. ~를 실망시키다   sold out phr. 품절되다, 매진되다   release v. 출시하다   device n. 기기   purchase v. 구매하다   without prep. ~ 없이   delay n. 지연, 지체   place a preorder phr. 선주문하다

26 시제   과거진행

Lisa had a very pleasant surprise two days ago. When she _____ some news magazines in her local bookstore, she ran into Frank, her former classmate from university, for the first time in five years.

Lisa는 2일 전에 정말 기분 좋은 깜짝 선물을 받았다. 그녀의 동네 서점에서 몇몇 뉴스 잡지를 살펴보고 있는 중이었을 때, 그녀는 대학교 시절 과거 동창생인 Frank를 5년 만에 처음으로 우연히 만났다.

○ 지텔프 치트키

보기를 통해 시제 문제임을 알 수 있으므로, 시간 표현 관련 단서를 파악한다.

해설 | 과거진행 시제와 함께 쓰이는 시간 표현 '기간 표현 + ago'(two days ago)와 'when + 과거 동사'(When ~ ran into)가 있고, 문맥상 과거 시점인 2일 전에 Lisa가 대학교 동창생인 Frank를 우연히 만났는데 그때 그녀는 뉴스 잡지를 살펴보고 있는 중이었다는 의미가 되어야 자연스럽다. 따라서 과거진행 시제 (b) was browsing이 정답이다.

오답분석

(c) 특정 과거 시점에 한창 진행 중이었던 행동을 표현하기에는 과거 시제보다 과거진행 시제가 더 적절하므로, 과거 시제는 오답이다.

어휘 | pleasant surprise phr. 기분 좋은 깜짝 선물   run into phr. ~를 우연히 만나다   browse v. 살펴보다, 훑어보다

정답 및 문제 유형 분석표

01	(a) 준동사	08	(d) 준동사	15	(b) 조동사	21	(a) 시제	
02	(c) 시제	09	(a) 시제	16	(a) 가정법	22	(d) 가정법	
03	(d) 가정법	10	(b) 준동사	17	(b) 준동사	23	(c) 조동사	
04	(c) 시제	11	(d) 조동사	18	(a) 가정법	24	(d) 관계사	
05	(d) 연결어	12	(c) 준동사	19	(d) 연결어	25	(a) 조동사	
06	(a) 시제	13	(b) 조동사	20	(c) 관계사	26	(a) 가정법	
07	(c) 가정법	14	(d) 시제					

취약 유형 분석표

유형	맞힌 개수
시제	/ 6
가정법	/ 6
조동사	/ 5
준동사	/ 5
연결어	/ 2
관계사	/ 2
TOTAL	**26**

01 준동사 동명사를 목적어로 취하는 동사
난이도 ●●●

Many people find it challenging to manage their money when they first move out of their parents' home. This is why it is important for the government to promote _____ financial planning to young adults.

많은 사람들이 처음 부모님의 집에서 나갈 때 그들의 돈을 관리하는 것을 힘들게 생각한다. 이것이 정부가 젊은 성인들에게 재무 설계를 가르치는 것을 촉진하는 것이 중요한 이유이다.

지텔프 치트키

보기를 통해 준동사 문제임을 알 수 있으므로, 빈칸 주변에서 단서를 파악한다.

해설 | 빈칸 앞 동사 promote는 동명사를 목적어로 취하므로, 동명사 (a) teaching이 정답이다.

오답분석
(b) having taught도 동명사이기는 하지만, 완료동명사(having taught)로 쓰일 경우 '촉진하는' 시점보다 '가르치는' 시점이 앞선다는 것을 나타내므로 문맥에 적합하지 않아 오답이다.

어휘 | challenging adj. 힘든, 도전적인 manage v. 관리하다 promote v. 촉진하다, 활성화시키다 financial planning phr. 재무 설계

02 시제 현재진행
난이도 ●●○

All the members of the rock band Blue Notes are currently advertising their upcoming concert. They _____ flyers to students while roaming around the campus of Charleston College.

록 밴드 Blue Notes의 모든 멤버들은 그들의 다가오는 콘서트를 지금 광고하고 있는 중이다. 그들은 Charleston 대학의 캠퍼스 주위를 돌아다니면서 학생들에게 전단을 나누어 주고 있는 중이다.

지텔프 치트키

보기를 통해 시제 문제임을 알 수 있으므로, 시간 표현 관련 단서를 파악한다.

해설 | 첫 번째 문장에 현재진행 시제와 함께 쓰이는 시간 표현 currently가 있고, 문맥상 말하고 있는 현재 시점에 록 밴드 멤버들이 캠퍼스 주위를 돌아다니면서 학생들에게 전단을 나누어 주고 있는 중이라는 의미가 되어야 자연스럽다. 따라서 현재진행 시제 (c) are handing out이 정답이다.

어휘 | advertise v. 광고하다, 알리다 upcoming adj. 다가오는 flyer n. 전단 roam v. 돌아다니다 hand out phr. ~을 나누어 주다

---

03 가정법   가정법 과거   난이도 ●●○

After seeing a woman fall off her bicycle and break her arm, Harold called 911 and is now waiting with her for an ambulance. If he _____ how to perform first aid, he would provide her with medical assistance himself.

한 여성이 자전거에서 떨어져 팔이 부러지는 것을 목격한 후에, Harold는 911에 전화했고 지금 그녀와 함께 구급차를 기다리고 있는 중이다. 만약 그가 응급처치를 할 줄 안다면, 그는 그녀에게 직접 의료 지원을 제공할 것이다.

지텔프 치트키

빈칸 문장의 If를 통해 가정법 문제임을 알 수 있으므로, 가정법 시제 관련 단서를 파악한다.

해설 | 주절에 'would(조동사 과거형) + 동사원형' 형태의 would provide가 있으므로, If절에는 이와 짝을 이루어 가정법 과거를 만드는 과거 동사가 와야 한다. 따라서 (d) knew가 정답이다.

어휘 | fall off phr. ~에서 떨어지다 break one's arm phr. 팔이 부러지다 first aid phr. 응급처치 medical adj. 의료의 assistance n. 지원, 도움

---

04 시제   현재완료진행   난이도 ●●○

Tara understands that it is not beneficial for a project manager to put too much pressure on employees. Even though she is extremely picky, she _____ to be less critical of her team members' work for a few months now.

Tara는 프로젝트 책임자가 직원들에게 너무 많은 압박을 가하는 것이 도움이 되지 않는다는 것을 이해한다. 그녀가 굉장히 까다로움에도 불구하고, 그녀는 지금까지 몇 달 동안 팀원들의 업무에 덜 비판적이도록 노력해오고 있는 중이다.

지텔프 치트키

보기를 통해 시제 문제임을 알 수 있으므로, 시간 표현 관련 단서를 파악한다.

해설 | 현재완료진행 시제와 함께 쓰이는 시간 표현 'for + 기간 표현 + now'(for a few months now)가 있고, 문맥상 Tara가 지금까지 몇 달 동안 팀원들의 업무에 덜 비판적이도록 계속해서 노력해오고 있는 중이라는 의미가 되어야 자연스럽다. 따라서 현재완료진행 시제 (c) has been trying이 정답이다.

어휘 | understand v. 이해하다 beneficial adj. 도움이 되는, 유익한 put pressure on phr. ~에게 압박을 가하다 employee n. 직원
extremely adv. 굉장히, 극도로 picky adj. 까다로운 critical adj. 비판적인

05 연결어   접속부사

The extinction of the freshwater Yangtze River dolphin was a result of human activity. Its habitat suffered severe environmental damage due to the release of waste products from factories. _____, overfishing wiped out food sources, which also contributed to many deaths.

민물에 사는 양쯔강 돌고래의 멸종은 인간 활동의 결과였다. 그것의 서식지는 공장으로부터 나온 폐기물의 유출로 인해 심각한 환경적인 피해를 입었다. <u>그동안에</u>, 남획이 식량원을 없애버려서, 이 또한 많은 죽음의 원인이 되었다.

◆─○ 지텔프 치트키

보기 및 빈칸 뒤의 콤마를 통해 접속부사 문제임을 알 수 있으므로, 첫 문장부터 읽으며 문맥을 파악한다.

해설 | 첫 번째 문장에서 양쯔강 돌고래의 멸종이 인간 활동의 결과였다는 주제를 제시한 후, 두 번째 문장은 멸종을 불러오는 인간 활동의 한 예시인 공장 폐기물의 유출을, 세 번째 문장은 또 다른 예시인 남획을 들고 있다. 따라서 빈칸에는 하나의 일이 일어나고 있는 동안에 한편에서는 또 다른 일이 일어나고 있다는 내용을 만드는 연결어가 들어가야 자연스러우므로, '그동안에'라는 의미의 시간을 나타내는 접속부사 (d) Meanwhile이 정답이다.

    오답분석
    (a), (c) Otherwise는 '그렇지 않으면', Instead는 '대신에'라는 의미로, 문맥에 적합하지 않아 오답이다.
    (b) Whether는 '~이든 (아니든)'이라는 의미의 부사절 접속사로, 접속부사 자리에 위치할 수 없으므로 오답이다.

어휘 | extinction n. 멸종   freshwater adj. 민물에 사는, 민물의   dolphin n. 돌고래   habitat n. 서식지   suffer v. 입다, 겪다   severe adj. 심각한   environmental adj. 환경적인, 환경의   damage n. 피해   release n. 유출, 방출   waste product phr. 폐기물   overfishing n. (어류) 남획   wipe out phr. 없애버리다, 멸종시키다   contribute to phr. ~의 원인이 되다

06 시제   과거진행

I am stunned that my younger brother has drawn all over the living room wall! Until 10 minutes ago, he _____ with his blocks quietly. I should have watched him much more carefully.

나는 나의 남동생이 거실 벽 전체에 그림을 그려 놓아서 깜짝 놀랐다! 10분 전까지만 해도, 그는 블록을 가지고 조용히 놀고 있는 중이었다. 나는 그를 훨씬 더 주의 깊게 지켜보았어야 했다.

◆─○ 지텔프 치트키

보기를 통해 시제 문제임을 알 수 있으므로, 시간 표현 관련 단서를 파악한다.

해설 | 과거진행 시제와 함께 쓰이는 시간 표현 'until + 과거 시점'(Until 10 minutes ago)이 있고, 문맥상 10분 전의 과거 시점까지만 해도 남동생은 블록을 가지고 조용히 놀고 있는 중이었다는 의미가 되어야 자연스럽다. 따라서 과거진행 시제 (a) was playing이 정답이다.

어휘 | stun v. 깜짝 놀라게 하다   quietly adv. 조용히   carefully adv. 주의 깊게

07 가정법   가정법 과거완료

Although the Italian artist Amedeo Modigliani was destitute when he died, his works sell for millions of dollars today. If people had realized the true value of his paintings during his lifetime, he _____ a lot of money.

이탈리아 화가 아메데오 모딜리아니는 그가 사망했을 때 극빈했지만, 오늘날 그의 작품은 수백만 달러에 팔린다. 만약 사람들이 그의 그림의 진정한 가치를 그의 살아생전에 깨달았었더라면, 그는 많은 돈을 <u>벌었을 것이다</u>.

01회
02회
03회
04회
05회
06회
07회
08회
09회
10회

지텔프 치트키

빈칸 문장의 If를 통해 가정법 문제임을 알 수 있으므로, 가정법 시제 관련 단서를 파악한다.

해설 | If절에 'had p.p.' 형태의 had realized가 있으므로, 주절에는 이와 짝을 이루어 가정법 과거완료를 만드는 'would(조동사 과거형) + have p.p.'가 와야 한다. 따라서 (c) would have earned가 정답이다.

어휘 | destitute adj. 극빈한, 궁핍한 during one's lifetime phr. ~의 살아생전에 earn v. 벌다

---

08 준동사   to 부정사의 형용사 역할   난이도 ●●○

Carrie is confident that the wedding she is planning will go well. As she has been working as a wedding planner for over 20 years, she knows she has the ability _____ a successful event.

Carrie는 그녀가 계획하고 있는 결혼식이 잘 될 것이라고 확신한다. 그녀가 20년이 넘는 기간 동안 웨딩 플래너로 일해오고 있기 때문에, 그녀는 자신이 성공적인 행사를 준비할 능력이 있다는 것을 알고 있다.

지텔프 치트키

보기를 통해 준동사 문제임을 알 수 있으므로, 빈칸 주변에서 단서를 파악한다.

해설 | 빈칸 앞에 명사(the ability)가 있고 문맥상 '성공적인 행사를 준비할 능력'이라는 의미가 되어야 자연스러우므로, 빈칸은 명사를 수식하는 형용사의 자리이다. 따라서 명사를 꾸며주는 형용사적 수식어구를 이끌 수 있는 to 부정사 (d) to organize가 정답이다.

어휘 | confident adj. 확신하는, 자신 있는 ability n. 능력, 재능 organize v. 준비하다, 계획하다

---

09 시제   미래완료진행   난이도 ●●○

Tomorrow afternoon, city workers will complete the repairs to the city's power system necessitated by the devastating flooding caused by the recent hurricane. By then, most of the residents _____ without electricity for three days.

내일 오후에, 시의 작업자들은 최근의 허리케인으로 인해 야기된 엄청난 홍수에 의해 필요해진 시의 전력 시스템 보수를 끝마칠 것이다. 그즈음에는, 주민 대부분이 3일 동안 전기 없이 살아오고 있는 중일 것이다.

지텔프 치트키

보기를 통해 시제 문제임을 알 수 있으므로, 시간 표현 관련 단서를 파악한다.

해설 | 미래완료진행 시제와 함께 쓰이는 시간 표현 'by + 미래 시점'(By then)과 'for + 기간 표현'(for three days)이 있고, 문맥상 미래 시점인 내일 오후 즈음에는 주민 대부분이 3일 동안 계속해서 전기 없이 살아오고 있는 중일 것이라는 의미가 되어야 자연스럽다. 따라서 미래완료진행 시제 (a) will have been living이 정답이다.

오답분석

(c) 미래 시제는 미래에 대한 단순한 약속, 제안, 예측을 나타내므로, 과거 또는 현재에 시작해서 특정 미래 시점까지 계속해서 진행되고 있을 일을 표현할 수 없어 오답이다.

어휘 | complete v. 끝마치다, 완료하다 repair n. 보수, 수리 necessitate v. ~을 필요하게 만들다 devastating adj. 엄청난, 파괴적인 flooding n. 홍수 resident n. 주민 electricity n. 전기

As I was making soup, my mother informed me that she was leaving to go shopping at the grocery store. She told me that I should remember _____ the stove once I finish preparing my meal.

내가 수프를 만들고 있었을 때, 나의 어머니는 나에게 그녀가 식료품점에 쇼핑하러 간다고 알려 주었다. 그녀는 나에게 내가 식사 준비를 끝마치면 가스레인지를 끄는 것을 기억해야 한다고 말했다.

✦―○ 지텔프 치트키

보기를 통해 준동사 문제임을 알 수 있으므로, 빈칸 주변에서 단서를 파악한다.

해설 | 빈칸 앞 동사 remember는 동명사와 to 부정사 모두를 목적어로 취하므로, 문맥을 파악하여 정답을 선택해야 한다. 문맥상 식사 준비를 끝마친 후에 가스레인지를 끄는 것을 기억해야 한다는 의미가 되어야 자연스러우므로, 동사 remember와 함께 쓰일 때 '(아직 하지 않은 어떤 일을) 할 것을 기억하다'라는 의미를 나타내는 to 부정사 (b) to turn off가 정답이다.

오답분석

(c) 동명사 turning off는 동사 remember와 함께 쓰일 때 '(전에 어떤 일을) 했던 것을 기억하다'라는 의미를 나타내어, 식사 준비를 끝마친 후 가스레인지를 껐던 것을 기억해야 한다는 어색한 의미가 되므로 오답이다.

어휘 | inform v. 알려 주다 stove n. 가스레인지, 버너 meal n. 식사 turn off phr. ~을 끄다

To protect passengers from injuries, the National Transportation Agency has implemented a new traffic regulation that takes effect today. It is now mandatory that each passenger _____ a seatbelt while riding on inter-city buses.

승객들을 부상으로부터 보호하기 위해, 연방 교통국은 오늘부로 적용되는 새로운 교통 규정을 시행했다. 이제 시외버스에 타고 있는 동안에 각 승객이 안전띠를 매야 하는 것은 의무적이다.

✦―○ 지텔프 치트키

보기 및 빈칸 문장의 that절을 통해 조동사 should 생략 문제임을 알 수 있으므로, 빈칸 주변에서 단서를 파악한다.

해설 | 주절에 명령을 나타내는 형용사 mandatory가 있으므로 that절에는 '(should +) 동사원형'이 와야 한다. 따라서 동사원형 (d) wear가 정답이다.

어휘 | protect v. 보호하다 passenger n. 승객 injury n. 부상 transportation n. 교통 implement v. 시행하다 regulation n. 규정 take effect phr. 적용되다, 시행되다 mandatory adj. 의무적인, 명령의 inter-city adj. 시외의, 도시 간의

Next month, Christina will move away from her hometown to begin university. She is truly excited about this change to her life because she has always envisioned _____ freedom from her strict parents!

다음 달에, Christina는 대학교에 입학하기 위해 그녀의 고향을 떠날 것이다. 그녀는 항상 엄격한 부모님으로부터 자유를 얻는 것을 상상해 왔기 때문에 자신의 삶에 생긴 이 변화에 대해 정말로 들떠 있다!

✦―○ 지텔프 치트키

보기를 통해 준동사 문제임을 알 수 있으므로, 빈칸 주변에서 단서를 파악한다.

해설 | 빈칸 앞 동사 envision은 동명사를 목적어로 취하므로, 동명사 (c) gaining이 정답이다.

> 오답분석
>
> (d) having gained도 동명사이기는 하지만, 완료동명사(having gained)로 쓰일 경우 '상상하는' 시점보다 '얻는' 시점이 앞선다는 것을 나타내므로 문맥에 적합하지 않아 오답이다.

어휘 | hometown n. 고향 truly adv. 정말로, 진심으로 envision v. 상상하다, 마음속에 그리다 strict adj. 엄격한 gain v. 얻다

---

13 조동사   조동사 should 생략   난이도 ●●○

People with indigestion suffer from abdominal discomfort after meals. The painful condition is usually caused by poor dietary choices. Experts suggest that one _____ more whole grains and alkaline foods to prevent it.

소화 불량을 가진 사람들은 식후에 복부의 불편함으로 고통받는다. 이 고통스러운 질환은 보통 좋지 않은 음식물 선택에 의해 야기된다. 전문가들은 그것을 방지하기 위해 개인은 더 많은 통곡물과 알칼리성 식품을 먹어야 한다고 제안한다.

○ 지텔프 치트키

보기 및 빈칸 문장의 that절을 통해 조동사 should 생략 문제임을 알 수 있으므로, 빈칸 주변에서 단서를 파악한다.

해설 | 주절에 제안을 나타내는 동사 suggest가 있으므로 that절에는 '(should +) 동사원형'이 와야 한다. 따라서 동사원형 (b) eat이 정답이다.

어휘 | indigestion n. 소화 불량 suffer from phr. ~으로 고통받다 abdominal adj. 복부의 discomfort n. 불편함, 가벼운 통증 painful adj. 고통스러운 condition n. 질환, 상태 dietary adj. 음식물의, 식이 요법의 whole grain phr. 통곡물(가공하지 않은 곡물) alkaline food phr. 알칼리성 식품 prevent v. 방지하다, 막다

---

14 시제   미래진행   난이도 ●●○

On New Year's Eve, I made a resolution to improve my mental health by finding a way to relieve stress. Starting next week, I _____ a meditation class at the community center every Tuesday.

새해 전날에, 나는 스트레스를 푸는 방법을 찾아 나의 정신 건강을 증진시키기로 결심했다. 다음 주부터, 나는 매주 화요일마다 시민 문화 회관에서 하는 명상 수업에 출석하고 있을 것이다.

○ 지텔프 치트키

보기를 통해 시제 문제임을 알 수 있으므로, 시간 표현 관련 단서를 파악한다.

해설 | 미래진행 시제와 함께 쓰이는 시간 표현 'starting + 미래 시점'(Starting next week)이 있고, 문맥상 미래 시점인 다음 주부터 명상 수업에 출석하고 있을 것이라는 의미가 되어야 자연스럽다. 따라서 미래진행 시제 (d) will be attending이 정답이다.

어휘 | make a resolution phr. 결심하다 improve v. 증진시키다, 향상시키다 mental health phr. 정신 건강 relieve stress phr. 스트레스를 풀다 meditation n. 명상 community center phr. 시민 문화 회관 attend v. 출석하다, 다니다

15 조동사   조동사 must

난이도 ●○○

The Constitution of the United States guarantees that all residents of the country have the right to free speech. As a result, the government _____ refrain from passing laws that prevent people from expressing their opinions.

미국 헌법은 나라의 모든 거주민들이 언론 자유의 권리를 가지는 것을 보장한다. 그 결과, 정부는 사람들이 그들의 의견을 표현하는 것을 막는 법안을 통과시키는 것을 삼가야 한다.

지텔프 치트키

보기를 통해 조동사 문제임을 알 수 있으므로, 첫 문장부터 읽으며 문맥을 파악한다.

해설 | 문맥상 정부는 거주민들의 언론 자유의 권리 보장을 위해 의견 표현을 막는 법안을 통과시키는 것을 삼가야 한다는 의미가 되어야 자연스러우므로, '~해야 한다'를 뜻하면서 의무를 나타내는 조동사 (b) must가 정답이다.

어휘 | constitution n. 헌법   guarantee v. 보장하다   free speech phr. 언론 자유   refrain from phr. ~을 삼가다

16 가정법   가정법 과거완료

난이도 ●●○

The French Revolution lasted from 1789 to 1799. It led to the overthrow of the monarch and the elimination of the privileges enjoyed by the nobility. Had it not been for this event, democratic institutions _____ longer to develop in France.

프랑스 혁명은 1789년부터 1799년까지 지속되었다. 그것은 군주에 대한 타도와 귀족에 의해 누려지던 특권의 폐지로 이어졌다. 이 사건이 없었다면, 프랑스에서 민주주의 제도가 발전하는 데 더 오래 걸렸을 것이다.

지텔프 치트키

빈칸 문장의 도치 구문을 통해 가정법 문제임을 알 수 있으므로, 가정법 시제 관련 단서를 파악한다.

해설 | if가 생략되어 도치된 절에 'had p.p.' 형태의 Had ~ not been이 있으므로, 주절에는 이와 짝을 이루어 가정법 과거완료를 만드는 'would(조동사 과거형) + have p.p.'가 와야 한다. 따라서 (a) would have taken이 정답이다. 참고로 'Had it not been for ~'는 'If it had not been for ~'로 바꿔 쓸 수 있다.

어휘 | revolution n. 혁명   last v. 지속되다   overthrow n. 타도, 전복   monarch n. 군주   elimination n. 폐지, 철폐   privilege n. 특권   nobility n. 귀족   democratic adj. 민주주의의   institution n. 제도   develop v. 발전하다

17 준동사   동명사를 목적어로 취하는 동사

난이도 ●●○

Katy forgot to turn her cell phone off in class and was given a detention by her teacher when it rang. She doesn't appreciate _____ like a troublemaker for making such a simple mistake.

Katy는 수업 시간에 휴대폰을 꺼놓는 것을 잊어버렸고 그것이 울렸을 때 선생님으로부터 방과 후 남는 벌을 받았다. 그녀는 그렇게 단순한 실수를 한 것으로 인해 사고뭉치처럼 취급받는 것을 고마워하지 않는다.

지텔프 치트키

보기를 통해 준동사 문제임을 알 수 있으므로, 빈칸 주변에서 단서를 파악한다.

해설 | 빈칸 앞 동사 appreciate는 동명사를 목적어로 취하므로, 동명사 (b) being treated가 정답이다.

(a) 주어(Katy)와 동사(treat)의 관계가 'Katy가 취급받는다'라는 의미의 수동 관계이므로, 능동태 having treated는 문맥상 적절하지 않아 오답이다.

어휘 | detention n. 방과 후 남게 하기, 구금 ring v. 울리다 appreciate v. 고마워하다, 감사하다 troublemaker n. 사고뭉치, 말썽을 일으키는 사람 mistake n. 실수 treat v. 취급하다, 대우하다

---

18 | 가정법 가정법 과거완료

난이도 ●●○

Mr. Brooks did not receive an e-mail from the phone company about the change to his billing date. He thinks it's unfair he needs to pay a late charge because if he had been notified, he _____ his payment late last month.

Mr. Brooks는 통신 회사로부터 그의 청구서 발송 날짜의 변경에 대한 이메일을 받지 못했다. 그는 만약 그가 고지를 받았었더라면, 지난달에 지불금을 늦게 내지 않았을 것이기 때문에 그가 연체료를 내야 하는 것은 부당하다고 생각한다.

지텔프 치트키

빈칸 문장의 if를 통해 가정법 문제임을 알 수 있으므로, 가정법 시제 관련 단서를 파악한다.

해설 | if절에 'had p.p.' 형태의 had been notified가 있으므로, 주절에는 이와 짝을 이루어 가정법 과거완료를 만드는 'would(조동사 과거형) + have p.p.'가 와야 한다. 따라서 (a) would not have submitted가 정답이다.

어휘 | receive v. 받다 billing n. 청구서 발송 unfair adj. 부당한, 불공평한 late charge phr. 연체료 notify v. 고지하다, 통지하다 payment n. 지불금, 납입 submit v. 내다, 제출하다

---

19 | 연결어 전치사

난이도 ●●○

Online auctions typically attract far more potential buyers than offline ones. Many members of the public prefer them _____ the better deals available as well as the convenience of participating from their own homes.

온라인 경매는 보통 오프라인 경매보다 훨씬 더 많은 잠재적 구매자들을 끌어모은다. 많은 일반 사람들은 그들 자신의 집에서 참여하는 편리함뿐만 아니라 이용 가능한 더 좋은 거래 때문에 그것(온라인 경매)을 선호한다.

지텔프 치트키

보기를 통해 연결어 문제임을 알 수 있으므로, 첫 문장부터 읽으며 문맥을 파악한다.

해설 | 빈칸 뒤에 the better deals라는 명사구가 있으므로 빈칸은 전치사 자리이고, 문맥상 많은 일반 사람들이 편리함뿐만 아니라 이용 가능한 더 좋은 거래 때문에 온라인 경매를 선호한다는 의미가 되어야 자연스럽다. 따라서 '~ 때문에'라는 의미의 이유를 나타내는 전치사 (d) because of가 정답이다.

오답분석
(a) instead of는 '~ 대신에', (b) aside from은 '~ 외에는', (c) rather than은 '~보다는'이라는 의미로, 문맥에 적합하지 않아 오답이다.

어휘 | auction n. 경매 typically adv. 보통, 전형적으로 attract v. 끌어모으다 potential adj. 잠재적인 buyer n. 구매자 prefer v. 선호하다 deal n. 거래 available adj. 이용 가능한 convenience n. 편리함 participate v. 참여하다

20 관계사　　목적격 관계대명사 whom

After having searched for her soul mate all her life, Theresa finally got married last month. Her husband, _____, shares many of her interests and hobbies. She hopes that they will have a long and happy life together.

일생 동안 그녀와 마음이 통하는 사람을 찾아 돌아다닌 후에, Theresa는 마침내 지난달에 결혼했다. 그녀의 남편은, 그녀가 배드민턴 동호회를 통해 만났는데, 그녀의 관심사와 취미의 많은 부분을 공유한다. 그녀는 그들이 오래도록 행복한 삶을 함께하기를 바란다.

━○ 지텔프 치트키

보기를 통해 관계사 문제임을 알 수 있으므로, 선행사 관련 단서를 파악한다.

해설 | 사람 선행사 Her husband를 받으면서 콤마(,) 뒤에 와서 보기의 관계절 내에서 동사 met의 목적어가 될 수 있는 목적격 관계대명사가 필요하므로, (c) whom she met through a badminton club이 정답이다.

오답분석

(a) 관계대명사 that도 목적격으로 쓰여 사람 선행사를 받을 수 있지만, 콤마 뒤에 올 수 없으므로 오답이다.

어휘 | search v. 찾아 돌아다니다　soul mate phr. 마음이 통하는 사람　finally adv. 마침내　interest n. 관심사

---

21 시제　　과거완료진행

난이도 ●●○

My brother needs to take better care of his health as he prepares for his final exams. When I came home after work yesterday evening, he _____ for nine hours straight without a break.

나의 남동생은 기말고사를 준비하면서 그의 건강을 더 잘 돌볼 필요가 있다. 내가 어제저녁에 직장에서 집에 왔을 때, 그는 쉬지 않고 9시간 동안 계속해서 공부해오고 있던 중이었다.

━○ 지텔프 치트키

보기를 통해 시제 문제임을 알 수 있으므로, 시간 표현 관련 단서를 파악한다.

해설 | 과거완료진행 시제와 함께 쓰이는 시간 표현 'when + 과거 동사/시점'(When ~ came ~ yesterday evening)과 'for + 기간 표현'(for nine hours straight)이 있고, 문맥상 대과거(남동생이 공부를 시작했던 시점)부터 과거(어제저녁에 내가 집에 왔던 시점)까지 남동생이 쉬지 않고 9시간 동안 계속해서 공부해오고 있던 중이었다는 의미가 되어야 자연스럽다. 따라서 과거완료진행 시제 (a) had been studying 이 정답이다.

어휘 | take care of phr. ~을 돌보다　final exam phr. 기말고사

---

22 가정법　　가정법 과거

난이도 ●●○

After completing my undergraduate studies in May, I was able to pass the MCAT (Medical College Admission Test) on my first attempt. If my grandmother were alive, she _____ so proud of my accomplishment.

5월에 학부 과정을 끝마친 후에, 나는 첫 번째 시도에서 의과 대학 입학시험에 합격할 수 있었다. 만약 나의 할머니가 살아 계신다면, 그녀는 나의 성과를 아주 자랑스러워하실 것이다.

━○ 지텔프 치트키

빈칸 문장의 If를 통해 가정법 문제임을 알 수 있으므로, 가정법 시제 관련 단서를 파악한다.

해설 | If절에 과거 동사(were)가 있으므로, 주절에는 이와 짝을 이루어 가정법 과거를 만드는 'would(조동사 과거형) + 동사원형'이 와야 한다. 따

---

182 본 교재 인강·무료 지텔프 문법 총정리강의　HackersIngang.com

라서 (d) would be가 정답이다.

어휘 | undergraduate adj. 학부의 admission n. 입학 attempt n. 시도 alive adj. 살아 있는 accomplishment n. 성과

---

23 조동사   조동사 will   난이도 ●●○

Mr. Meyer is being transferred to the European division of Tyson Pharmaceuticals. A special dinner _____ be held for him on May 15. All of the company's department managers are required to attend this event.

Mr. Meyer는 Tyson 제약회사의 유럽 지부로 전근되었다. 그를 위한 특별 만찬이 5월 15일에 열릴 것이다. 그 회사의 모든 부서장들은 이 행사에 참석하도록 요구된다.

━○ 지텔프 치트키

보기를 통해 조동사 문제임을 알 수 있으므로, 첫 문장부터 읽으며 문맥을 파악한다.

해설 | 문맥상 Mr. Meyer를 위한 특별 만찬이 5월 15일에 열릴 것이라는 의미가 되어야 자연스러우므로, '~할 것이다'를 뜻하면서 예정을 나타내는 조동사 (c) will이 정답이다.

어휘 | transfer v. 전근시키다, 옮기다 division n. 지부, 국 pharmaceutical n. 제약

---

24 관계사   관계부사 where   난이도 ●○○

I traveled to Venice for a vacation. I liked the atmosphere, the people, and the many attractions there. The only thing I was dissatisfied with was the hotel _____, as it had few amenities.

나는 휴가 동안 베네치아를 여행했다. 나는 그곳의 분위기, 사람들, 그리고 많은 명소들을 좋아했다. 내가 불만스러웠던 유일한 것은 내가 2박 동안 머물렀던 호텔이었는데, 이는 그곳에 생활 편의 시설이 거의 없었기 때문이다.

━○ 지텔프 치트키

보기를 통해 관계사 문제임을 알 수 있으므로, 선행사 관련 단서를 파악한다.

해설 | 장소 선행사 the hotel을 받으면서 보기의 주어(I)와 동사(stayed)를 갖춘 완전한 절을 이끌 수 있는 관계부사가 필요하므로, (d) where I stayed for two nights가 정답이다.

어휘 | atmosphere n. 분위기 attraction n. 명소 dissatisfied adj. 불만스러운 amenity n. 생활 편의 시설

---

25 조동사   조동사 should 생략   난이도 ●●●

My coworker just reported that she has a high fever and feels under the weather. As it is better to be safe than sorry, my manager recommended that she _____ back home to rest.

나의 동료는 그녀가 고열이 있고 몸이 조금 안 좋다고 방금 보고했다. 나중에 후회하는 것보다 미리 조심하는 편이 낫기 때문에, 나의 관리자는 그녀가 쉬기 위해 집으로 돌아가야 한다고 제안했다.

━○ 지텔프 치트키

보기 및 빈칸 문장의 that절을 통해 조동사 should 생략 문제임을 알 수 있으므로, 빈칸 주변에서 단서를 파악한다.

해설 | 주절에 제안을 나타내는 동사 recommend가 있으므로 that절에는 '(should +) 동사원형'이 와야 한다. 따라서 동사원형 (a) go가 정답이다.

어휘 | coworker n. 동료 report v. 보고하다 fever n. 열 under the weather phr. 몸이 조금 안 좋은
it is better to be safe than sorry phr. 나중에 후회하는 것보다 미리 조심하는 편이 낫다

---

26 가정법　가정법 과거　　　　　　　　　　　　　　　　　　　난이도 ●●○

I know you take your time making decisions and don't want to fail. However, if you were to take more risks sometimes, you _____ missing out on so many opportunities.	저는 당신이 결정하는 데 시간을 들이고 실패하기를 원하지 않는다는 것을 알고 있습니다. 하지만, 만약 당신이 때때로 더 많은 위험을 감수한다면, 당신은 그렇게 많은 기회를 놓치는 것을 막을 것입니다.

─○ 지텔프 치트키

빈칸 문장의 if를 통해 가정법 문제임을 알 수 있으므로, 가정법 시제 관련 단서를 파악한다.

해설 | if절에 과거 동사(were to take)가 있으므로, 주절에는 이와 짝을 이루어 가정법 과거를 만드는 'would(조동사 과거형) + 동사원형'이 와야 한다. 따라서 (a) would stop이 정답이다.

어휘 | take one's time phr. 시간을 들이다, 천천히 하다 make a decision phr. 결정하다 risk n. 위험 miss out on phr. ~을 놓치다
opportunity n. 기회

정답 및 문제 유형 분석표

01	(b) 준동사	08	(d) 가정법	15	(c) 준동사	21	(d) 조동사
02	(d) 가정법	09	(a) 시제	16	(a) 준동사	22	(a) 조동사
03	(d) 시제	10	(c) 준동사	17	(c) 가정법	23	(c) 준동사
04	(d) 관계사	11	(b) 조동사	18	(d) 관계사	24	(a) 가정법
05	(c) 시제	12	(c) 연결어	19	(a) 연결어	25	(c) 시제
06	(a) 가정법	13	(d) 시제	20	(d) 준동사	26	(d) 가정법
07	(c) 시제	14	(b) 조동사				

취약 유형 분석표

유형	맞힌 개수
시제	/ 6
가정법	/ 6
조동사	/ 4
준동사	/ 6
연결어	/ 2
관계사	/ 2
TOTAL	**26**

---

01 **준동사**　　동명사를 목적어로 취하는 동사　　　　　　　난이도 ●○○

In a recent interview, famed director Ridley Scott provided some advice for young filmmakers. He stressed that they should avoid _____ unnecessary scenes in their movies, as these are little more than distractions from the main story.

최근 인터뷰에서, 유명한 감독 리들리 스콧은 젊은 영화 제작자들을 위해 몇 가지 조언을 했다. 그는 그들이 영화에서 불필요한 장면들을 포함하는 것을 피해야 한다고 강조했는데, 이는 그것들이 주요 이야기의 집중을 방해하는 것에 지나지 않기 때문이다.

──○ 지텔프 치트키

보기를 통해 준동사 문제임을 알 수 있으므로, 빈칸 주변에서 단서를 파악한다.

해설 | 빈칸 앞 동사 avoid는 동명사를 목적어로 취하므로, 동명사 (b) <u>including</u>이 정답이다.

　　오답분석
　　(d) having included도 동명사이기는 하지만, 완료동명사(having included)로 쓰일 경우 '피하는' 시점보다 '포함하는' 시점이 앞선다는 것을 나타내므로 문맥에 적합하지 않아 오답이다.

어휘 | famed adj. 유명한　director n. 감독　advice n. 조언　filmmaker n. 영화 제작자　stress v. 강조하다　avoid v. 피하다, 막다
unnecessary adj. 불필요한　scene n. 장면　little more than phr. ~에 지나지 않는　distraction n. 집중을 방해하는 것

---

02 **가정법**　　가정법 과거　　　　　　　난이도 ●●●

The skin plays an important role in maintaining our overall physical health. Were it not for this organ, viruses and bacteria _____ our bodies easily, causing serious infections.

피부는 우리의 전반적인 신체 건강을 유지하는 데 중요한 역할을 한다. 이 기관이 없다면, 바이러스와 박테리아가 우리 몸에 쉽게 들어올 것이고, 이는 심각한 감염을 야기할 것이다.

빈칸 문장의 도치 구문을 통해 가정법 문제임을 알 수 있으므로, 가정법 시제 관련 단서를 파악한다.

해설 ㅣ if가 생략되어 도치된 절에 과거 동사(Were)가 있으므로, 주절에는 이와 짝을 이루어 가정법 과거를 만드는 'would(조동사 과거형) + 동사 원형'이 와야 한다. 따라서 (d) would enter가 정답이다. 참고로, 'Were it not for ~'는 'If it were not for ~'로 바꿔 쓸 수 있다.

어휘 ㅣ skin n. 피부 play a role in phr. ~하는 데 역할을 하다 overall adj. 전반적인, 전체의 physical adj. 신체의, 육체의 organ n. 기관, 장기 bacteria n. 박테리아, 세균 infection n. 감염

---

03 시제　　미래진행　　　　　　　　　　　　　　　　　　　　　　　　난이도 ●●○

Neal is on his way to the Collingwood Arts Center, but, unfortunately, he is going to be late for the concert. By the time he gets off the subway, the performance _____ .

Neal은 Collingwood 아트 센터에 가는 중이지만, 유감스럽게도, 그는 콘서트에 늦을 것이다. 그가 지하철에서 내릴 즈음에는, 공연은 이미 시작하고 있는 중일 것이다.

지텔프 치트키

보기를 통해 시제 문제임을 알 수 있으므로, 시간 표현 관련 단서를 파악한다.

해설 ㅣ 현재 동사로 미래의 의미를 나타내는 시간의 부사절 'by the time + 현재 동사'(By the time ~ gets)가 있고, 문맥상 특정 미래 시점(Neal이 지하철에서 내릴 즈음)에 공연은 이미 시작하고 있는 중일 것이라는 의미가 되어야 자연스럽다. 따라서 미래진행 시제 (d) will already be starting이 정답이다.

어휘 ㅣ on one's way phr. ~로 가는 길에, ~하는 중에 unfortunately adv. 유감스럽게도 get off phr. ~에서 내리다

---

04 관계사　　목적격 관계대명사 that　　　　　　　　　　　　　　　난이도 ●●○

As the student with the best academic record, Yolanda was asked to speak at her school's graduation ceremony. The speech _____ impressed almost all of the event attendees.

최고의 학업 성적을 가진 학생으로서, Yolanda는 그녀의 학교 졸업식에서 연설해 달라는 요청을 받았다. 그녀가 했던 연설은 거의 모든 행사 참석자들에게 깊은 인상을 주었다.

지텔프 치트키

보기를 통해 관계사 문제임을 알 수 있으므로, 선행사 관련 단서를 파악한다.

해설 ㅣ 사물 선행사 The speech를 받으면서 보기의 관계절 내에서 동사 gave의 목적어가 될 수 있는 목적격 관계대명사가 필요하므로, (d) that she gave가 정답이다.

오답분석
(b) 관계대명사 which도 사물 선행사를 받을 수 있지만, 뒤에 불완전한 절이 와야 하므로 오답이다.

어휘 ㅣ academic adj. 학업의 record n. 성적 graduation n. 졸업 impress v. 깊은 인상을 주다 attendee n. 참석자

Liam's parents are concerned that he does not sleep more than a few hours each night. He _____ from severe stress these days because he is worried that he will not be accepted into his preferred university.

Liam의 부모님은 그가 매일 밤 몇 시간 이상 자지 못하는 것을 걱정한다. 그는 자신이 선호하는 대학교에 입학 허가를 받지 못할까 봐 걱정하기 때문에 요즘 심한 스트레스를 받고 있는 중이다.

━○ 지텔프 치트키

보기를 통해 시제 문제임을 알 수 있으므로, 시간 표현 관련 단서를 파악한다.

해설 | 현재진행 시제와 함께 쓰이는 시간 표현 these days가 있고, 문맥상 Liam은 자신이 선호하는 대학교에 합격하지 못할까 봐 걱정하기 때문에 요즘 심한 스트레스를 받고 있는 중이라는 의미가 되어야 자연스럽다. 따라서 현재진행 시제 (c) is suffering이 정답이다.

어휘 | concerned adj. 걱정하는   severe adj. 심한   these days phr. 요즘   accept v. 입학시키다   prefer v. 선호하다

I was supposed to depart for Montauk to visit my grandparents an hour ago, but I had to postpone my departure. If a major client had not called my office at the last minute, I _____ the train as planned.

나는 나의 조부모님을 방문하기 위해 한 시간 전에 몬타우크로 출발하기로 되어 있었지만, 나의 출발을 미뤄야 했다. 만약 막판에 한 주요 고객이 사무실로 전화하지 않았었다면, 나는 예정된 대로 기차를 탔을 것이다.

━○ 지텔프 치트키

빈칸 문장의 If를 통해 가정법 문제임을 알 수 있으므로, 가정법 시제 관련 단서를 파악한다.

해설 | If절에 'had p.p.' 형태의 had not called가 있으므로, 주절에는 이와 짝을 이루어 가정법 과거완료를 만드는 'would(조동사 과거형) + have p.p.'가 와야 한다. 따라서 (a) would have caught이 정답이다.

어휘 | be supposed to phr. ~하기로 되어 있다   depart v. 출발하다, 떠나다   postpone v. 미루다   departure n. 출발   major adj. 주요한   client n. 고객   at the last minute phr. 막판에, 임박해서

When Edith visited a local amusement park on the weekend, she went on a ride called the Airdrop. Although she loudly screamed as she _____ toward the ground, she found the experience to be a lot of fun!

Edith가 주말에 지역 놀이공원에 방문했을 때, 그녀는 Airdrop이라고 불리는 놀이기구를 탔다. 그녀가 지면을 향해 하강하고 있었을 때 크게 소리 질렀음에도 불구하고, 그녀는 그 경험이 너무 재미있었다!

━○ 지텔프 치트키

보기를 통해 시제 문제임을 알 수 있으므로, 시간 표현 관련 단서를 파악한다.

해설 | 문장 내에 과거 동사(screamed)가 있고, 문맥상 Edith가 크게 소리 질렀던 특정 과거 시점에 그녀는 지면을 향해 하강하고 있었다는 의미가 되어야 자연스럽다. 따라서 과거진행 시제 (c) was falling이 정답이다.

어휘 | amusement park phr. 놀이공원   ride n. 놀이기구   loudly adv. 크게, 시끄럽게   scream v. 소리 지르다   fall v. 하강하다

08 가정법　가정법 과거

The Midwestern United States is experiencing an extended period of hot, dry weather, which is creating difficulties for many people involved in agriculture. But if it _____ soon, the farmers would not be so worried about losing their crops.

미국 중서부는 장기간의 덥고 건조한 날씨를 겪고 있는데, 이는 농업과 관련된 많은 사람들에게 어려움을 주고 있다. 하지만 만약 곧 비가 온다면, 농부들은 농작물을 잃는 것에 대해 그렇게 걱정하지 않아도 될 것이다.

━○ 지텔프 치트키

빈칸 문장의 if를 통해 가정법 문제임을 알 수 있으므로, 가정법 시제 관련 단서를 파악한다.

해설 | 주절에 'would(조동사 과거형) + 동사원형' 형태의 would not be가 있으므로, if절에는 이와 짝을 이루어 가정법 과거를 만드는 과거 동사가 와야 한다. 따라서 (d) rained가 정답이다.

어휘 | Midwestern adj. (미국) 중서부의　extended period phr. 장기간　agriculture n. 농업　farmer n. 농부　crop n. (농)작물

09 시제　과거완료진행

난이도 ●●○

Kendrick made an embarrassing mistake yesterday when he attempted to call the Internet company to discuss his poor Wi-Fi connection. Before he realized that he had dialed the wrong number, he _____ to a random person about his problem for several minutes.

Kendrick은 어제 그가 좋지 않은 와이파이 연결 상태에 대해 논의하기 위해 인터넷 회사에 전화하려고 시도했을 때 당황스러운 실수를 했다. 그가 잘못된 번호로 전화를 걸었다는 것을 깨닫기 전에, 그는 몇 분 동안 그의 문제에 대해 모르는 사람에게 불평해오고 있던 중이었다.

━○ 지텔프 치트키

보기를 통해 시제 문제임을 알 수 있으므로, 시간 표현 관련 단서를 파악한다.

해설 | 과거완료진행 시제와 함께 쓰이는 시간 표현 'before + 과거 동사'(Before ~ realized)와 'for + 기간 표현'(for several minutes)이 있고, 문맥상 대과거(전화를 걸었던 시점)부터 과거(잘못된 번호로 전화를 걸었다는 것을 깨달았던 시점)까지 몇 분 동안 계속해서 모르는 사람에게 불평해오고 있던 중이었다는 의미가 되어야 자연스럽다. 따라서 과거완료진행 시제 (a) had been complaining이 정답이다.

어휘 | make a mistake phr. 실수하다　embarrassing adj. 당황스러운　attempt v. 시도하다　discuss v. 논의하다, 상의하다　connection n. 연결, 통신　dial v. 전화를 걸다　random person phr. 모르는 사람　complain v. 불평하다

10 준동사　동명사를 목적어로 취하는 동사

난이도 ●○○

Usain Bolt first began sprinting as a child, and he won many races in both elementary and high school. From a young age, he imagined _____ in prestigious international sporting events such as the Olympics.

우사인 볼트는 어렸을 때 단거리 경주를 처음 시작했고, 초등학교와 고등학교 때 모두 많은 경주에서 우승했다. 어린 나이부터, 그는 올림픽과 같은 명성 있는 국제 스포츠 행사에 참가하는 것을 상상했다.

━○ 지텔프 치트키

보기를 통해 준동사 문제임을 알 수 있으므로, 빈칸 주변에서 단서를 파악한다.

해설 | 빈칸 앞 동사 imagine은 동명사를 목적어로 취하므로, 동명사 (c) participating이 정답이다.

188 본 교재 인강·무료 지텔프 문법 총정리강의　HackersIngang.com

어휘 | sprinting n. 단거리 경주, 전력 질주　race n. 경주, 경기　imagine v. 상상하다　prestigious adj. 명성 있는　international adj. 국제의

11　조동사　　조동사 should 생략　　　　　　　　　　　　　　난이도 ●●○

A recent media report indicates that Governor Colin Williams accepted several large bribes from property development companies. It is urgent that the police _____ the allegations against this prominent politician immediately.

최근의 언론 보도는 주지사 Colin Williams가 부동산 개발 회사들로부터 여러 건의 큰 액수의 뇌물을 받았다는 것을 보여준다. 경찰이 이 유명한 정치인에 대한 혐의를 즉시 조사해야 하는 것이 시급하다.

━○ 지텔프 치트키

보기 및 빈칸 문장의 that절을 통해 조동사 should 생략 문제임을 알 수 있으므로, 빈칸 주변에서 단서를 파악한다.

해설 | 주절에 주장을 나타내는 형용사 urgent가 있으므로 that절에는 '(should +) 동사원형'이 와야 한다. 따라서 동사원형 (b) investigate가 정답이다.

어휘 | media n. 언론, 매체　report n. 보도　indicate v. 보여주다, 나타내다　accept v. 받다　bribe n. 뇌물
property development phr. 부동산 개발　urgent adj. 시급한, 긴급한　allegation n. 혐의　prominent adj. 유명한　politician n. 정치인
immediately adv. 즉시　investigate v. 조사하다

12　연결어　　접속사　　　　　　　　　　　　　　　　　　난이도 ●●○

Amnesty International is a nongovernmental organization that focuses on promoting basic human rights throughout the world. It is known for launching public campaigns _____ a government engages in actions to limit these.

국제사면위원회는 전 세계의 기본 인권을 증진하는 데 초점을 맞추는 비정부 조직이다. 그것은 정부가 이것들(기본 인권)을 제한하는 행동에 관여할 때마다 공공 캠페인을 개시하는 것으로 알려져 있다.

━○ 지텔프 치트키

보기를 통해 연결어 문제임을 알 수 있으므로, 첫 문장부터 읽으며 문맥을 파악한다.

해설 | 문맥상 국제사면위원회는 정부가 기본 인권을 제한하는 행동에 관여할 때마다 공공 캠페인을 개시하는 것으로 알려져 있다는 의미가 되어야 자연스럽다. 따라서 '~할 때마다'라는 의미의 시간을 나타내는 부사절 접속사 (c) whenever가 정답이다.

오답분석
(a) whether는 '~이든 (아니든)', (b) although는 '~에도 불구하고', (d) as if는 '마치 ~처럼'이라는 의미로, 문맥에 적합하지 않아 오답이다.

어휘 | Amnesty International phr. 국제사면위원회　nongovernmental adj. 비정부의　organization n. 조직, 기관
promote v. 증진하다, 향상시키다　human right phr. 인권　launch v. 개시하다　engage in phr. ~에 관여하다　limit v. 제한하다

해커스 지텔프 실전모의고사 문법 10회 (Level 2)

13 시제　현재완료진행

Dylan and his friend Louis will go to a theater to watch a movie together when their game of chess ends. They _____ for over an hour already, so they are probably almost finished.

Dylan과 그의 친구 Louis는 그들의 체스 게임이 끝나면 함께 영화를 보러 영화관에 갈 것이다. 그들은 이미 한 시간이 넘는 시간 동안 게임해오고 있는 중이어서, 아마 거의 끝나간다.

🔑 지텔프 치트키

보기를 통해 시제 문제임을 알 수 있으므로, 시간 표현 관련 단서를 파악한다.

해설 | 빈칸 문장에 현재 동사가 사용되었고, 지속을 나타내는 시간 표현 'for + 기간 표현'(for over an hour)이 있다. 또한, 문맥상 Dylan과 Louis는 과거(게임을 시작했던 시점)부터 현재까지 한 시간이 넘는 시간 동안 계속해서 게임해오고 있는 중이라는 의미가 되어야 자연스럽다. 따라서 현재완료진행 시제 (d) have been playing이 정답이다.

어휘 | theater n. 영화관　probably adv. 아마

14 조동사　조동사 should

Canada is a multicultural country made up of people from many different ethnic and religious backgrounds. Therefore, citizens _____ respect each other's values and customs. By doing so, they make sure that no group or individual is discriminated against.

캐나다는 다수의 서로 다른 민족 및 종교적 배경의 사람들로 이루어진 다문화 국가이다. 그러므로, 시민들은 서로의 가치와 관습을 존중해야 한다. 그렇게 함으로써, 그들은 어떤 집단이나 개인도 차별 대우를 받지 않는다는 것을 확실히 한다.

🔑 지텔프 치트키

보기를 통해 조동사 문제임을 알 수 있으므로, 첫 문장부터 읽으며 문맥을 파악한다.

해설 | 문맥상 다문화 국가인 캐나다에서는 시민들이 서로의 가치와 관습을 존중해야 한다는 의미가 되어야 자연스러우므로, '~해야 한다'를 뜻하면서 당위성을 나타내는 조동사 (b) should가 정답이다.

어휘 | multicultural adj. 다문화의　made up of phr. ~으로 이루어진　ethnic adj. 민족의　religious adj. 종교의　background n. 배경　citizen n. 시민　respect v. 존중하다, 존경하다　value n. 가치　custom n. 관습　individual n. 개인　discriminate against phr. ~를 차별 대우하다

15 준동사　to 부정사의 부사 역할

Hannah signed up for Algebra 401 because it is a requirement for math majors. But many of the concepts, such as factorization, are difficult for her _____, and she is really struggling to pass the course.

Hannah는 그것이 수학 전공자들에게 필요조건이기 때문에 대수학 401 수업을 신청했다. 그러나 인수 분해와 같은 많은 개념들은 그녀가 이해하기에는 어려워서, 그녀는 그 강의를 통과하려고 정말 애쓰는 중이다.

🔑 지텔프 치트키

보기를 통해 준동사 문제임을 알 수 있으므로, 빈칸 주변에서 단서를 파악한다.

해설 | 빈칸 앞에 주어(many of the concepts), 동사(are), 보어(difficult)가 갖춰진 완전한 절이 있으므로, 빈칸 이하는 문장의 필수 성분

이 아닌 수식어구이다. 따라서 형용사 difficult를 수식하는 부사구를 이끌면서 '~하기에는 -한'이라는 의미를 나타내는 to 부정사 (c) to understand가 정답이다. 참고로 빈칸 앞 for + 대명사(for her)는 to 부정사의 의미상 주어이다.

어휘 | sign up for *phr.* ~을 신청하다　Algebra *n.* 대수학　requirement *n.* 필요조건, 요건　major *n.* 전공(자)　concept *n.* 개념　factorization *n.* 인수 분해　struggle to *phr.* ~하려고 애쓰다　course *n.* 강의, 수업

16　준동사　　to 부정사를 목적어로 취하는 동사

난이도 ●●○

I tend to stay up late even though it is hard to wake up the next day. After being late for work due to oversleeping, I decided _____ my habit and go to bed earlier.

나는 다음 날에 일어나는 것이 어려울지라도 늦게까지 깨어 있는 경향이 있다. 늦잠 때문에 직장에 늦은 이후로는, 나는 내 습관을 <u>바꾸고</u> 좀 더 일찍 자기로 결심했다.

○━━ 지텔프 치트키

보기를 통해 준동사 문제임을 알 수 있으므로, 빈칸 주변에서 단서를 파악한다.

해설 | 빈칸 앞 동사 decide는 to 부정사를 목적어로 취하므로, to 부정사 (a) to change가 정답이다.

> **오답분석**
>
> (b) to have changed도 to 부정사이기는 하지만, 완료부정사(to have changed)로 쓰일 경우 '결심하는' 시점보다 '바꾸는' 시점이 앞선다는 것을 나타내므로 문맥에 적합하지 않아 오답이다.

어휘 | tend to *phr.* ~하는 경향이 있다　stay up *phr.* 깨어 있다　wake up *phr.* 일어나다　oversleeping *n.* 늦잠　decide *v.* 결심하다, 결정하다　habit *n.* 습관　go to bed *phr.* 자다, 취침하다

17　가정법　　가정법 과거완료

난이도 ●●○

On November 28, 2001, the American energy company Enron declared bankruptcy, causing billions of dollars in losses to shareholders. Had management not engaged in unethical business practices, investors _____ a lot of money.

2001년 11월 28일에, 미국 에너지 회사인 엔론은 파산을 선언했고, 주주들에게 수십억 달러의 손실을 야기했다. 경영진이 비윤리적인 사업 관행에 관여하지 않았다면, 투자자들은 많은 돈을 <u>잃지 않았을 것이다</u>.

○━━ 지텔프 치트키

빈칸 문장의 도치 구문을 통해 가정법 문제임을 알 수 있으므로, 가정법 시제 관련 단서를 파악한다.

해설 | if가 생략되어 도치된 절에 'had p.p.' 형태의 Had ~ not engaged가 있으므로, 주절에는 이와 짝을 이루어 가정법 과거완료를 만드는 'would(조동사 과거형) + have p.p.'가 와야 한다. 따라서 (c) would not have lost가 정답이다. 참고로 'Had management not engaged ~'는 'If management had not engaged ~'로 바꿔 쓸 수 있다.

어휘 | declare bankruptcy *phr.* 파산을 선언하다　loss *n.* 손실, 손해　shareholder *n.* 주주　management *n.* 경영진　unethical *adj.* 비윤리적인　practice *n.* 관행, 관례　investor *n.* 투자자

18 관계사   주격 관계대명사 who

Gordon Douglas Jones is a lawyer and he had served in the US Senate from 2018 to 2021 before losing his bid for reelection. Jones, _____, was considered to be a political moderate.

고든 더글러스 존스는 변호사이고 재선 시도에서 패배하기 전에 2018년부터 2021년까지 미국 상원으로 근무했었다. 존스는, 앨라배마주를 대표했는데, 정치적 온건파로 여겨졌다.

─○ 지텔프 치트키

보기를 통해 관계사 문제임을 알 수 있으므로, 선행사 관련 단서를 파악한다.

해설ㅣ 사람 선행사 Jones를 받으면서 콤마(,) 뒤에 올 수 있는 주격 관계대명사가 필요하므로, (d) who represented the state of Alabama 가 정답이다.

> **오답분석**
> (a) 관계대명사 that도 사람 선행사를 받을 수 있지만, 콤마 뒤에 올 수 없으므로 오답이다.

어휘ㅣ lawyer n. 변호사   serve v. 근무하다, 복무하다   senate n. 상원   bid n. 시도, 노력   reelection n. 재선   consider v. 여기다, 간주하다 political adj. 정치적인   moderate n. 온건파의 사람   represent v. 대표하다

---

19 연결어   접속사

As I turn 16 this year, I want to get permission to buy a motorcycle. _____ hard I try to persuade my father, he refuses to allow me to do this since he thinks motorcycles are not safe.

올해 내가 16살이 되면서, 나는 오토바이를 사는 것을 허락받고 싶다. 내가 나의 아버지를 설득하려고 아무리 열심히 노력하더라도, 그는 오토바이가 안전하지 않다고 생각하기 때문에 내가 이것을 하는 것(오토바이를 사는 것)을 허락하기를 거부한다.

─○ 지텔프 치트키

보기를 통해 연결어 문제임을 알 수 있으므로, 첫 문장부터 읽으며 문맥을 파악한다.

해설ㅣ 문맥상 아버지를 설득하려고 아무리 열심히 노력하더라도 아버지는 오토바이를 사는 것을 허락하기를 거부한다는 의미가 되어야 자연스럽다. 따라서 'no matter how + 부사(hard) + 주어(I) + 동사(try)'의 형태로 쓰이면서 '아무리 ~하더라도'라는 의미의 양보를 나타내는 접속사 (a) No matter how가 정답이다.

> **오답분석**
> (b) Instead of(~ 대신에)는 전치사이므로 절을 이끌 수 없어 오답이다.
> (c), (d) Supposing that(가령 ~하더라도), As soon as(~하자마자 곧)는 '부사절 접속사 + 주어 + 동사 ~'의 형태로 사용되므로, 부사 hard 앞에 위치한 빈칸에 들어갈 수 없어 오답이다.

어휘ㅣ permission n. 허락, 허가   motorcycle n. 오토바이   persuade v. 설득하다   refuse v. 거부하다   allow v. 허락하다   safe adj. 안전한

20 준동사　동명사의 관용적 표현

The head accountant of Mason Industries, Luke Edwards, was asked to discuss some missing company funds with the CEO. After a marathon meeting, Mr. Edwards finally confessed to _____ that money to pay for his personal expenses.

Mason 산업의 수석 회계사인 Luke Edwards는 최고 경영자와 일부 누락된 회사 자금에 대해 논의하도록 요청받았다. 매우 긴 회의 후에, Mr. Edwards는 마침내 그의 개인 경비를 대기 위해 그 돈을 사용한 것을 고백했다.

지텔프 치트키

보기를 통해 준동사 문제임을 알 수 있으므로, 빈칸 주변에서 단서를 파악한다.

해설 | 동사 confess는 'confess + 전치사 to + 명사'의 형태로 쓰여 '~을 고백하다'라는 관용적 의미를 나타낸다. 따라서 명사의 역할을 하는 동명사 (d) using이 정답이다.

어휘 | accountant n. 회계사 missing adj. 누락된 marathon adj. 매우 긴 confess v. 고백하다, 자백하다 expense n. 경비, 비용

21 조동사　조동사 could

William James Sidis was an American child prodigy who was accepted into Harvard University at the age of 11. It was said that he _____ speak 25 languages fluently once he reached adulthood.

윌리엄 제임스 사이디스는 11살의 나이에 하버드 대학교에 입학 허가를 받은 미국의 신동이었다. 그가 성년에 도달했을 때 그는 25개 언어를 유창하게 구사할 수 있었다고 전해진다.

지텔프 치트키

보기를 통해 조동사 문제임을 알 수 있으므로, 첫 문장부터 읽으며 문맥을 파악한다.

해설 | 문맥상 윌리엄이 어렸을 때부터 신동이었고, 성년에 도달했을 때는 25개 언어를 유창하게 구사할 수 있었다는 의미가 되어야 자연스러우므로, '~할 수 있다'를 뜻하면서 능력을 나타내는 조동사 can의 과거형 (d) could가 정답이다.

어휘 | child prodigy phr. 신동, 천재 소년 fluently adv. 유창하게 reach v. 도달하다, 이르다 adulthood n. 성년, 성인

22 조동사　조동사 should 생략

With pollution getting worse, officials at Khao Yai National Park have made a new rule. Now, it is compulsory that tourists _____ their address when they enter the park. If they litter, their trash will be mailed back to them!

오염이 심해지면서, 카오야이 국립공원의 관계자들은 새로운 규칙을 만들었다. 이제, 관광객들이 공원에 입장할 때 그들의 주소를 등록해야 하는 것은 의무적이다. 만약 그들이 쓰레기를 버리면, 그들의 쓰레기는 그들에게 다시 보내질 것이다!

지텔프 치트키

보기 및 빈칸 문장의 that절을 통해 조동사 should 생략 문제임을 알 수 있으므로, 빈칸 주변에서 단서를 파악한다.

해설 | 주절에 명령을 나타내는 형용사 compulsory가 있으므로 that절에는 '(should +) 동사원형'이 와야 한다. 따라서 동사원형 (a) register가 정답이다.

어휘 | pollution n. 오염 official n. 관계자, 관리 compulsory adj. 의무적인, 필수의 litter v. 쓰레기를 버리다 trash n. 쓰레기 mail v. 보내다 register v. 등록하다

23 준동사   to 부정사의 관용적 표현   난이도 ●●○

Candy's parents want everyone in the family to contribute to keeping their house tidy. It has therefore been decided that each family member has _____ the bathroom once a week according to a fixed schedule.

Candy의 부모님은 가족 모두가 그들의 집을 깔끔하게 유지하는 데 기여하기를 원한다. 그래서 정해진 일정에 따라 가족 구성원 각자가 일주일에 한 번씩 화장실을 <u>청소해야</u> 한다고 결정되었다.

━○ 지텔프 치트키

보기를 통해 준동사 문제임을 알 수 있으므로, 빈칸 주변에서 단서를 파악한다.

해설 | 문맥상 가족 구성원 각자가 일주일에 한 번씩 화장실을 청소해야 한다는 의미가 되어야 자연스러운데, 빈칸 앞 동사 have는 'have + to 부정사'의 형태로 쓰여 '~해야 한다'라는 관용적 의미를 나타낸다. 따라서 to 부정사 (c) <u>to clean</u>이 정답이다.

어휘 | contribute v. 기여하다   tidy adj. 깔끔한, 잘 정돈된   fixed adj. 정해진, 고정된

---

24 가정법   가정법 과거   난이도 ●●○

I spoke to my sister on the phone yesterday and heard that she was having a hard time after breaking up with her boyfriend. If I were to get some time off work, I _____ home to visit her.

나는 어제 나의 여동생과 전화로 이야기했고 그녀가 남자친구와 헤어진 후에 힘든 시간을 보내고 있다고 들었다. 만약 내가 회사에서 며칠 휴가를 낼 수 있다면, 나는 그녀를 방문하기 위해 집으로 <u>비행기를 타고 갈 것이다.</u>

━○ 지텔프 치트키

빈칸 문장의 If를 통해 가정법 문제임을 알 수 있으므로, 가정법 시제 관련 단서를 파악한다.

해설 | If절에 과거 동사(were to get)가 있으므로, 주절에는 이와 짝을 이루어 가정법 과거를 만드는 'would(조동사 과거형) + 동사원형'이 와야 한다. 따라서 (a) <u>would fly</u>가 정답이다.

어휘 | break up with phr. ~와 헤어지다   home adv. 집으로

---

25 시제   미래완료진행   난이도 ●●○

Marsha is frustrated that her aunt is running late for her bridal shower! When she arrives, the other guests _____ her upcoming marriage for an hour, and there will be no finger food left.

Marsha는 이모가 그녀의 신부 축하 파티에 늦고 있어서 실망해 있다! 그녀가 도착할 때, 다른 손님들은 그녀의 다가오는 결혼을 <u>한 시간 동안 축하해오고 있는 중일 것이고</u>, 남아 있는 핑거 푸드가 없을 것이다.

━○ 지텔프 치트키

보기를 통해 시제 문제임을 알 수 있으므로, 시간 표현 관련 단서를 파악한다.

해설 | 현재 동사로 미래의 의미를 나타내는 시간의 부사절 'when + 현재 동사'(When ~ arrives)와 지속을 나타내는 'for + 기간 표현'(for an hour)이 사용되었고, 문맥상 Marsha의 이모가 도착하는 미래 시점에 다른 손님들은 한 시간 동안 Marsha의 다가오는 결혼을 계속해서 축하해오고 있는 중일 것이라는 의미가 되어야 자연스럽다. 따라서 미래완료진행 시제 (c) <u>will have been celebrating</u>이 정답이다.

오답분석

(a) 미래진행 시제는 특정 미래 시점에 진행 중일 일을 나타내므로, 과거 또는 현재에 시작해서 특정 미래 시점까지 계속해서 진행되고 있

어휘ㅣ frustrated adj. 실망한 run late phr. 늦다 bridal shower phr. 신부 축하 파티 celebrate v. 축하하다

---

26 가정법 가정법 과거완료

난이도 ●●○

This morning, I realized that another person had used my social media account to post several offensive messages. My account _____ if I had remembered to log out after using a public terminal in the library yesterday.

오늘 아침에, 나는 다른 사람이 몇몇 모욕적인 메시지를 게시하는 데 나의 소셜 미디어 계정을 사용했다는 것을 깨달았다. 만약 내가 어제 도서관에 있는 공공 단말기를 사용한 후에 로그아웃하는 것을 기억했었다면 나의 계정은 <u>해킹당하지 않았을 것이다</u>.

⊸ 지텔프 치트키

빈칸 문장의 if를 통해 가정법 문제임을 알 수 있으므로, 가정법 시제 관련 단서를 파악한다.

해설ㅣ if절에 'had p.p.' 형태의 had remembered가 있으므로, 주절에는 이와 짝을 이루어 가정법 과거완료를 만드는 'would(조동사 과거형) + have p.p.'가 와야 한다. 따라서 (d) <u>would not have been hacked</u>가 정답이다.

어휘ㅣ realize v. 깨닫다 account n. 계정 post v. 게시하다 offensive adj. 모욕적인, 공격적인 terminal n. 단말기 hack v. 해킹하다

정답 및 문제 유형 분석표

01	(b) 가정법	08	(b) 준동사	15	(d) 연결어	21	(d) 가정법
02	(d) 관계사	09	(b) 시제	16	(c) 준동사	22	(a) 준동사
03	(c) 조동사	10	(d) 조동사	17	(a) 가정법	23	(d) 시제
04	(c) 시제	11	(c) 연결어	18	(b) 시제	24	(c) 조동사
05	(d) 조동사	12	(a) 가정법	19	(b) 준동사	25	(b) 가정법
06	(a) 준동사	13	(b) 준동사	20	(b) 관계사	26	(b) 시제
07	(d) 가정법	14	(d) 시제				

취약 유형 분석표

유형	맞힌 개수
시제	/ 6
가정법	/ 6
조동사	/ 4
준동사	/ 6
연결어	/ 2
관계사	/ 2
TOTAL	26

---

01 가정법 　가정법 과거 　　　　　　　　　　　난이도 ●●○

Honeybees are key contributors to agriculture, as they pollinate many important crops like apples and potatoes. If honeybees were to die out, it is likely that humans _____ from significant food shortages.

꿀벌은 농업의 핵심 요인인데, 이는 그것들이 사과 및 감자와 같은 많은 중요한 농작물들을 수분시키기 때문이다. 만약 꿀벌이 멸종된다면, 인간은 상당한 식량 부족을 겪을 것이다.

지텔프 치트키

빈칸 문장의 If를 통해 가정법 문제임을 알 수 있으므로, 가정법 시제 관련 단서를 파악한다.

해설 | If절에 과거 동사(were to die out)가 있으므로, 주절에는 이와 짝을 이루어 가정법 과거를 만드는 'would(조동사 과거형) + 동사원형'이 와야 한다. 따라서 (b) would suffer가 정답이다.

어휘 | key adj. 핵심적인　contributor n. 요인, 기여자　agriculture n. 농업　pollinate v. 수분시키다　crop n. 농작물　die out phr. 멸종되다　significant adj. 상당한, 현저한　shortage n. 부족

---

02 관계사 　주격 관계대명사 that 　　　　　　　　　난이도 ●●○

My favorite books are a series of fantasy novels called The Black Company by noted American author Glen Cook. There are 10 novels in total, and the one _____ is The White Rose.

내가 가장 좋아하는 책은 저명한 미국 작가 글렌 쿡의 『검은 회사』라는 판타지 소설 연작이다. 총 10권의 소설이 있는데, 나에게 가장 깊은 인상을 줬던 것은 『하얀 장미』이다.

지텔프 치트키

보기를 통해 관계사 문제임을 알 수 있으므로, 선행사 관련 단서를 파악한다.

해설 | 사물 선행사 the one을 받으면서, 관계절 내에서 동사 impressed의 주어가 될 수 있는 주격 관계대명사가 필요하므로, (d) that impressed me the most가 정답이다.

오답분석

(c) 관계대명사 which도 사물 선행사를 받을 수 있지만, 뒤에 불완전한 절이 와야 하므로 오답이다.

어휘 | series n. 연작, 시리즈　novel n. 소설　noted adj. 저명한　author n. 작가　impress v. 깊은 인상을 주다

03　조동사　조동사 would

난이도 ●●○

After his annual medical checkup, my father promised to give up smoking by the end of the year. He told everyone in our family that he _____ quit completely by December 31 at the absolute latest.

그의 연례 건강 검진 이후에, 나의 아버지는 연말까지 흡연을 그만두겠다고 약속하셨다. 그는 아무리 늦어도 12월 31일까지는 완전히 그만두겠다고 우리 가족 모두에게 말씀하셨다.

─○ 지텔프 치트키

보기를 통해 조동사 문제임을 알 수 있으므로, 첫 문장부터 읽으며 문맥을 파악한다.

해설 | 문맥상 아버지가 아무리 늦어도 12월 31일까지는 흡연을 완전히 그만두겠다고 말씀하셨다는 의미가 되어야 자연스러우므로, '~하겠다'를 뜻하면서 의지를 나타내는 조동사 will의 과거형 (c) would가 정답이다.

어휘 | annual adj. 연례의　medical checkup phr. 건강 검진　give up phr. 그만두다　quit v. 그만두다　completely adv. 완전히
at the absolute latest phr. 아무리 늦어도

04　시제　미래진행

난이도 ●●○

Wendy is busy with getting ready for the book fair that her company, Nyman Publishing, will participate in. If you visit her later today, she won't be able to talk because she _____ a list of publications to promote.

Wendy는 자신의 회사인 Nyman 출판사가 참가할 도서 박람회를 준비하느라 바쁘다. 만약 당신이 오늘 늦게 그녀를 방문한다면, 그녀는 홍보할 출판물 목록을 준비하고 있는 중일 것이기 때문에 이야기를 못 할 것이다.

─○ 지텔프 치트키

보기를 통해 시제 문제임을 알 수 있으므로, 시간 표현 관련 단서를 파악한다.

해설 | If절에 현재 동사로 미래의 의미를 나타내는 조건의 부사절 'if + 현재 동사'(If ~ visit)와 미래진행 시제와 함께 쓰이는 시간 표현 later today 가 있고, 주절에는 미래 동사 won't(will not)가 있다. 또한, 문맥상 미래 시점인 오늘 늦게 Wendy를 방문한다면 그때 그녀는 한창 출판물 목록을 준비하고 있는 중일 것이라는 의미가 되어야 자연스럽다. 따라서 미래진행 시제 (c) will be preparing이 정답이다.

어휘 | be busy with phr. ~하느라 바쁘다　fair n. 박람회　publishing n. 출판 (사업), 발행　participate in phr. ~에 참가하다
publication n. 출판물　promote v. 홍보하다

05 조동사   조동사 should 생략

To ensure prompt response times by firefighters, a regulation is rigorously enforced. It prescribes that a 911 operator always _____ emergency personnel from the station nearest to the site of a reported fire.

소방대원들의 즉각적인 대응 시간을 보장하기 위해, 규정은 엄격하게 시행된다. 그것(규정)은 911 전화 교환원이 신고된 화재 현장에 가장 가까이 있는 소방서에서 항상 응급 요원을 <u>출동시켜야 한</u>다고 규정한다.

🔑 지텔프 치트키

보기 및 빈칸 문장의 that절을 통해 조동사 should 생략 문제임을 알 수 있으므로, 빈칸 주변에서 단서를 파악한다.

해설 | 주절에 명령을 나타내는 동사 prescribe가 있으므로 that절에는 '(should +) 동사원형'이 와야 한다. 따라서 동사원형 (d) <u>dispatch</u>가 정답이다.

어휘 | prompt adj. 즉각적인   regulation n. 규정   rigorously adv. 엄격하게   enforce v. 시행하다   prescribe v. 규정하다
operator n. 전화 교환원   emergency personnel phr. 응급 요원   report v. 신고하다   dispatch v. 출동시키다

06 준동사   동명사를 목적어로 취하는 동사

Since his roommate moved out to study overseas, Alex has been struggling to make ends meet. In fact, his monthly rent is so high that he is considering _____ back into his parents' house.

그의 룸메이트가 외국에서 공부하기 위해 방을 뺀 이후, Alex는 수입과 지출의 균형을 맞추느라 고군분투 해오고 있다. 사실, 그의 월세가 너무 비싸서 그는 다시 부모님 집으로 <u>이사하는 것</u>을 고려하는 중이다.

🔑 지텔프 치트키

보기를 통해 준동사 문제임을 알 수 있으므로, 빈칸 주변에서 단서를 파악한다.

해설 | 빈칸 앞 동사 consider는 동명사를 목적어로 취하므로, 동명사 (a) <u>moving</u>이 정답이다.

> **오답분석**
> (b) having moved도 동명사이기는 하지만, 완료동명사(having moved)로 쓰일 경우 '고려하는' 시점보다 '이사하는' 시점이 앞선다는 것을 나타내므로 문맥에 적합하지 않아 오답이다.

어휘 | move out phr. 방을 빼다, 이사를 나가다   overseas adv. 외국에서, 해외로   struggle v. 고군분투하다
make ends meet phr. 수입과 지출의 균형을 맞추다, 겨우 먹고 살 만큼 벌다   monthly adj. 매월의   rent n. 집세

07 가정법   가정법 과거완료

The air conditioner has had a significant impact on the US economy. Had it not been for the invention of this device in 1902, workplace productivity in regions of the country with hot, humid weather _____ dramatically.

에어컨은 미국 경제에 상당한 영향을 미쳐 왔다. 1902년에 이 장치의 발명이 없었더라면, 덥고 습한 날씨를 보이는 그 나라 지역의 작업장 생산성이 극적으로 <u>오르지 않았을 것이다</u>.

🔑 지텔프 치트키

빈칸 문장의 도치 구문을 통해 가정법 문제임을 알 수 있으므로, 가정법 시제 관련 단서를 파악한다.

해설 | if가 생략되어 도치된 절에 'had p.p.' 형태의 Had ~ not been이 있으므로, 주절에는 이와 짝을 이루어 가정법 과거완료를 만드는 'would

(조동사 과거형) + have p.p.'가 와야 한다. 따라서 (d) would not have increased가 정답이다. 참고로 'Had it not been for ~'는 'If it had not been for ~'로 바꿔 쓸 수 있다.

어휘ㅣ device n. 장치 **workplace** n. 작업장, 업무 현장 **productivity** n. 생산성 **humid** adj. 습한 **dramatically** adv. 극적으로

---

08 준동사 　동명사의 주어 역할 　　　　난이도 ●●●

Zed is the manager of the popular Italian restaurant A Taste of Italy on Center Street. _____ the staff members is his primary role, although he also deals with customer complaints and orders ingredients from suppliers.	Zed는 Center가에 있는 인기 있는 이탈리아 음식점인 '이탈리아의 맛'의 점장이다. 비록 그는 고객 불만도 처리하고 납품 업체로부터 재료를 주문하기도 하지만, 직원들을 <u>감독하는 것</u>이 그의 주된 역할이다.

━○ 지텔프 치트키

보기를 통해 준동사 문제임을 알 수 있으므로, 빈칸 주변에서 단서를 파악한다.

해설ㅣ 빈칸 문장 동사 is의 주체가 되는 주어가 없으므로, 빈칸은 주어 자리이다. 주어 자리에는 명사 역할을 하는 것이 올 수 있으므로, '감독하는 것'이라는 의미를 만드는 동명사 (b) Supervising이 정답이다.

　[오답분석]
　(c) to 부정사와 동명사 둘 다 명사 역할을 할 수 있기 때문에 주어 자리에 올 수 있다. 그러나 지문은 Zed의 일반적인 역할을 소개하고 있으므로, 문장의 본동사(is)보다 이전 시제를 나타내는 완료부정사(To have supervised)는 문맥에 적합하지 않아 오답이다.

어휘ㅣ staff member phr. 직원 **primary** adj. 주된 **deal with** phr. ~을 처리하다 **customer** n. 고객, 손님 **complaint** n. 불만, 항의 **order** v. 주문하다 **ingredient** n. 재료 **supplier** n. 납품 업체, 공급자 **supervise** v. 감독하다

---

09 시제 　미래완료진행 　　　　난이도 ●●○

Bonita Reynolds has held her position longer than any mayor in the city's history. By the time she celebrates the anniversary of her first inauguration next June, she _____ the city for 12 years.	Bonita Reynolds는 시 역사상 그 어떤 시장보다도 오랫동안 그녀의 자리를 지켜 왔다. 내년 6월에 그녀의 첫 취임 기념일을 축하할 무렵이면, 그녀는 12년 동안 시를 <u>이끌어 오고 있는 중일 것이다.</u>

━○ 지텔프 치트키

보기를 통해 시제 문제임을 알 수 있으므로, 시간 표현 관련 단서를 파악한다.

해설ㅣ 현재 동사로 미래의 의미를 나타내는 시간의 부사절 'by the time + 현재 동사'(By the time ~ celebrates)가 사용되었고, 미래완료진행 시제와 함께 쓰이는 시간 표현 'next + 미래 시점'(next + June)과 'for + 기간 표현'(for 12 years)이 있다. 또한, 문맥상 Bonita Reynolds는 미래 시점인 내년 6월에 그녀의 취임 기념일을 축하할 무렵이면 12년 동안 시를 계속해서 이끌어 오고 있는 중일 것이라는 의미가 되어야 자연스럽다. 따라서 미래완료진행 시제 (b) will have been leading이 정답이다.

　[오답분석]
　(c) 미래 시제는 미래에 대한 단순한 약속, 제안, 예측을 나타내므로, 과거 또는 현재에 시작해서 특정 미래 시점까지 계속해서 진행되고 있을 일을 표현할 수 없어 오답이다.

어휘ㅣ mayor n. 시장 **celebrate** v. 축하하다, 기념하다 **anniversary** n. 기념일 **inauguration** n. 취임 **lead** v. 이끌다

In most democratic countries, a secret ballot is a requirement during elections. This means that who a voter selects _____ be kept confidential unless he or she decides to share this information voluntarily.

대부분의 민주주의 국가에서, 선거 기간 동안에는 무기명 비밀 투표가 요구된다. 이것은 유권자가 선택하는 사람은 그나 그녀가 자발적으로 이 정보를 공유하기로 결정하지 않는 한 기밀로 유지되<u>어야 한다</u>는 것을 의미한다.

🔑 지텔프 치트키

보기를 통해 조동사 문제임을 알 수 있으므로, 첫 문장부터 읽으며 문맥을 파악한다.

해설 | 첫 번째 문장에서 민주주의 국가에서는 비밀 투표가 요구된다고 언급했고, 문맥상 유권자의 선택은 기밀로 유지되어야 한다는 의미가 되어야 자연스러우므로, '~해야 한다'를 뜻하면서 의무를 나타내는 조동사 (d) <u>must</u>가 정답이다.

어휘 | democratic adj. 민주주의의 ballot n. 무기명 투표 requirement n. 요구되는 것, 필수 조건 election n. 선거 voter n. 유권자 select v. 선택하다, 선정하다 confidential adj. 기밀의 share v. 공유하다 voluntarily adv. 자발적으로

Lytton Properties chose a design by famed architect Shannon Thompson for its latest residential complex. _____ the company receives a building permit from the government, construction at the downtown site will begin.

Lytton 부동산 회사는 그것의 최신 주거 단지를 위해 유명한 건축가 Shannon Thompson의 디자인을 선정했다. 회사가 정부로부터 건축 허가를 받<u>자마자</u>, 도심 부지의 공사가 시작될 것이다.

🔑 지텔프 치트키

보기를 통해 연결어 문제임을 알 수 있으므로, 첫 문장부터 읽으며 문맥을 파악한다.

해설 | 건축 허가를 받는 것이 선행되어야 공사를 시작할 수 있고, 문맥상 회사가 정부로부터 건축 허가를 받자마자 공사가 시작될 것이라는 의미가 되어야 자연스럽다. 따라서 '~하자마자'라는 의미의 시간을 나타내는 부사절 접속사 (c) As soon as가 정답이다.

오답분석
(a), (d) Ever since는 '~ 이후로 줄곧', Even if는 '~이라고 하더라도'라는 의미로 문맥에 적합하지 않아 오답이다.
(b) The fact that(~이라는 사실은)은 부사절을 이끌 수 있는 접속사가 아니므로 오답이다.

어휘 | property n. 부동산, 건물 famed adj. 아주 유명한 architect n. 건축가 residential adj. 주거의 complex n. (건물) 단지, 복합 건물 permit n. 허가 construction n. 공사, 건설 downtown n. 도심 site n. 부지, 현장

Lately, Christine feels very stressed because her best friend seems to get annoyed a lot whenever they hang out together. If Christine could read her mind, she _____ doing things that bother her friend.

최근에, Christine은 그녀의 가장 친한 친구가 그들이 함께 시간을 보낼 때마다 많이 짜증이 나는 것 같아서 스트레스를 몹시 받는다. 만약 Christine이 그녀의 마음을 읽을 수 있다면, 그녀는 자신의 친구를 성가시게 하는 행동을 하는 것을 <u>피할 것이다</u>.

🔑 지텔프 치트키

빈칸 문장의 If를 통해 가정법 문제임을 알 수 있으므로, 가정법 시제 관련 단서를 파악한다.

해설 | If절에 과거 동사(could read)가 있으므로, 주절에는 이와 짝을 이루어 가정법 과거를 만드는 'would(조동사 과거형) + 동사원형'이 와야 한다. 따라서 (a) would avoid가 정답이다.

어휘 | annoyed adj. 짜증이 난 hang out phr. 시간을 보내다 bother v. 성가시게 하다, 괴롭히다 avoid v. 피하다

---

13 준동사   to 부정사를 목적격 보어로 취하는 동사   난이도 ●●○

We are about to enter the Sistine Chapel. As you probably know, it is home to some beautiful works of art by Michelangelo. The tour organizer told me _____ all of you that photography is prohibited inside.

우리는 막 시스티나 예배당에 들어가려는 참입니다. 여러분이 아마 알고 있듯이, 이곳은 미켈란젤로의 몇몇 아름다운 작품들의 발상지입니다. 투어 주최자가 여러분 모두에게 내부에서 사진 촬영은 금지된다는 것을 <u>상기시키라</u>고 저에게 말했습니다.

── 지텔프 치트키

보기를 통해 준동사 문제임을 알 수 있으므로, 빈칸 주변에서 단서를 파악한다.

해설 | 빈칸 앞 동사 tell은 'tell + 목적어 + 목적격 보어'의 형태로 쓰일 때 to 부정사를 목적격 보어로 취하여, '-에게 ~이라고 말하다'라는 의미로 사용된다. 따라서 to 부정사 (b) to remind가 정답이다.

어휘 | be about to phr. 막 ~하려는 참이다 chapel n. 예배당 home n. 발상지, 본고장 organizer n. 주최자, 창립자 photography n. 사진 촬영 prohibit v. 금지하다 inside adv. 내부에서, 내부로 remind v. 상기시키다

---

14 시제   현재진행   난이도 ●●○

My father is very upset by the Winter Olympics coverage this year. At this very moment, the ski jump competition _____, but all of the TV stations are showing reruns of a recent skating event.

나의 아버지는 올해 동계 올림픽 중계 때문에 매우 속상하시다. 지금 이 순간, 스키점프 시합이 <u>열리고 있는 중</u>이지만, 모든 텔레비전 방송국들이 최근의 스케이트 경기 재방송을 보여주고 있다.

── 지텔프 치트키

보기를 통해 시제 문제임을 알 수 있으므로, 시간 표현 관련 단서를 파악한다.

해설 | 현재진행 시제와 함께 쓰이는 시간 표현 At this very moment가 있고, 문맥상 말하고 있는 시점인 지금 이 순간에 스키점프 시합이 열리고 있는 중이라는 의미가 되어야 자연스럽다. 따라서 현재진행 시제 (d) is being held가 정답이다.

어휘 | upset adj. 속상한 coverage n. 중계, 보도 competition n. 시합, 대회 station n. 방송국 rerun n. (텔레비전 프로그램의) 재방송 event n. 경기 hold v. (시합 등을) 열다, 개최하다

15

연결어   전치사   난이도 ●●○

Lawrence Kohlberg came up with a theory of moral development. He argued that all children progress through the exact same six stages when learning how to behave. Therefore, morality is developed according to a single universal process _____ many different ones.

로렌스 콜버그는 도덕적 발달 이론을 제시했다. 그는 모든 아이들은 예의 바르게 행동하는 법을 배울 때 정확히 똑같은 6단계를 통해 나아간다고 주장했다. 따라서, 도덕성은 많은 서로 다른 것들보다는 단 하나의 보편적인 과정에 따라 발달된다.

지텔프 치트키

보기를 통해 연결어 문제임을 알 수 있으므로, 첫 문장부터 읽으며 문맥을 파악한다.

해설 빈칸 뒤에 many different ones라는 명사구가 있으므로 빈칸은 전치사 자리이다. 첫 번째 문장과 두 번째 문장에서 로렌스 콜버그의 도덕적 발달 이론을 설명하면서, 모든 아이들이 정확히 똑같은 도덕적 발달 단계를 거친다고 했다. 따라서 부연 설명을 하는 세 번째 문장에는 도덕성이 서로 다른 것들보다는 단 하나의 보편적인 과정에 따라 발전된다는 내용이 와야 자연스러우므로, '~보다는'이라는 의미의 비교를 나타내는 전치사 (d) rather than이 정답이다.

오답분석
(a) wherever는 '~하는 곳 어디에나'라는 의미의 부사절 접속사로, 명사 앞에 위치할 수 없으므로 오답이다.
(b), (c) because of는 '~ 때문에', in spite of는 '~에도 불구하고'라는 의미로, 문맥에 적합하지 않아 오답이다.

어휘 come up with phr. ~을 제시하다, 제안하다 moral adj. 도덕적인 argue v. 주장하다 progress v. (앞으로) 나아가다 behave v. 예의 바르게 행동하다 morality n. 도덕성 universal adj. 보편적인 process n. 과정, 절차

16

준동사   동명사를 목적어로 취하는 동사   난이도 ●●○

Last May, my aunt took a holiday in Las Vegas with her friends. Although there was a casino in her hotel, she refused to gamble because she didn't want to risk _____ her money.

지난 5월에, 나의 이모는 친구분들과 라스베이거스에서 휴가를 보내셨다. 비록 그녀의 호텔에 카지노가 있었지만, 그녀는 돈을 잃는 위험을 무릅쓰고 싶지 않았기 때문에 도박하는 것을 거절했다.

지텔프 치트키

보기를 통해 준동사 문제임을 알 수 있으므로, 빈칸 주변에서 단서를 파악한다.

해설 빈칸 앞 동사 risk는 동명사를 목적어로 취하므로, 동명사 (c) losing이 정답이다.

오답분석
(d) having lost도 동명사이기는 하지만, 완료동명사(having lost)로 쓰일 경우 '위험을 무릅쓰는' 시점보다 '(돈을) 잃는' 시점이 앞선다는 것을 나타내므로 문맥에 적합하지 않아 오답이다.

어휘 refuse v. 거절하다 gamble v. 도박하다 risk v. 위험을 무릅쓰다

17

가정법   가정법 과거   난이도 ●●○

Art lovers are sad because the National Art Museum has decided to start charging an admission fee. If the cost of entry were waived, the general public _____ the opportunity to view fine art whenever they please.

국립 미술관이 입장료를 청구하는 것을 시작하기로 결정했기 때문에 미술 애호가들이 슬퍼하고 있다. 만약 입장 비용이 면제된다면, 일반 대중은 그들이 원한다면 언제든지 미술품을 관람할 기회를 얻을 것이다.

🔑 지텔프 치트키

빈칸 문장의 If를 통해 가정법 문제임을 알 수 있으므로, 가정법 시제 관련 단서를 파악한다.

해설 | If절에 과거 동사(were waived)가 있으므로, 주절에는 이와 짝을 이루어 가정법 과거를 만드는 'would(조동사 과거형) + 동사원형'이 와야 한다. 따라서 (a) would have가 정답이다.

어휘 | charge v. (요금을) 청구하다 admission fee phr. 입장료 cost n. 비용, 값 entry n. 입장 waive v. 면제하다, 적용하지 않다
fine art phr. 미술품 please v. 원하다, ~하고 싶다

---

18 시제　과거완료진행　　　　　　　　　　　　　　　난이도 ●●○

In 1932, the US company Technicolor perfected a process to create color films. It was used for many classic works, such as *The Wizard of Oz*. Before the Technicolor technology was available, most directors _____ black-and-white movies.

1932년에, 미국 회사 테크니컬러는 컬러 영화를 만드는 공정을 완성했다. 그것은 『오즈의 마법사』와 같은 많은 고전 작품들에 사용되었다. 테크니컬러 기술이 이용 가능해지기 전에, 대부분의 감독들은 흑백 영화를 제작해오고 있던 중이었다.

🔑 지텔프 치트키

보기를 통해 시제 문제임을 알 수 있으므로, 시간 표현 관련 단서를 파악한다.

해설 | 과거완료진행 시제와 함께 쓰이는 시간 표현 'before + 과거 동사'(Before ~ was)가 있고, 문맥상 대과거(테크니컬러 기술이 이용 가능해지기 이전 시점)부터 과거(테크니컬러 기술이 개발되었던 1932년)까지 대부분의 감독들은 흑백 영화를 계속해서 제작해오고 있던 중이었다는 의미가 되어야 자연스럽다. 따라서 과거완료진행 시제 (b) had been producing이 정답이다.

어휘 | perfect v. 완성하다 process n. 공정 classic adj. 고전의 available adj. 이용 가능한 director n. 감독
black-and-white adj. 흑백의

---

19 준동사　to 부정사의 진주어 역할　　　　　　　　　난이도 ●●○

Homo erectus was an early hominid that went extinct 110,000 years ago. These primates died off because it was impossible for them _____ to a changing environment. Research shows that they lost much of their habitat due to climate change.

호모 에렉투스는 11만 년 전에 멸종되었던 초기 인류였다. 이 영장류들은 변화하는 환경에 적응하는 것이 불가능했기 때문에 차차 사라졌다. 연구는 그들이 기후 변화 때문에 그들의 서식지의 많은 부분을 잃었다는 것을 보여 준다.

🔑 지텔프 치트키

보기를 통해 준동사 문제임을 알 수 있으므로, 빈칸 주변에서 단서를 파악한다.

해설 | 빈칸 문장의 because가 이끄는 부사절의 주어 자리에 가주어 it이 있고 문맥상 '변화하는 환경에 적응하는 것이 불가능했다'라는 의미가 되어야 자연스러우므로, 빈칸에는 동사 was의 진주어 '적응하는 것'이 와야 한다. 따라서 진주어 자리에 올 수 있는 to 부정사 (b) to adapt가 정답이다. 참고로 'for + 대명사'(for them)는 to 부정사의 의미상 주어이다.

어휘 | hominid n. 인류, 인류의 조상 extinct adj. 멸종된 primate n. 영장류 die off phr. 차차 사라지다, 하나씩 죽다 habitat n. 서식지
adapt v. 적응하다

20 관계사   주격 관계대명사 which   난이도 ●●○

Harrisburg College recently completed the construction of a new media center. This facility, _____, opened on September 15 and is accessible to all students and faculty members.

Harrisburg 대학이 최근 새로운 미디어 센터 건립을 완료했다. 이 시설은, 컴퓨터와 시청각 장비를 포함하는데, 9월 15일에 문을 열었으며 모든 학생과 교직원들이 이용할 수 있다.

지텔프 치트키

보기를 통해 관계사 문제임을 알 수 있으므로, 선행사 관련 단서를 파악한다.

해설 | 사물 선행사 This facility를 받으면서 콤마(,) 뒤에 올 수 있는 주격 관계대명사가 필요하므로, (b) which includes computers and audiovisual equipment 가 정답이다.

오답분석
(a) 관계대명사 that도 사물 선행사를 받을 수 있지만, 콤마 뒤에 올 수 없으므로 오답이다.

어휘 | facility n. 시설, 기관   accessible adj. 이용할 수 있는   faculty member phr. 교직원   audiovisual adj. 시청각의

---

21 가정법   가정법 과거완료   난이도 ●●○

During an exhibit at the Greendale Gallery, an alarm sounded when a small boy knocked over a sculpture by a famous artist. Had his parents watched him more attentively, he _____ the artwork.

그린데일 미술관에서의 전시회 동안, 한 작은 소년이 유명한 예술가의 조각품을 넘어뜨렸을 때 경보음이 울렸다. 그의 부모가 그를 좀 더 주의 깊게 지켜봤었더라면, 그는 예술 작품을 훼손하지 않았을 것이다.

지텔프 치트키

빈칸 문장의 도치 구문을 통해 가정법 문제임을 알 수 있으므로, 가정법 시제 관련 단서를 파악한다.

해설 | if가 생략되어 도치된 절에 'had p.p.' 형태의 Had ~ watched가 있으므로, 주절에는 이와 짝을 이루어 가정법 과거완료를 만드는 'would (조동사 과거형) + have p.p.'가 와야 한다. 따라서 (d) would not have damaged가 정답이다. 참고로 'Had his parents watched ~'는 'If his parents had watched ~'로 바꿔 쓸 수 있다.

어휘 | exhibit n. 전시회   alarm n. 경보음   sound v. (소리가) 울리다   knock over phr. 넘어뜨리다   sculpture n. 조각품
attentively adv. 주의 깊게   damage v. 훼손하다, 피해를 입히다

---

22 준동사   to 부정사를 목적어로 취하는 동사   난이도 ●●○

From this year, employees at my company can choose their own working hours. I elected _____ to the office at 8 a.m. each day as I enjoy having free time in the afternoon.

올해부터, 나의 회사의 직원들은 그들 자신의 근무 시간을 선택할 수 있다. 나는 매일 아침 8시에 회사에 가는 것을 선택했는데 이는 내가 오후에 자유 시간을 보내는 것을 즐기기 때문이다.

지텔프 치트키

보기를 통해 준동사 문제임을 알 수 있으므로, 빈칸 주변에서 단서를 파악한다.

해설 | 빈칸 앞 동사 elect는 to 부정사를 목적어로 취하므로, to 부정사 (a) to go가 정답이다.

(b) to have gone도 to 부정사이기는 하지만, 완료부정사(to have gone)로 쓰일 경우 '선택하는' 시점보다 '가는' 시점이 앞선다는 것을 나타내므로 문맥에 적합하지 않아 오답이다.

어휘 | elect v. 선택하다

---

23 시제   과거진행   난이도 ●●○

Kevin promised his mother that he would clean his bedroom right after school. However, when she returned home from the supermarket just past 5 p.m., he _____ video games on his computer in his messy room.

Kevin은 학교가 끝난 직후에 침실을 청소하겠다고 어머니에게 약속했다. 하지만, 그녀가 오후 5시가 막 지나서 슈퍼마켓에서 집으로 돌아왔을 때, 그는 지저 분한 방에서 컴퓨터로 비디오 게임을 하고 있는 중이 었다.

🔑 지텔프 치트키

보기를 통해 시제 문제임을 알 수 있으므로, 시간 표현 관련 단서를 파악한다.

해설 | 과거진행 시제와 함께 쓰이는 시간 표현 'when + 과거 동사'(when ~ returned)와 'past + 과거 시점'(past 5 p.m.)이 있고, 문맥상 Kevin의 어머니가 과거 시점인 오후 5시가 막 지났을 무렵에 슈퍼마켓에서 집으로 돌아왔을 때 Kevin은 한창 비디오 게임을 하고 있는 중이었다는 의미가 되어야 자연스럽다. 따라서 과거진행 시제 (d) was playing이 정답이다.

어휘 | return v. 돌아오다   past prep. ~을 지나서   messy adj. 지저분한, 엉망인

---

24 조동사   조동사 should 생략   난이도 ●○○

Hilda went to a medical clinic owing to severe shoulder pain following a game of tennis. According to the doctor, it was crucial that she _____ her muscles for at least 15 minutes before intense physical activities.

Hilda는 테니스 게임을 한 후에 심각한 어깨 통증 때문에 병원에 갔다. 의사에 따르면, 그녀가 격렬한 신체 활동 전에 적어도 15분 동안 근육을 풀어야 하는 것이 중요하다.

🔑 지텔프 치트키

보기 및 빈칸 문장의 that절을 통해 조동사 should 생략 문제임을 알 수 있으므로, 빈칸 주변에서 단서를 파악한다.

해설 | 주절에 주장을 나타내는 형용사 crucial이 있으므로 that절에는 '(should +) 동사원형'이 와야 한다. 따라서 동사원형 (c) stretch가 정답 이다.

어휘 | medical clinic phr. 병원   owing to prep. ~ 때문에   severe adj. 심각한   shoulder n. 어깨   crucial adj. 중요한   muscle n. 근육 intense adj. 격렬한   stretch v. (근육을) 풀다, 당기다

25 가정법   가정법 과거완료   난이도 ●●○

Thomas was late for work today because his tire went flat while he was driving to his office. He _____ this problem if he had remembered to bring his car to the service center last month for its annual inspection.

Thomas는 오늘 사무실까지 운전해서 가던 중에 타이어에 바람이 빠져서 회사에 지각했다. 만약 그가 연례 점검을 위해 지난달에 그의 차를 서비스 센터에 가져가는 것을 기억했었다면 그는 이 문제를 겪지 않았을 것이다.

지텔프 치트키

빈칸 문장의 if를 통해 가정법 문제임을 알 수 있으므로, 가정법 시제 관련 단서를 파악한다.

해설 | if절에 'had p.p.' 형태의 had remembered가 있으므로, 주절에는 이와 짝을 이루어 가정법 과거완료를 만드는 'would(조동사 과거형) + have p.p.'가 와야 한다. 따라서 (b) would not have experienced가 정답이다.

어휘 | go flat phr. (타이어가) 바람이 빠지다   annual adj. 연례의   inspection n. 점검, 검사

---

26 시제   현재완료진행   난이도 ●●○

Gardening has traditionally been an activity exclusive for people over the age of 50. Lately, however, it _____ popularity among young people as many of them work from home and have time for this hobby.

원예는 전통적으로 특별히 50세가 넘는 사람들을 위한 전용 활동이었다. 최근에, 하지만, 그것은 젊은이들 사이에서 인기를 얻어오고 있는 중인데 이는 그들 중 다수가 재택근무를 하고 이 취미를 위한 시간이 있기 때문이다.

지텔프 치트키

보기를 통해 시제 문제임을 알 수 있으므로, 시간 표현 관련 단서를 파악한다.

해설 | 현재완료진행 시제와 함께 쓰이는 시간 표현 Lately가 있고, 문맥상 최근에 원예가 젊은이들 사이에서 인기를 얻어오고 있는 중이라는 의미가 되어야 자연스럽다. 따라서 현재완료진행 시제 (b) has been gaining이 정답이다.

어휘 | gardening n. 원예   traditionally adv. 전통적으로   exclusive adj. 전용의, 배타적인   popularity n. 인기

정답 및 문제 유형 분석표

01	(c) 관계사	08	(d) 시제	15	(b) 준동사	21	(a) 시제
02	(a) 시제	09	(a) 준동사	16	(d) 가정법	22	(c) 가정법
03	(b) 가정법	10	(c) 준동사	17	(c) 시제	23	(d) 조동사
04	(d) 준동사	11	(a) 가정법	18	(c) 조동사	24	(c) 시제
05	(c) 조동사	12	(d) 조동사	19	(b) 연결어	25	(a) 준동사
06	(d) 연결어	13	(d) 시제	20	(d) 준동사	26	(d) 가정법
07	(c) 가정법	14	(a) 관계사				

취약 유형 분석표

유형	맞힌 개수
시제	/ 6
가정법	/ 6
조동사	/ 4
준동사	/ 6
연결어	/ 2
관계사	/ 2
TOTAL	**26**

---

01 관계사   주격 관계대명사 who

난이도 ●●○

The popular online retailer NeoSearch.com has launched a new marketing campaign to get its regular shoppers to encourage others to try its services. A customer _____ will be sent a virtual gift card valued at $25.

인기 있는 온라인 소매 상품점 NeoSearch.com은 단골 쇼핑객들이 다른 사람들로 하여금 그것의 서비스를 시도해 보도록 권장하게 하는 새로운 마케팅 캠페인을 개시했다. 최소 10명의 친구들을 소개하는 고객은 25달러 상당의 온라인 상품권을 받을 것이다.

🔑 지텔프 치트키

보기를 통해 관계사 문제임을 알 수 있으므로, 선행사 관련 단서를 파악한다.

해설 | 사람 선행사 A customer를 받으면서, 관계절 내에서 동사 refers의 주어가 될 수 있는 주격 관계대명사가 필요하므로, (c) who refers at least 10 friends가 정답이다.

어휘 | retailer n. 소매상 launch v. 개시하다, 시작하다 virtual adj. 온라인상의, (컴퓨터를 이용한) 가상의 refer v. (정보를) 소개하다, 인용하다

---

02 시제   미래진행

난이도 ●●○

Karen is coming back home after a practice with her cricket team, and the traffic is so heavy that her bus is hardly moving. When she gets to her apartment later tonight, her husband _____ already.

Karen은 그녀의 크리켓팀과의 연습 후에 집으로 돌아오는 중인데, 교통량이 너무 많아서 버스가 거의 움직이지 않고 있다. 그녀가 오늘 밤늦게 그녀의 아파트에 도착할 때, 그녀의 남편은 이미 자고 있는 중일 것이다.

🔑 지텔프 치트키

보기를 통해 시제 문제임을 알 수 있으므로, 시간 표현 관련 단서를 파악한다.

해설 | 현재 동사로 미래의 의미를 나타내는 시간의 부사절 'when + 현재 동사'(When ~ gets)와 미래진행 시제와 함께 쓰이는 시간 표현 'later tonight'이 있고, 문맥상 Karen이 미래 시점인 오늘 밤늦게 아파트에 도착할 때 그녀의 남편은 한창 자고 있는 중일 것이라는 의미가 되어야 자연스럽다. 따라서 미래진행 시제 (a) will be sleeping이 정답이다.

> 오답분석
> (c) 미래 시제는 미래에 대한 단순한 약속, 제안, 예측을 나타내므로, 특정 미래 시점에 한창 진행되고 있을 일을 표현할 수 없어 오답이다.

어휘 | practice n. 연습 traffic n. 교통(량) heavy adj. (양이 보통보다) 많은, 심한 hardly adv. 거의 ~ 아닌

---

03 가정법 가정법 과거   난이도 ●●○

Although Peter is very happy with the location of his apartment, he has to move out soon because the increased rent is too expensive. If he could afford to pay it each month, he _____ searching for another apartment.

Peter가 그의 아파트 위치에 매우 만족하기는 하지만, 오른 집세가 너무 비싸서 곧 이사를 가야 한다. 만약 그가 매달 그것을 지불할 여유가 있다면, 그는 다른 아파트를 찾는 것을 그만둘 것이다.

> **지텔프 치트키**
> 빈칸 문장의 If를 통해 가정법 문제임을 알 수 있으므로, 가정법 시제 관련 단서를 파악한다.

해설 | If절에 과거 동사(could afford)가 있으므로, 주절에는 이와 짝을 이루어 가정법 과거를 만드는 'would(조동사 과거형) + 동사원형'이 와야 한다. 따라서 (b) would stop이 정답이다.

어휘 | location n. 위치, 장소 rent n. 집세, 임대료 afford v. ~할 여유가 있다

---

04 준동사 동명사를 목적어로 취하는 동사   난이도 ●●○

Devon University has several regulations related to guests for the students who live in the dormitories on campus. For example, the school prohibits _____ visitors in the rooms or common areas after 9 p.m.

Devon 대학교는 캠퍼스 내 기숙사에 거주하는 학생들에 대해 방문객과 관련된 몇 가지 규정을 두고 있다. 예를 들어, 학교는 오후 9시 이후에 방문객들을 방이나 공용 공간에 들이는 것을 금지한다.

> **지텔프 치트키**
> 보기를 통해 준동사 문제임을 알 수 있으므로, 빈칸 주변에서 단서를 파악한다.

해설 | 빈칸 앞 동사 prohibit은 동명사를 목적어로 취하므로, 동명사 (d) having이 정답이다.

> 오답분석
> (b) having had도 동명사이기는 하지만, 완료동명사(having had)로 쓰일 경우 '금지하는' 시점보다 '(방문객들을) 들이는' 시점이 앞선다는 것을 나타내므로 문맥에 적합하지 않아 오답이다.

어휘 | regulation n. 규정, 규제 dormitory n. 기숙사 prohibit v. 금지하다 visitor n. 방문객, 손님 common area phr. 공용 공간

05 조동사   조동사 should 생략   난이도 ●●○

Bill is interested in the free seminar on communications skills organized by Legate Software. The deadline to sign up is Friday at 3 p.m., so it is imperative that he _____ by this time.

Bill은 Legate 소프트웨어사에 의해 주관되는 의사소통 기술에 대한 무료 세미나에 관심이 있다. 등록 마감 기한이 금요일 오후 3시이므로, 그는 이 시간까지 등록해야 하는 것을 반드시 해야 한다.

━○ 지텔프 치트키

보기 및 빈칸 문장의 that절을 통해 조동사 should 생략 문제임을 알 수 있으므로, 빈칸 주변에서 단서를 파악한다.

해설 | 주절에 주장을 나타내는 형용사 imperative가 있으므로 that절에는 '(should +) 동사원형'이 와야 한다. 따라서 동사원형 (c) register가 정답이다.

어휘 | deadline n. 마감 기한   sign up phr. 등록하다, 가입하다   imperative adj. 반드시 해야 하는, 긴요한   register v. 등록하다

06 연결어   접속부사   난이도 ●●○

Ms. Lowell has a reputation among the students at Rosewood High School for being capricious. _____, the amount of homework she gives to the students each day seems to fluctuate depending on her mood.

Ms. Lowell은 Rosewood 고등학교 학생들 사이에서 변덕스럽기로 평판이 나 있다. 실제로, 그녀가 매일 학생들에게 내주는 숙제의 양은 그녀의 기분에 따라 수시로 변하는 것 같다.

━○ 지텔프 치트키

보기 및 빈칸 뒤의 콤마를 통해 접속부사 문제임을 알 수 있으므로, 첫 문장부터 읽으며 문맥을 파악한다.

해설 | 문맥상 Ms. Lowell이 학생들 사이에서 변덕스럽기로 평판이 나 있다는 앞 문장의 내용을 강조하여 '실제로, 그녀가 매일 학생들에게 내주는 숙제의 양은 그녀의 기분에 따라 수시로 변하는 것 같다'라는 의미가 되어야 자연스럽다. 따라서 '실제로'라는 의미의 강조를 나타내는 접속부사 (d) In fact가 정답이다.

오답분석
(a) Finally는 '마침내', (b) In contrast는 '그에 반해', (c) Otherwise는 '그렇지 않으면'이라는 의미로 문맥에 적합하지 않아 오답이다.

어휘 | reputation n. 평판, 명성   capricious adj. 변덕스러운   seem v. ~인 것 같다, ~처럼 보이다   fluctuate v. 수시로 변하다, 변동하다
depending on prep. ~에 따라   mood n. 기분

07 가정법   가정법 과거완료   난이도 ●●○

Fran panicked and could not think of the correct response when her behavioral psychology professor asked her a question last class. Had she completed the assigned textbook reading beforehand, she _____ the answer.

Fran은 지난 수업에서 행동 심리학 교수가 그녀에게 질문을 했을 때 허둥댔고 올바른 답변을 생각해내지 못했다. 그녀가 사전에 할당된 교과서 읽기를 끝마쳤다면, 그녀는 답을 알았을 것이다.

━○ 지텔프 치트키

빈칸 문장의 도치 구문을 통해 가정법 문제임을 알 수 있으므로, 가정법 시제 관련 단서를 파악한다.

해설 | if가 생략되어 도치된 절에 'had p.p.' 형태의 Had ~ completed가 왔으므로, 주절에는 이와 짝을 이루어 가정법 과거완료를 만드는

'would(조동사 과거형) + have p.p.'가 와야 한다. 따라서 (c) would have known이 정답이다. 참고로 'Had she completed ~'는 'If she had completed ~'로 바꿔 쓸 수 있다.

어휘 | panic v. 허둥대다, 겁에 질려 어쩔 줄 모르다   behavioral psychology phr. 행동 심리학   complete v. 끝마치다, 완료하다
assign v. 할당하다, 부과하다   textbook n. 교과서   beforehand adv. 사전에, 미리

---

08 시제   현재진행   난이도 ●○○

As my father does not have to go to the office today, he will work in the garden all afternoon. He _____ weeds out from the soil now, and he intends to pick the ripe tomatoes afterward.

나의 아버지는 오늘 회사에 가지 않으셔도 되어서, 오후 내내 정원에서 일하실 것이다. 그는 지금 흙에서 잡초를 뽑고 계시는 중이고, 그 후에 잘 익은 토마토를 따려고 생각하신다.

지텔프 치트키

보기를 통해 시제 문제임을 알 수 있으므로, 시간 표현 관련 단서를 파악한다.

해설 | 현재진행 시제와 함께 쓰이는 시간 표현 now가 있고, 문맥상 말하고 있는 시점에 벌어지고 있는 일을 표현하여 '나의 아버지가 지금 흙에서 잡초를 뽑고 계시는 중이다'라는 의미가 되어야 자연스럽다. 따라서 현재진행 시제 (d) is pulling이 정답이다.

어휘 | garden n. 정원   weed n. 잡초   soil n. 흙, 토양   intend v. (~하려고) 생각하다   ripe adj. 잘 익은   afterward adv. 그 후에   pull v. 뽑다

---

09 준동사   to 부정사를 목적어로 취하는 동사   난이도 ●○○

Brushing one's teeth after every meal is an important aspect of good dental hygiene, but it is insufficient to prevent cavities and gum disease. People also need _____ regularly to remove food from between their teeth.

매 끼니 후 이를 닦는 것은 좋은 치아 위생의 중요한 측면이지만, 충치와 잇몸 질환을 예방하기에는 불충분하다. 사람들은 또한 치아 사이의 음식물을 제거하기 위해 정기적으로 치실을 사용할 필요가 있다.

지텔프 치트키

보기를 통해 준동사 문제임을 알 수 있으므로, 빈칸 주변에서 단서를 파악한다.

해설 | 빈칸 앞 동사 need는 to 부정사를 목적어로 취하므로, to 부정사 (a) to floss가 정답이다.

오답분석

(c) to have flossed도 to 부정사이기는 하지만, 완료부정사(to have flossed)로 쓰일 경우 '필요가 있는' 시점보다 '치실을 사용한' 시점이 앞선다는 것을 나타내므로 문맥에 적합하지 않아 오답이다.

어휘 | brush v. 닦다   teeth n. 이, 치아(tooth의 복수형)   meal n. 끼니, 식사   aspect n. 측면   dental adj. 치아의   hygiene n. 위생
insufficient adj. 불충분한   prevent v. 예방하다   cavity n. 충치   gum n. 잇몸   disease n. 질환, 병   remove v. 제거하다
floss v. 치실을 사용하다, 치실질을 하다

10 준동사   to 부정사의 관용적 표현   난이도 ●●○

Corrine got a ticket for driving over the speed limit on the Riverside Expressway yesterday. She has no choice but _____ the fine by the due date or else it will double.

Corrine은 어제 리버사이드 고속도로에서 제한 속도 이상으로 운전하여 위반 딱지를 받았다. 그녀는 기한 내에 벌금을 낼 수밖에 없는데 그렇지 않으면 그것(벌금)은 두 배가 될 것이다.

지텔프 치트키

보기를 통해 준동사 문제임을 알 수 있으므로, 빈칸 주변에서 단서를 파악한다.

해설 | 동사 have는 'have no choice but + to 부정사'의 형태로 쓰여 '~할 수밖에 없다'라는 관용적 의미를 나타낸다. 따라서 to 부정사 (c) to pay가 정답이다.

어휘 | ticket n. (교통 법규 위반에 대한 벌금을 부과하는) 딱지   expressway n. 고속도로   fine n. 벌금   due date phr. 기한, 만기일   or else conj. 그렇지 않으면   double v. 두 배가 되다

---

11 가정법   가정법 과거   난이도 ●●○

Due to rising medical costs, many residents of the United States are experiencing financial hardship. If the country were to create a national health care system, a large number of people _____ directly.

의료비 상승으로 인해, 많은 미국 주민들이 재정적인 어려움을 겪고 있다. 만약 그 나라가 국가적인 의료 보험 제도를 만든다면, 많은 사람들이 직접적으로 득을 볼 것이다.

지텔프 치트키

빈칸 문장의 If를 통해 가정법 문제임을 알 수 있으므로, 가정법 시제 관련 단서를 파악한다.

해설 | If절에 과거 동사(were to create)가 있으므로, 주절에는 이와 짝을 이루어 가정법 과거를 만드는 'would(조동사 과거형) + 동사원형'이 와야 한다. 따라서 (a) would benefit이 정답이다.

어휘 | rise v. 상승하다   medical cost phr. 의료비   resident n. 주민   financial adj. 재정적인   hardship n. 어려움   health care system phr. 의료 보험 제도   directly adv. 직접적으로, 바로   benefit v. 득을 보다

---

12 조동사   조동사 will   난이도 ●●○

At a press conference yesterday, JT Electronics representative Mary Burns confirmed the release date of the company's new tablet. According to her, it _____ be available for purchase in stores across the country on June 15.

어제 기자 회견에서, JT 전자사의 대표 Mary Burns는 그 회사의 새로운 태블릿 PC의 출시 날짜를 확정했다. 그녀에 따르면, 그것은 6월 15일에 전국 매장에서 구매가 가능할 것이다.

지텔프 치트키

보기를 통해 조동사 문제임을 알 수 있으므로, 첫 문장부터 읽으며 문맥을 파악한다.

해설 | 첫 번째 문장에서 JT 전자사의 새로운 태블릿 PC의 출시 날짜가 확정되었다고 했고, 문맥상 회사의 대표에 따르면 6월 15일에 전국 매장에서 구매 가능할 것이라는 의미가 되어야 자연스러우므로, '~할 것이다'를 뜻하면서 예정을 나타내는 조동사 (d) will이 정답이다.

어휘 | press conference phr. 기자 회견   representative n. 대표   confirm v. 확정하다   release n. 출시, 발표   purchase n. 구매

13 시제 현재완료진행 난이도 ●●○

In 2010, Mr. Cooper sold his car and decided not to purchase a new one. Since then, he _____ to and from his workplace by bicycle, which has greatly improved his overall health and saved him a lot of money.

2010년에, Mr. Cooper는 그의 차를 팔았고 새 차를 사지 않기로 결정했다. 그때 이후로, 그는 자전거로 직장에 오가며 통근해오고 있는 중인데, 이것은 그의 전반적인 건강을 크게 향상시켰고 많은 돈을 절약시켰다.

지텔프 치트키

보기를 통해 시제 문제임을 알 수 있으므로, 시간 표현 관련 단서를 파악한다.

해설 | 현재완료진행 시제와 함께 쓰이는 시간 표현 'since + 과거 시점'(Since then)이 있고, 문맥상 과거(2010년에 차를 팔았던 시점) 이후로 현재까지 계속해서 자전거로 직장에 오가며 통근해오고 있는 중이라는 의미가 되어야 자연스럽다. 따라서 현재완료진행 시제 (d) has been commuting이 정답이다.

어휘 | workplace n. 직장 improve v. 향상시키다 overall adj. 전반적인 commute v. 통근하다

---

14 관계사 주격 관계대명사 who 난이도 ●●○

The Vancouver Lions are the winners of the National Hockey Championship this year! The player _____ is supposed to be announced during a televised award ceremony held at the end of the week.

밴쿠버 라이온즈가 올해 전국 하키 선수권 대회의 우승팀이다! 팀의 최우수 선수로 선정된 선수는 이번 주말에 열리는 텔레비전으로 방송되는 시상식에서 발표되기로 되어 있다.

지텔프 치트키

보기를 통해 관계사 문제임을 알 수 있으므로, 선행사 관련 단서를 파악한다.

해설 | 사람 선행사 The player를 꾸며주면서, 관계절 내에서 동사 was selected의 주어가 될 수 있는 관계대명사가 필요하므로, 주격 관계대명사절 (a) who was selected as the team MVP가 정답이다.

어휘 | be supposed to phr. ~하기로 되어 있다 announce v. 발표하다, 알리다 televise v. 텔레비전으로 방송하다 award ceremony phr. 시상식 select v. 선정하다 MVP (Most Valuable Player) n. 최우수 선수

---

15 준동사 to 부정사의 부사적 용법 난이도 ●●●

The headphones that Warren bought two days ago have suddenly started making a loud hissing noise whenever he uses them. After noticing this problem, he called the manufacturer's customer service department _____ about the defective product.

Warren이 이틀 전 구입한 헤드폰은 그가 그것을 사용할 때마다 갑자기 시끄러운 쉭익하는 소음을 내기 시작했다. 이 문제를 알아차린 후, 그는 결함이 있는 제품에 대해 항의하기 위해 제조사의 고객 서비스 부서에 전화를 걸었다.

지텔프 치트키

보기를 통해 준동사 문제임을 알 수 있으므로, 빈칸 주변에서 단서를 파악한다.

해설 | 빈칸 앞에 주어(he), 동사(called), 목적어(the manufacturer's customer service department)가 갖춰진 완전한 문장이 있으므로, 빈칸 이하는 문장의 필수 성분이 아닌 수식어구이다. 따라서 목적을 나타내며 수식어구를 이끌 수 있는 to 부정사 (b) to complain이 정답이다.

어휘 | loud adj. 시끄러운, 큰 hissing adj. 쉬익하는 noise n. 소음, 소리 notice v. 알아차리다 manufacturer n. 제조사
defective adj. 결함이 있는 complain v. 항의하다

---

16 가정법   가정법 과거완료   난이도 ●●○

Many voters were dissatisfied with how unprepared Derek Parker was for the mayoral election debate. If he hadn't performed so poorly during this event, he _____ more support when residents cast their votes last Friday.	많은 유권자들은 시장 선거 토론에 대해 Derek Parker 가 얼마나 준비가 안 되었는지에 대해 불만스러워했다. 만약 그가 이번 행사를 그렇게 형편없이 수행하지 않았었다면, 지난 금요일에 주민들이 투표했을 때 그는 더 많은 지지를 받았을 것이다.

🔑─○ 지텔프 치트키

빈칸 문장의 If를 통해 가정법 문제임을 알 수 있으므로, 가정법 시제 관련 단서를 파악한다.

해설 | If절에 'had p.p.' 형태의 hadn't performed가 있으므로, 주절에는 이와 짝을 이루어 가정법 과거완료를 만드는 'would(조동사 과거형) + have p.p.'가 와야 한다. 따라서 (d) would have received가 정답이다.

어휘 | voter n. 유권자 dissatisfied adj. 불만스러운 unprepared adj. 준비가 안 된 mayoral adj. 시장의 election n. 선거
debate n. 토론 perform v. 수행하다, 해 보이다 poorly adv. 형편없이 support n. 지지, 지원 cast a vote phr. 투표하다

---

17 시제   과거진행   난이도 ●●○

My younger brother often intentionally does things that he knows will annoy me. This morning, he played his music very loudly while I _____ to my friend on the phone about a group project for school.	내 남동생은 나를 짜증 나게 할 것이라고 알고 있는 일을 일부러 한다. 오늘 아침에, 그는 내가 친구와 전화로 학교 그룹 과제에 대해 이야기하고 있던 도중에 그의 음악을 매우 크게 틀었다.

🔑─○ 지텔프 치트키

보기를 통해 시제 문제임을 알 수 있으므로, 시간 표현 관련 단서를 파악한다.

해설 | 과거진행 시제와 함께 쓰이는 시간 표현 '과거 시점/동사 + while절'(This morning ~ played ~ while)이 사용되었고, 문맥상 남동생이 음악을 매우 크게 틀었던 과거 시점에 화자는 친구와 한창 전화로 이야기하고 있던 도중이었다는 의미가 되어야 자연스럽다. 따라서 과거진행 시제 (c) was talking이 정답이다.

오답분석

(b) 과거완료 시제는 특정 과거 시점 이전에 일어난 대과거의 일을 나타내는 시제인데, 화자가 친구와 전화로 이야기한 일과 남동생이 음악을 매우 크게 튼 일은 동시에 일어난 일이므로 오답이다.

어휘 | intentionally adv. 일부러, 고의로 annoy v. 짜증 나게 하다

18 조동사　조동사 can

A special offer is currently available to customers of the Belmont Hotel. All guests _____ get a complimentary massage at the hotel's spa. Another option is to receive a free meal at the hotel's restaurant.

Belmont 호텔의 고객들은 현재 특별 할인을 이용할 수 있다. 모든 투숙객은 호텔 온천에서 무료 마사지를 받을 수 있다. 또 다른 선택지는 호텔 레스토랑에서 무료 식사를 제공받는 것이다.

—○ 지텔프 치트키

보기를 통해 조동사 문제임을 알 수 있으므로, 첫 문장부터 읽으며 문맥을 파악한다.

해설 | 문맥상 모든 투숙객이 호텔 온천에서 무료 마사지를 받을 수 있다는 의미가 되어야 자연스러우므로, '~할 수 있다'를 뜻하면서 가능성을 나타내는 조동사 (c) can이 정답이다.

어휘 | offer n. 할인, 제안　available adj. 이용할 수 있는　complimentary adj. 무료의　spa n. 온천, 휴양 시설

---

19 연결어　접속사

Pandas typically give birth to one or two offspring at a time. When two babies are born, the mother will only feed and care for the strongest. She cannot produce enough milk for both of them, _____ one will be abandoned.

판다는 보통 한 번에 한두 마리의 새끼를 낳는다. 두 마리의 새끼가 태어나면, 어미는 가장 강한 새끼만 먹이고 돌볼 것이다. 어미는 두 마리 새끼 모두에게 충분한 젖을 생산할 수 없으므로, 한 마리는 버려질 것이다.

—○ 지텔프 치트키

보기를 통해 연결어 문제임을 알 수 있으므로, 첫 문장부터 읽으며 문맥을 파악한다.

해설 | 빈칸 앞 절은 '판다는 두 마리 새끼 모두에게 충분한 젖을 생산할 수 없다'라는 내용이고, 빈칸 뒤 절은 충분한 젖을 생산할 수 없는 것이 원인이 되어 발생하는 결과(한 마리는 버려짐)에 대한 내용이다. 따라서 '~하므로'라는 의미의 결과를 나타내는 등위 접속사 (b) so가 정답이다.

오답분석
(a) but은 '~지만', (c) when은 '~할 때', (d) since는 '~하기 때문에'라는 의미로 문맥에 적합하지 않아 오답이다.

어휘 | typically adv. 보통, 일반적으로　give birth to phr. ~을 낳다　offspring n. 새끼, 자식　feed v. (먹을 것을) 먹이다 care for phr. ~을 돌보다　produce v. 생산하다　abandon v. 버리다

---

20 준동사　동명사를 목적어로 취하는 동사

On Thursday, Logan took the driver's license test but failed because he forgot several important rules. He is not discouraged, though, as he is determined to practice _____ every day and then try again in two months.

목요일에, Logan은 운전면허 시험을 봤지만 몇 가지 중요한 규정을 잊어버려서 떨어졌다. 하지만, 그는 매일 운전하는 것을 연습하고 나서 두 달 후에 다시 해보기로 결심해 있기 때문에, 낙담하지 않는다.

—○ 지텔프 치트키

보기를 통해 준동사 문제임을 알 수 있으므로, 빈칸 주변에서 단서를 파악한다.

해설 | 빈칸 앞 동사 practice는 동명사를 목적어로 취하므로, 동명사 (d) driving이 정답이다.

오답분석

(a) having driven도 동명사이기는 하지만, 완료동명사(having driven)로 쓰일 경우 '연습하는' 시점보다 '운전하는' 시점이 앞선다는 것을 나타내므로 문맥에 적합하지 않아 오답이다.

어휘 | license n. 면허 fail v. (시험에) 떨어지다 rule n. 규정 discouraged adj. 낙담한 be determined to phr. ~하기로 결심하다 practice v. 연습하다

---

21 시제   미래완료진행

난이도 ●●○

After my older sister graduated from university, she accepted a position as a financial analyst with an investment bank in Madrid. By the end of this month, she _____ in Spain for three successive years.

나의 누나는 대학을 졸업한 후, 마드리드에 있는 투자 은행의 재무 분석가 직위를 수락했다. 이번 달 말 무렵이면, 그녀는 3년 연속으로 스페인에서 살아오고 있는 중일 것이다.

── ○ 지텔프 치트키

보기를 통해 시제 문제임을 알 수 있으므로, 시간 표현 관련 단서를 파악한다.

해설 | 미래완료진행 시제와 함께 쓰이는 시간 표현 'by + 미래 시점'(By the end of this month)과 'for + 기간 표현'(for three successive years)이 있고, 문맥상 미래 시점인 이번 달 말 무렵이면 누나가 3년 연속으로 스페인에서 계속해서 살아오고 있는 중일 것이라는 의미가 되어야 자연스럽다. 따라서 미래완료진행 시제 (a) will have been living이 정답이다.

오답분석

(c) 미래 시제는 미래에 대한 단순한 약속, 제안, 예측을 나타내므로, 과거 또는 현재에 시작해서 특정 미래 시점까지 계속해서 진행되고 있을 일을 표현할 수 없어 오답이다.

어휘 | graduate v. 졸업하다 accept v. 수락하다 position n. 직위, 위치 financial analyst phr. 재무 분석가 investment bank phr. 투자 은행 successive adj. 연속적인, 잇따른

---

22 가정법   가정법 과거완료

난이도 ●●○

Jasmine was surprised to learn that her company had hired a new marketing assistant two days earlier. She _____ her former coworker, Kelly, if she had known that there was an open position.

Jasmine은 그녀의 회사가 이틀 전에 새로운 마케팅 보조원을 고용했었다는 것을 알고 놀랐다. 만약 그녀가 공석이 있다는 것을 알았었다면, 그녀는 과거 동료인 Kelly를 추천했을 것이다.

── ○ 지텔프 치트키

빈칸 문장의 if를 통해 가정법 문제임을 알 수 있으므로, 가정법 시제 관련 단서를 파악한다.

해설 | if절에 'had p.p.' 형태의 had known이 있으므로, 주절에는 이와 짝을 이루어 가정법 과거완료를 만드는 'would(조동사 과거형) + have p.p.'가 와야 한다. 따라서 (c) would have recommended가 정답이다.

어휘 | hire v. 고용하다 assistant n. 보조원, 조수 recommend v. 추천하다

23 조동사   조동사 should 생략 난이도 ●○○

The amount of daylight in Helsinki during the winter months is very limited, but there is still plenty to do. The Finland Tourism Board suggests that travelers _____ Senate Square and the city's many saunas and cafés.

겨울철 동안 헬싱키의 일조량은 매우 제한적이지만, 여전히 할 것이 풍부하다. 핀란드 관광청은 여행객들이 원로원 광장과 도시의 많은 사우나 및 카페를 방문해야 한다고 권한다.

지텔프 치트키

보기 및 빈칸 문장의 that절을 통해 조동사 should 생략 문제임을 알 수 있으므로, 빈칸 주변에서 단서를 파악한다.

해설 | 주절에 제안을 나타내는 동사 suggest가 있으므로 that절에는 '(should +) 동사원형'이 와야 한다. 따라서 동사원형 (d) visit가 정답이다.

어휘 | daylight n. 일광, 햇빛   plenty n. 풍부한 양   tourism board phr. 관광청   suggest v. 권하다, 제안하다
Senate Square phr. (헬싱키) 원로원 광장

24 시제   과거완료진행 난이도 ●●○

On the day that Dycon's latest smartwatch model was to be released, Brett and Adam went to ElectroMart very early so that they could buy one. Before the store opened, they _____ in line for over two hours.

Dycon의 최신 스마트워치 모델이 출시되기로 했던 날에, Brett과 Adam은 물건을 사기 위해 ElectroMart에 아주 일찍 갔다. 가게가 열기 전, 그들은 2시간 넘게 줄을 서 오던 중이었다.

지텔프 치트키

보기를 통해 시제 문제임을 알 수 있으므로, 시간 표현 관련 단서를 파악한다.

해설 | 과거완료진행 시제와 함께 쓰이는 시간 표현 'before + 과거 동사'(Before ~ opened)와 'for + 기간 표현'(for over two hours)이 있고, 문맥상 대과거(줄을 서기 시작했던 시점)부터 과거(가게가 문을 열었던 시점)까지 Brett과 Adam은 2시간 넘게 계속해서 줄을 서 오던 중이었다는 의미가 되어야 자연스럽다. 따라서 과거완료진행 시제 (c) had been standing이 정답이다.

어휘 | latest adj. 최신의   release v. 출시하다, 공개하다   stand in line phr. 줄을 서다

25 준동사   동명사를 목적어로 취하는 동사 난이도 ●●○

Glenn Wilson, the president of Alpine Accounting, has decided to respond to feedback from staff members. The firm will stop _____ company cars to executives and will instead offer all employees a monthly transportation stipend.

Alpine 회계사의 회장 Glenn Wilson은 직원들의 피드백에 응답하기로 결정했다. 그 회사는 임원들에게 회사 차를 제공하는 것을 중단할 것이고 대신 모든 직원들에게 매달 교통 수당을 지급할 것이다.

지텔프 치트키

보기를 통해 준동사 문제임을 알 수 있으므로, 빈칸 주변에서 단서를 파악한다.

해설 | 빈칸 앞 동사 stop은 동명사를 목적어로 취하므로, 동명사 (a) providing이 정답이다.

> **오답분석**
> (c) having provided도 동명사이기는 하지만, 완료동명사(having provided)로 쓰일 경우 '중단하는' 시점보다 '제공하는' 시점이 앞선

다는 것을 나타내므로 문맥에 적합하지 않아 오답이다.

어휘ㅣ president n. 회장　accounting n. 회계　respond v. 응답하다　firm n. 회사　executive n. 임원, 경영진　stipend n. 수당, 급료

26　가정법　　가정법 과거

난이도 ●●●

Graffiti has gained wider acceptance, and efforts are now underway to preserve notable examples of this art form. However, many graffiti artists only feel safe creating their art anonymously. Even if there were no laws against graffiti, they _____ their identities a secret.

그라피티는 더 폭넓은 인정을 얻어 왔고, 이 예술 형식의 주목할 만한 예시들을 보존하기 위한 노력들이 현재 진행 중이다. 하지만, 많은 그라피티 예술가들은 그들의 예술을 익명으로 창조할 때만 안전하게 느낀다. 설령 그라피티를 금지하는 법이 없다 해도, 그들은 그들의 신분을 비밀로 <u>유지할 것이다</u>.

─○ 지텔프 치트키

빈칸 문장의 if를 통해 가정법 문제임을 알 수 있으므로, 가정법 시제 관련 단서를 파악한다.

해설ㅣ if절에 과거 동사(were)가 있으므로, 주절에는 이와 짝을 이루어 가정법 과거를 만드는 'would(조동사 과거형) + 동사원형'이 와야 한다. 따라서 (d) <u>would keep</u>이 정답이다.

어휘ㅣ acceptance n. 인정, 수용　underway adj. 진행 중인　preserve v. 보존하다　notable adj. 주목할 만한　anonymously adv. 익명으로　identity n. 신분

MEMO

MEMO

MEMO

해커스 지텔프 LEVEL 2 실전모의고사 문법 10회

초판 3쇄 발행 2023년 6월 5일
초판 1쇄 발행 2022년 4월 29일

지은이	해커스 어학연구소
펴낸곳	㈜해커스 어학연구소
펴낸이	해커스 어학연구소 출판팀

주소	서울특별시 서초구 강남대로61길 23 ㈜해커스 어학연구소
고객센터	02-537-5000
교재 관련 문의	publishing@hackers.com
동영상강의	HackersIngang.com

ISBN	978-89-6542-474-1 (13740)
Serial Number	01-03-01

18개월 만에 회계사 단기 합격

회계사·세무사 1위
해커스 경영아카데미

[회계사 1위] 주간동아 2023 한국브랜드만족지수 회계사 부문 1위
[세무사 1위] 주간동아 선정 2022 올해의 교육 브랜드 파워 온·오프라인 세무사 부문 1위 해커스
[18개월] 제56회 합격생

해커스 회계사 최대 300% 환급반

◀ 환급반 수강신청하기

 X 3배

최종 합격 시
최대 777만원 환급!

* 777만원: 정가 결제 후 제세공과금 제외 전 금액 /
환급 가능 연도 페이지 필수 확인
*환급: 미션 달성 시, 제세공과금 본인 부담

 + 추가 12개월!

넉넉한 수강기간
12개월 연장 가능!

* 기본 수강기간 내 불합격 인증 시 /
기본 수강기간 페이지 필수 확인 /
연장방법 유의사항 필수 확인 /
연장 시 300% 환급 불가

COUPON
해커스 회계사 [학원]
객관식/2차(동차) 종합반
무료 수강권

학원 종합반
강의 수강 무료!

* 각 종합반 개강 1주일 전 신청 문자 발송
* 신청기간: 유의사항 필수 확인

해커스 세무사 최대 200% 환급반

◀ 환급반 수강신청하기

 최대 200%

최종 합격 시
최대 419만원 환급!

* 419만원: 정가 결제 후 제세공과금 제외한 금액
*환급: 미션 달성 시, 제세공과금 본인 부담

 기본 24개월 +추가 24개월!

최대 4년 수강
24개월 연장 가능!

* 기본 수강기간 내 불합격 인증 시 /
연장방법 유의사항 필수 확인

초시생을 위한!
입문교재 7종 무료

* 비매품, 일부 교재 PDF
* 최초 1회 제공